Solange Duflos / Jean-Louis Grailles

Der Fluß lebt

Streifzüge durch die Natur

Herder Freiburg · Basel · Wien

Was uns die Natur erzählt

Das Leben am Wasserlauf

Ein Haubentaucher (Podiceps cristatus) im Hochzeitskleid

Kinder planschen im Dorfbach; ein paar Elritzen flitzen erschreckt davon, und eine Wasserspitzmaus flüchtet aufgescheucht mit raschen Schwimmzügen in das schützende Wurzelwerk einer Esche. Ihr dichter Pelz glänzt im dunklen Wasser silbrig auf.

Irgendwo auf einer Kaimauer am Rhein hockt ein Angler und starrt gebannt nach dem Schwimmer seiner Angel. Eigentlich erwartet er gar nicht, in diesem verschmutzten Fluß noch groß etwas zu fangen, trotzdem genießt er die ruhige und entspannende Stunde hier am fließenden Wasser.

Kristallklar sprudelt und rauscht ein Wildbach zwischen Felsen und Steinen hindurch zu Tal, stürzt dort einen kleinen Wasserfall hinab und bildet hier einen ruhigen Kolk. Gelber Huflattich an den steinigen Ufern kündet den beginnenden Frühling. Hier lauert die Forelle auf ihre Beute, und hier hat der Fischotter sein Jagdrevier.

Touristen steigen aus einem Auto, lehnen sich über das Geländer einer Brücke und schauen hinab auf den großen Strom, der sich zwischen pappelgesäumten Ufern dahinwindet. Sie nehmen die Ruhe dieses Bildes in tiefen Zügen in sich auf, verfolgen mit den Augen, wie das Wasser hier sanft gleitend, dort sich in Strudeln drehend dahinströmt; sie versuchen zu erahnen, was sich in seinen Tiefen bewegt.

Was gibt es an einem Wasserlauf doch alles zu erleben! Wer unterläge nicht dem Zauber fließenden Wassers; wer vermöchte sich dem reizvollen Bild eines strömenden Flusses zu entziehen. Das eben macht seine Schönheit aus, daß er ein bewegter lebender Weg ist.

Sicherlich wißt ihr, daß die Berge in Wirklichkeit Wasserschlösser sind; die meisten mächtigen Ströme und Flüsse entspringen aus ihrem Innern: Im Westen unseres Vaterlandes der Rhein, geboren in den Schweizer Alpen. Die Donau beginnt ihren Lauf im Schwarzwald, und im Süden unseres Landes vereinigen sich die Isar, die Iller, der Lech und der Inn mit ihr, die auch als Wildbäche aus den Alpen herabstürzen. Die Quellbäche des Mains sammeln sich im Osten am Fuße des Fichtelgebirges.

Diese Strom- und Flußnetze mit all ihren Zuflüssen und Verzweigungen entwässern ausgedehnte Gebiete, Ebenen und Niederungen. Den einen oder anderen dieser Flüsse habt ihr sicher schon kennengelernt, ihn gar überquert oder seid seinem Lauf gefolgt. Gewiß können wir hier nicht all die vielen Seitenflüsse und -flüßchen auch nur eines solchen Stromnetzes aufzählen. Allein die vielen Bäche und Wasserläufe im Umkreis von etwa 20 km um euer Haus füllten sicherlich eine ganze Buchseite. Versucht's doch einmal selbst. Viele haben eigentümlich klingende Namen: Da sind z. B. viele Bäche, die Ache oder Ach heißen; andere Flußnamen enthalten diese Silbe. All diese Namen gehen auf das Althochdeutsche aha zurück, was soviel wie Wasser, Bach bedeutet. Bekannte Namen sind Brigach, Gutach oder Wolfach. Aus den Namen mancher an solchen Flüßchen gelegener Orte kann man auch auf die früher dort lebende Tierwelt schließen. So weist Biberach wohl auf eine Gegend in einer solchen Ach-Niederung, einer Flußniederung hin, wo es viele Biber gab.

Dieser ganze Lebensraum steht eurem Forschungsdrang offen; ihr könnt seine Pflanzen- und Tierwelt beobachten lernen und euch allmählich ein Bild machen von der Landschaft, in der sie alle leben.

Sich etwa mit dem Paddelboot lautlos die Windungen eines Flußlaufes hinabtreiben zu lassen, wäre das nicht eine wundervolle Art, die Natur behutsam zu betreten und ihr verborgenes Leben zu belauschen? Auch an einem Flußlauf entlangzuwandern ist kurzweilig und zudem sportlich. Auch den Anglern unter euch kann man ein Petri Heil wünschen. – Wir wollen euch in diesem Buch raten, wie ihr am besten bei der Erforschung eines Flusses vorgeht.

Schon bei einem Spaziergang am Bach entlang, dort wo Weiden und Eschen das Ufer säumen, wo Vergißmeinnicht und Seifenkraut blühen, könnt ihr die flinken Libellen hin- und herschießen sehen, eifrige Jäger, die selbst wieder von den Schwalben gejagt werden. Ein Fisch springt nach einer Mücke, und ihr seht, wie sich von dort kleine Wellenringe auf dem Wasserspiegel ausbreiten. Allmählich bekommt ihr ein Gefühl für die Harmonie dieser Landschaft. Auch der Mensch mit seinen Siedlungen gehört dahinein, der Mensch als Bewahrer, aber auch als Zerstörer dieser Harmonie.

Jeder Fluß – ob lebhaft aus dem Gebirge zu Tal stürzend oder in der Ebene träge hinströmend – hat seine eigenen chemischen Lebensbedingungen, seine Geheimnisse und Launen; er schwillt an und nimmt ab, im Rhythmus der jährlichen Regenfälle. Er gibt den Menschen Arbeit und bietet ihnen gleichzeitig Kurzweil und Erholung.

Dieses Buch möchte euch helfen, mit dem Eigenleben des Flusses im Wechsel der Jahreszeiten vertraut zu werden; es möchte euch anregen, seine Geheimnisse zu erforschen, unsere Gewässer, Flüsse und Bäche mehr und mehr lieben zu lernen und sie zu verteidigen gegen alle rücksichtslose Nutzung ihrer Wasser, gegen Verschmutzung und gegen alle jene, die vergessen, daß die Lebenskraft unserer Flüsse nicht unerschöpflich ist, daß gesunde Flüsse aber die Grundlage allen Lebens sind, das entlang ihres Weges blüht.

Die

Aus Bergen und Tälern fließen die Ströme hinab zum Meer und zeigen dem Betrachter entlang ihres Laufs vielerlei Gesichter vom schäumenden ungebärdig anschwellenden Wildbach bis zur weiten spiegelnden Wasserfläche. Mächtige Städte sind an ihren Ufern entstanden. Ströme sind Verkehrs- und Transportwege, durch Fischfang, Ausnutzung ihrer Wasserenergie und die Gewinnung von Baustoffen wie Sand und Kies, den sie aus dem Gebirge herbeitragen, werden sie zu Quellen des Reichtums.

Ein guter Teil aller großen Kulturen entstand an den Ufern großer Ströme.

Die *Wildbachzone* ist gekennzeichnet durch die wilde, zuweilen zerstörerische Kraft des Wassers, wenn es z. B. zur Zeit der Schneeschmelze über die Ufer tritt und in seinem Strom gar Felsblöcke und Steine

mit sich zu reißen vermag. Natürlich können die meisten Wasserpflanzen sich in einem so ständig bewegten Geröllbett eines Wildwassers nicht halten, ausgenommen kleine Algen und Moose, die auf der rauhen Oberfläche der Steine Halt finden und der Strömung trotzen oder ausgewaschene Becken zwischen dem Geröll besiedeln.

Zahlreiche einmündende Bäche und Nebenflüßchen haben den jungen Strom anschwellen lassen; seine Wasser brauchen ein geräumiges Bett, und unaufhaltsam wühlt und gräbt er sich in die Ufer ein. Die Strömung eines solchen *Flußoberlaufs* ist reißend, sein Wasser kalt. Es hat noch nicht die Temperatur der klaren Bergbäche. Das meist schmale Bett ist steinig; es windet sich zwischen ausgewaschenen Felsblöcken hindurch, und sein Lauf wird immer wieder von Wasserfällen unterbrochen.

vielen Gesichter der Flüsse

Sobald der Fluß aus dem Gebirge in die weiten Täler und das flache Land eintritt, nimmt in seinen *Mittellauf* mit dem Gefälle auch die Strömung ab. Das Flußbett, im Oberlauf durch mitgerollte Steine ständig in Bewegung, kommt nun zur Ruhe; all die Schwemmstoffe, mitgerissene Sande und kleinere Schlammpartikel lagern sich allmählich ab. In einem weiteren Tal beginnt der Flußlauf sich von einer Talseite zur anderen zu winden. In dieser Zone verliert das Wasser allmählich seine Klarheit. Wenn die Verschmutzung des Wassers auch noch gering ist, so reichern sich doch im Wasser zunehmend organische Schwebstoffe an, da die Temperatur ansteigt und mit ihr der Wuchs einzelliger Algen zunimmt. Vielfach werden schon in diesem Strombereich in unseren Kulturlandschaften die Flüsse kanalisiert, Flußbett und Flußufer künstlich befestigt und zur Regelung der Wasserführung Staustufen angelegt. Beließe man den Fluß in seiner natürlichen Form, so wechselten je nach Jahreszeit Niedrigwasserperioden mit Hochwässern und Überschwemmungen des umliegenden Landes.

Im Tiefland beginnt der *Unterlauf* des Flusses. Nun strömt er in einem breiten Bett träge dahin. Auch die kleinsten mitgeführten Partikel setzen sich nun nach und nach ab und bilden namentlich entlang der Ufer Sand- und Schlickbänke. In ihrem Unterlauf neigen die Flüsse dazu, sich in weiten Schleifen durch das flache Land zu winden, sie bilden Mäander, oder mäandrieren. Die Ufer nehmen typische Formen an: in der Außenbiegung steile Uferböschungen, an denen der Fluß ständig weiter nagt (Prallhang), und in der Innenseite sanft abfallende Ufer, die allmählich durch die Ablagerung von Schwebstoffen aufgeschüttet werden (Gleithang). Schließlich fließt der Strom mehr oder weniger geradewegs dem Meere zu.

Mit der Abnahme der Fließgeschwindigkeit nimmt das Leben im freien Wasser zu. Planktische Organismen, Tiere und Pflanzen, entwickeln sich reicher. Tieri-

sches Plankton, Einzeller, allerlei Krebse, Rädertiere und Insektenlarven leben von dem pflanzlichen Plankton der ein- und mehrzelligen Algen, und es dient selbst wiederum größeren, räuberischen Organismen wie Fischen als Nahrung.

Schließlich mündet der Fluß ins Meer. An einer flachen Küste kann eine solche Mündungszone zu einem weiten Mündungstrichter ausgewaschen werden. In einem solchen *Ästuar,* wie man diese Trichtermündungen nennt, können sich die Gezeiten bis weit in das Innenland hinein auswirken. Bei Flut wird das Meerwasser weit in die Flußmündung hineingepreßt und mischt sich mit dem Flußwasser, während bei Ebbe der Wasserstand sinkt und der Salzgehalt stark abfällt.

Bei einer Springflut kann sich eine riesige Flutwelle stromaufwärts wälzen, die erst allmählich tief im Binnenland verebbt. Wer hätte nicht schon von den Auswirkungen solcher Springfluten in den Ästuaren von Elbe, Seine oder Gironde gehört oder gelesen.

Andere Flußmündungen sind die Reste versunkener und häufig verzweigter Gletschertäler, die beim Absinken der Küste vom Meer überflutet wurden, wie man es in Norwegen, in der Bretagne und in Nordspanien nicht selten findet. Solche Mündungen nennt man Fjorde oder Rias. An deutschen Küsten kennen wir solche Mündungsformen nicht, da wir keine Steilküsten besitzen.

An flachen Küsten und bei geringer Meerestiefe bilden sich im Mündungsgebiet der Flüsse vielfach Sandbänke, die den Stromlauf allmählich in eine Vielzahl einzelner Stromrinnen auffächern.

Im Laufe der Zeit schieben sich solche stromzerfurchten Schwemmlandgebiete weit in das Meer vor, gelegentlich durchzogen von unzähligen Wasserrinnen und Mündungsarmen des Flusses, die sich wie die Finger einer gespreizten Hand fächerförmig auseinanderstrebend ins Meer ergießen. Solche *Delta-Mündungen* finden sich am Rhein, der sich südlich des Ijsselmeeres in die Arme Waal und Lek aufteilt, an der Rhône, deren Mündungsarme die Camargue einschließen, und besonders ausgeprägt am Nil in Ägypten.

Von der Quelle bis zur Mündung bietet der Flußlauf immer neue Reize. Sein Gesicht wandelt sich ständig und ebenso das Leben in ihm und um ihn. Dieses sein Leben zu beobachten ist allenthalben entlang seines Laufs gleich fesselnd.

Ein Ästuar, in dem die Gezeiten das Wasser bis weit ins Land hinein zurückstauen.

AUF ZU EINEM STREIFZUG AM FLUSS

rung und deren Regulierung; und natürlich die Fische und deren Gefährdung durch die Verunreinigung der Gewässer. Vielleicht trefft ihr auch einmal einen Binnenschiffer und könnt ihn zum Erzählen bringen. Seine Fahrt mit dem Lastkahn ist bestimmt nicht langweilig; fragt ihn, was er transportiert, wie es dabei zugeht, von woher er kommt und welchen Weg er zurücklegt.

Vielleicht gibt es in der Nähe auch eine Schleuse; es ist immer fesselnd zuzusehen, wie die Schiffe dort gehoben oder gesenkt werden, je nach dem, ob sie auf Berg- oder auf Talfahrt sind.

Ein Schiffahrtskanal besteht gewöhnlich aus einer Reihe von Abschnitten mit verschieden hohem Wasserstand, zwischen denen wie Treppenstufen die Schleusen eingeschaltet sind. Nur so kann ein Kanal Höhenunterschiede in der Landschaft überwinden, ohne zu einem reißenden Wildwasser zu werden. Jede Schleuse besteht aus einem oder mehreren Schleusenbecken, die auf beiden Seiten durch mächtige Tore verschlossen werden können. Ein stromab (zu Tal) fahrendes Schiff kann durch das geöffnete obere Schleusentor in das Schleusenbecken einfahren, während das untere Tor geschlossen ist und das Wasser im Becken staut. Dann wird das obere Schleusentor geschlossen: nun kann das Wasser aus dem Schleusenbecken allmählich in den tieferen Kanalabschnitt abfließen, bis der Wasserspiegel in der Schleuse auf dessen Stand abgesunken ist. Dann wird das untere Schleusentor geöffnet, und das Schiff verläßt die Schleuse. Fährt das Schiff kanalaufwärts, so läuft es zunächst in das Becken mit dem niederen Wasserstand ein. Hinter ihm wird das Tor geschlossen, das Tor zum oberen Becken geöffnet: das Wasser steigt und mit ihm das Schiff. Sobald der höhere Wasserstand erreicht ist, wird das obere Tor geöffnet, und das Schiff verläßt die Schleuse.

Dieser Ablauf erklärt auch, warum man eine solche Schleuse auch als Schiffshebewerk bezeichnet.

Irgendwo am Fluß steht sicher eine alte Mühle, deren mächtiges Mühlrad jeder Wanderer bewundert. Wahrscheinlich ist sie nicht mehr in Betrieb, aber vielleicht gibt es doch eine Möglichkeit zur Besichtigung. Wenn der Wasserstrom auf die Schaufeln des Mühlrads geleitet wurde, trieb dieses über ein Zahnradgetriebe einen Mühlstein an, der sich horizontal über einem zweiten, ruhenden Stein drehte. In dem schmalen Spalt zwischen beiden Mühlsteinen wurde das Korn zu Mehl zermahlen. Anders als diese Kornmühlen arbeiteten die Ölmühlen, die aus ölreichen Früchten wie Bucheckern oder Raps das Öl ausspreßten. Bei ihnen rollt ein Paar senkrecht stehender Mühlsteine auf einer Steinplatte im Kreis herum und zer-

Unsere Pirschausrüstung

Für einen längeren Ausflug ist eine Wanderkarte nicht zu kleinen Maßstabs, etwa ein Meßtischblatt, ganz nützlich, in die man seine Beobachtungen, die Fundorte von Pflanzen und Tieren eintragen kann, und aus der man die Flurnamen ersieht. Bei einem kurzen Ausflug zur Beobachtung von Flora und Fauna am Wasserlauf und Ufer sollte man bei sich haben
● Messer, Schere, Lupe
● eine verschließbare Tasche, in der die für ein Herbarium gesammelten Pflanzen zu transportieren sind
● etliche Zeitungen, zwischen deren Blättern empfindliche Wasserpflanzen sofort gepreßt und getrocknet werden.
Zur Beobachtung des Lebens am Wasser solltet ihr am besten in einer Gruppe arbeiten und folgende Hilfsmittel mitnehmen:
● Fangnetze mit unterschiedlicher Maschenweite
● ein paar dichte Plastiktüten
● fest verschließbare Glas- oder Plastikgefäße unterschiedlicher Größe, für Probenahmen
● Mehrere grobe kräftige Stoffbeutel, um Bodenproben, Sand und Kies zu transportieren
● vielleicht auch ein Päckchen pH-Papier, um den pH-Wert des Gewässers, den Säure- oder Alkaligrad zu messen.
Selbstverständlich vergeßt ihr als Naturbeobachter nie euer Notizbuch, ein Fernglas, einen Fotoapparat. Und nun: Augen auf – und viel Glück!

Wer die Geheimnisse eines Flusses allein oder in einer Gruppe mit anderen entdecken will, braucht zuerst einmal eines: Geduld. Schon wenn ihr nur einmal längere Zeit regungslos am Ufer sitzt und wartet, könnt ihr überraschend viel erleben, ja daraus kann geradezu ein spannendes Abenteuer werden. Wer zu schauen und zu hören versteht, bekommt unmerklich ein Gefühl für den alltäglichen Rhythmus der Natur, er erkennt, daß jede Blume, jedes Tier zu jedem Augenblick eine ganz eigene Aufgabe in der gesamten Lebensgemeinschaft hat.

Verbringt einmal einen ganzen Vormittag vom frühesten Morgen an am Flußufer und notiert euch, was ihr beobachtet: wann dieser oder jener Vogel Nahrung suchend durch das Ufergebüsch schlüpft oder übers Wasser gleitet; wann die Teichhühnchen und Bläßhühner im Schilfdickicht rufen; wann die Enten auf dem Wasser einfallen, wenn die Schwalben über die Wasserfläche nach Insekten jagen oder die Möven auf dem Fluß erscheinen ... oder zu welcher Tageszeit bestimmte Schmetterlinge fliegen, wann und wo die Libellen jagen, zu welchen Tagesstunden die Wasserläufer auf ihren langen, dünnen Beinen auf der Wasserfläche blitzschnell hin und her gleiten ... oder wann die Ackerwinde ihre Blütenkelche öffnet. Und tausende andere Beobachtungen mehr!

Nach Abbildungen und Beschreibungen in diesem Buch oder in anderen Naturführern könnt ihr mit der Zeit Tiere und Pflanzen bestimmen lernen, um sie dann draußen auf Anhieb wiederzuerkennen.

Aber nicht nur Tiere und Pflanzen, auch die Menschen, die am Fluß leben und arbeiten, haben uns etwas mitzuteilen. Vielleicht der Fischereiaufseher: er kennt den Jahresablauf am Fluß; oder Geschichten vom Brückenbau. Er kennt die Wasserfüh-

Die Angler und Wassersportler

quetscht das darunter geschüttete Mahlgut, so daß das Öl seitlich durch eine Rinne abfließt. Neben Rapsöl gewann man in solchen Mühlen auch Leinöl aus Leinsamen, das namentlich zur Herstellung von Malerfarben diente, aber auch Olivenöl, Hanföl und Sonnenblumenöl als Speiseöl.

In all diesen Fällen liefert das Wasser die Energie, die die Mühle unmittelbar antreibt. Heute findet man zuweilen auch noch kleine Wasserkraftwerke, in denen die Mühlräder nicht unmittelbar die Mühlsteine antreiben, sondern einen Dynamo oder Stromgenerator, der dann die elektrische Energie zum Antrieb der Mühlenmotoren und anderer Maschinen liefert.

Es gibt übrigens ganz verschiedene Typen von Mühlrädern, solche mit großen und kleinen, breiten und schmalen Schaufeln. Ist die Strömung des Mühlenbaches stark, seine Wasserführung groß, so arbeitet man mit „unterschlächtigen" Mühlrädern, deren Schaufeln an der Unterseite in den Wasserstrom eintauchen. Ist, wie das Bild zeigt, der Mühlenbach dagegen nur ein kleines Rinnsal, so benutzt man größere, sogenannte „oberschlächtige" Schaufelräder, auf die das Wasser aus einem Zuleitungskanal von oben herabstürzt: es füllt auf der Oberseite des Rads die napfförmigen Schaufeln, ihr Gewicht bringt das Rad zum Drehen, unten leeren sich die Schaufeln wieder.

Solche Wassermühlen waren viel zuverlässiger und weniger störungsanfällig als die Windmühlen, aber sie sind heute doch zumeist elektrisch betriebenen Mühlen gewichen. Die Mühlräder und Mühlenbäche sind zerfallen. Das ist nicht nur deshalb schade, weil solche alten Mühlen meist schöne und stattliche Bauwerke waren; die Schaufelräder wälzten auch das Wasser ständig um und versorgten es mit Sauerstoff – ein Gewinn für das Leben der Tiere und Pflanzen im Mühlenbach.

Hier und dort stößt man aber auch heute noch auf alte Mühlen, und es ist immer eine liebenswürdige Überraschung, wenn man unerwartet in irgendeinem Flußtal eine solche Wassermühle entdeckt.

unter euch kennen sicher die wunderschönen Augenblicke am Fluß, wenn in den Strahlen der aufgehenden Sonne die Wölkchen am Himmel wie Federn zerstieben oder wenn in der niedersinkenden Abenddämmerung Nebelstreifen wie Feenschleier über die Wasserfläche ziehen. Das sind die Stunden der Angler. Sie machen sich bei dem ersten Amselgesang auf den Weg. Was kümmert's, wenn's ein wenig regnet; es ist gleich, ob es windet oder kein Lufthauch geht. Sicher, wenn so ein richtiger Nordwind einem die Angelschnur davonbläst, dann macht's vielleicht weniger Spaß. Es ist spannend, auf das erste Anbeißen zu warten. Jeder Fisch tut das auf seine Art. Am leichten Zupfen und Knabbern am Köder erkennst du gleich die Rotaugen, während Aland und Hasel mit heftigem Stoß auf ihre Beute losfahren und an ihr zerren. Der Barsch packt den Köder im Vorbeischießen und zieht ihn in die Tiefe, während die Brasse mit ihrer Beute an die Oberfläche flüchtet, so daß sich der Schwimmer flachlegt. Allerdings hängt die Form des Anbeißens auch von der Art des Köders ab, von Witterung, Jahreszeit und Gewässertyp. Man lernt die feinen Unterschiede mit der Zeit durch eigene Beobachtung.

Auf jeden Fall muß man es verstehen, im rechten Augenblick kurz an der Angel zu rucken – man sagt dazu: den Anschlag recht bemessen – sobald man den Fisch am Köder spürt, damit der Angelhaken auch sitzt und der Fisch nicht mit dem Köder davonschwimmt. Aber nicht zu viel der Vorschriften! Der passionierte Sportangler liebt es ja gerade, die Fische dort zu überlisten, wo es schwierig ist, und er weiß sich auch in seiner Fanglust zu beschränken.

Der erfahrene Grundangler, der still am Ufer sitzt, achtet darauf, daß sich seine Silhouette nicht zu sehr gegen den Horizont abhebt; er kleidet sich nicht zu auffällig

und paßt sich möglichst der Umgebung an. Er weiß, mit welchem Köder er diesen oder jenen Fisch überlistet und ist mit den Lebensgewohnheiten seiner Beute vertraut.

Allerdings ist ihm der Erfolg dennoch nie sicher, und das macht ja gerade die Spannung beim Angeln aus.

Wie das Angeln, so gewinnen die vielfältigen Wassersportarten – manche so alt wie die Welt – immer mehr Freunde, allem voran natürlich das Schwimmen, wo dies gefahrlos ist und wo durch den Badebetrieb kein Gewässer gestört, kein Ufergelände beschädigt wird. Zum Baden eignen sich besonders Sand- und Kiesgründen. Moor und Schlickgründe sollte man ebenso wie gefährliche Strömungen und Wirbel meiden. Es ist auch ungesund, ja gefährlich, unmittelbar nach dem Essen ins kalte Wasser zu springen. An den meisten öffentlichen Badestränden überwacht ein Bademeister den Badebetrieb, und ein besonnener Schwimmer wird sich an seine Anweisungen halten.

Gewiß träumt ihr auch manchmal davon, mit dem Paddelboot, Kajak, Kanu oder Ruderboot eine Flußtour zu machen. Tut dies aber nicht ohne den Rat eines erfahrenen Erwachsenen. Überall, wo es Gewässer gibt, findet man sicher die Gelegenheit, sich einem Bootsverein anzuschließen und dort in einer Mannschaft mit geübteren Kameraden Erfahrungen zu sammeln, All diese Wassersportarten bieten Entspannung und vielfältige Möglichkeiten, die Natur, das Leben am Ufer zu beobachten – wenn ihr nicht gerade ein Radio mitnehmt oder mit dem Lärm eines Motorboots alle Tiere weit und breit verscheucht. Wenn ihr euch im Boot erst einmal sicher fühlt und das Gleichgewicht zu halten versteht, könnt ihr das Boot mit einer Stange staken und so in aller Stille selbst im Flachwasser und im Schilfdickicht auf die Pirsch gehen.

Acht Ruderer und der Steuermann genießen es, in ihrem schnellen Boot lautlos auf dem Fluß dahinzuschießen, während die beiden Kinder sich auf ihre Art den Freuden des Wassersports hingeben.

DIE GEBURT EINES FLUSSES

Niederschläge jeglicher Art, sei es Regen, Schnee, Hagel oder auch nur Nebel oder Tau liefern das Wasser für all unsere Wasserläufe. Sie versickern im Boden, durchfeuchten ihn und ermöglichen so erst alles Leben. Die Feuchtigkeit sammelt sich in unterirdischen Wasseradern, die wieder als Quellen zutage treten, sich allmählich zu Bächen und Flüssen vereinigen und schließlich als breite Ströme wieder ins Meer münden.

Unablässig verdampft Wasser aus dem Erdreich; Pflanzen und Tiere verlieren Wasser durch ihre Transpiration – ihr erlebt das selbst, wenn ihr schwitzt. Man kann diesen Wasserverlust durch Verdampfung und Transpiration recht genau messen: Ein brachliegendes Feld verliert 2–3 l Wasser pro Quadratmeter und Tag, während die gleiche mit Getreide bepflanzte Fläche ungefähr 2–4 l/Tag, eine Grasweide – je nach Sonneneinstrahlung etwa 2–7 l/Tag und ein Wald nur etwa 0,5–1,5 l/Tag an die Atmosphäre abgibt. Versucht doch einmal auszurechnen, wieviel Wasser in eurem Garten, in eurer ganzen Gemeinde oder gar eurem Land täglich bei mittlerer Sonnenstrahlung verdunstet.

Bei all diesem Wasserverlust sickert nach einem Regenfall oder nach dem morgendlichen Tau immer noch ein beträchtlicher Teil in die durchlässigen Schichten des Erdreiches ein.

Ein Wassernetz unter der Erdoberfläche

Das versickernde Wasser sammelt sich in unzähligen kleinsten Wasseradern tief unter der Erde bis zu richtigen unterirdischen Bächen, Flüssen oder gar Seen, die mit wechselndem Wasserstand nach starken Regengüssen beträchtlich anschwellen können. So gleicht das unterirdische Gewässernetz mit seinen Quellen, Bächen und Seen genau dem Gewässernetz über Tage, und es bildet insgesamt den Grundwasservorrat einer Landschaft. Namentlich in Felsspalten oder Kalkhöhlen sammeln sich oft ungeheure Wasserreservoire. Oft liest man von solchen Flüssen und Seen etwa in Tropfsteinhöhlen oder anderen Höhlen.

Die Durchlässigkeit der Böden und Gesteine und ihre Wasseraufnahmefähigkeit ist sehr unterschiedlich; Tonerde kann z. B. nur wenig Wasser aufnehmen, nur etwa 3% seines Volumens, während Sandboden mit all seinen feinen Lücken und Poren bis zu 10%, gar 20% seines Volumens an Wasser aufzunehmen vermag; je gröber der Sand, desto größer die Poren und sein Wasseraufnahmevermögen. So ist es verständlich, daß gerade unterirdische Sand-

schichten gute Wasserreservoire darstellen, vorausgesetzt natürlich, daß sie von dichteren Schichten umgeben sind, die das Abfließen des Wassers verhindern.

Unterirdische Zisternen oder Seen findet man verständlicherweise am ehesten in Höhlungen zwischen härteren, porenärmeren Gesteinen wie Granit. Durch all die Verwitterungsrisse und -spalten versickert das Wasser, löst aus den Gesteinen manche Mineralstoffe heraus und wäscht sich auf diese Art natürliche Brunnen aus, in denen es sich sammelt. Solche Zisternen gibt es in ganz unterschiedlichen Tiefen, manchmal nahe der Erdoberfläche, manchmal in großen Tiefen von 100 Metern und mehr. Je nach dem Verlauf der Gesteinsschichten und der Erosion können solche Wasserreservoire flache Becken bilden, die sich in schrägen und verzweigten Kluften oder tiefen Schächten aufstauen. Sehr tiefliegende Zisternen sind zuweilen in undurchlässigen Gesteinsschichten über lange Zeiträume völlig von der Wasserzirkulation abgeschlossen; dann spricht man von Fossilwässern. Entsprechend dem Temperaturanstieg in der Tiefe der Erde – je 30 m etwa 1° C – wird das Wasser in solchen Tavernen allmählich stark aufgeheizt. Es zersetzt bei solchen Temperaturen die Gesteine und löst aus ihnen viele Mineralien heraus. Jeder kennt

Eine Fontäne siedenden Wassers. Ein Geysir schießt aus den Tiefen der Erde hervor.

solche Wasser, die als warme Mineralquellen zutage treten oder aus der Erdtiefe empor gepumpt werden können. In solchen wassergefüllten Kavernen in mehreren tausend Meter Tiefe entstehen bei weit über dem Siedepunkt liegenden Temperaturen überaus hohe Drucke, so daß das überhitzte Wasser Felsen zu sprengen vermag und sich so einen Weg zur Erdoberfläche bahnt, wo es als heiße Quelle oder Geysir aus dem Boden hervorbricht, wie ein Springbrunnen. Namentlich in vulkanischen Gegenden, wie in vielen Teilen Islands, bahnt sich der Wasserdampf seinen Weg mit den Lavagängen aus den Tiefen der Erdrinde.

Quellen: sprudelndes Leben

Die Quelle, die erfrischend und kühl aus dem Felsen sprudelt, wird meist aus dem oberflächennahen Grundwasser gespeist. Andererseits gibt es aber auch Quellen, in denen ein ganzer Fluß mit einem Male aus der Erde tritt. Solche unechten Quellen, auch Karstquellen genannt, werden gewöhnlich von den Wassern eines Flusses gespeist, der irgendwo in durchlässigen Gesteinsschichten versickert ist und über einer Schicht undurchlässigen Gesteins an anderer Stelle wieder zutage tritt, wie der Aachtopf am Bodensee mit einer Wasserschüttung von ca. 20 m³/sec., das größtenteils aus der ca. 20 km entfernten Versickerung der Donau bei Immendingen stammt. Wie der Name „Karstquelle" sagt, sind solche Quellen oder „Töpfe" typisch für „Karst"- bzw. Kalksteingebiete. Ihre Wasserführung schwankt mit den Niederschlägen und Jahreszeiten, ihre Temperatur entspricht gewöhnlich der Durchschnittstemperatur der umgebenden Landschaft. Der schweizerische und französische Jura ist reich an solchen Quelltöpfen. Eine Quelle entspringt gewöhnlich in einer Bodensenke, die tiefer als der umgebende Grundwasserspiegel liegt. Tritt das Wasser an einem Hang aus

Ein geologisches Experiment

Gibt es in der Nähe deines Wohnorts einen Berg oder Hügel? Wenn du dort Quellen entdeckst, verraten sie dir viel über seinen geologischen Aufbau.

Zuerst solltest du mit Hilfe einer genauen Karte, etwa eines Meßtischblattes, einen maßstabsgerechten Aufriß des Hügels entsprechend dem Schema unten auf Millimeterpapier zeichnen, besser noch zwei Aufrisse, einen von Nord nach Süd und einen von West nach Ost. Man nennt das: ein topographisches Profil. Dann trägst du möglichst genau ein Höhenlinien-

der Erde aus, so sucht es sich als Bächlein oder Bach seinen Weg; liegt der Quellort im Flachland oder in einer abflußlosen Mulde, dann bleibt das Wasser stehen, es entsteht ein Tümpel, Quellteich oder Sumpf. Eine Quelle an einem Berghang kann dadurch entstehen, daß ein unterirdischer natürlicher Wasserspeicher dauernd überfließt; oder aber ein Verwerfungsspalt, eine Grenze zwischen zwei Gesteinsschichten, durchschneidet einen solchen Wasserspeicher, und entlang der schräg abfallenden Schichtgrenze sickert das Wasser an den Stellen zutage, wo die Schichtspalten die Erdoberfläche erreichen, so daß man entlang des Aufschlusses einer wasserundurchlässigen Schicht eine ganze Reihe kleiner Quellen antrifft. Das nennt man einen Quellhorizont. Solche Erscheinungen kann man vielerorts, namentlich an stark geschichteten Gebirgsrändern beobachten, etwa am Westabfall des Schwarzwaldes. Treten die wasserführenden Schichten, die von wasserundurchlässigen Schichten eingeschlossen sind, nicht an die Erdoberfläche, sondern verlaufen aus dem Gebirge unterirdisch in die Ebene, entstehen riesige, natürliche „Wasserleitungen", in denen die Niederschläge ganzer Gebirge sich sammeln und die man oft weit vom Ursprungsort entfernt in der Ebene anbohren und anzapfen kann. Ähnlich sind die Verhältnisse bei den sogenannten „Artesischen Brunnen" (nach der französischen Landschaft Artois bei Paris). Hier verlaufen von wasserdichten Gesteinen eingeschlossene wasserführende Erdschichten unter einer rings von Bergen umgebenen Talmulde. Wie am tiefsten Punkt eines wassergefüllten U-Rohrs steht das Wasser am Boden der Mulde unter hohem Druck und steigt von selbst aus großer Tiefe zutage, wenn man die darüberliegenden Schichten anbohrt oder wenn es seinen Weg durch Gesteinsspalten nach oben findet.

Wißt ihr schließlich auch, daß die Gletscher der Hochgebirge, etwa der Alpen, gewaltige Wasserspeicher darstellen? Dort, wo die Gletscher im Tal stetig abschmelzen, entstehen Bäche, ja selbst große Flüsse wie die Rhône, die aus dem Rhônegletscher entspringt.

Pappeln und Weiden, die typische Ufervegetation eines Baches.

DAS SÜSSWASSER UNSERER FLÜSSE

Wir wissen, daß jeder Wasserlauf sein Wasser grundsätzlich erst einmal aus den Niederschlägen erhält. Regen versickert in der Erde, sammelt sich in Wasseradern, speist Quellen, Flüsse, Seen, Sümpfe und Moore – jedes für sich ein Lebensraum mit eigenem Tier- und Pflanzenleben, ein eigenes Oekosystem.

Alle Süßgewässer zusammengenommen machen etwa 3% des Wasservorrats der Erde und der umgebenden Lufthülle aus. Trotz dieser gewaltigen Wassermenge – man schätzt etwa 350 Millionen km³ Süßwasser auf der Erdoberfläche und 150 Millionen km³ Grundwasser – leidet unsere Erde an Süßwassermangel. Um diesem Mangel abzuhelfen, sucht man Wege, Meerwasser zu entsalzen, da der Mensch über Jahrhunderte und auch heute noch diesen lebenswichtigen Stoff, das Wasser, mit vollen Händen verschwendet hat. Die Skizze unten zeigt den Wasserkreislauf der Erde und vermittelt einen Eindruck davon, welcher geologischer Zeiträume es bedurft hat, um dieses lebenswichtige Gleichgewicht im Wasserkreislauf aufzubauen, das wir mehr und mehr stören und zerstören.

Jeder Wassertropfen beginnt seinen Weg im Ozean und endet dort. Jeder Tropfen Wasser in unseren Flüssen hat diesen Kreislauf schon endlos oft durchlaufen. Man könnte der Geschichte eines Wassertropfens, der über eure Hand perlt, nachträumen. Wurde er vielleicht schon einmal von einem Dinosaurier getrunken? Oder was konnte er sonst „erlebt" haben?

netz ein. Anschließend suchst du an Ort und Stelle rund um den Hügel alle Quellen, die du entdecken kannst, am besten, wenn es länger geregnet hat, und trägst sie möglichst genau in jene Profilskizzen ein. Du wirst sehen, daß alle Quellen entlang einer geneigten Ebene liegen, entlang dem sogenannten Quellhorizont, der genaue Verlauf und Neigung einer wasserundurchlässigen Schicht innerhalb des Berges anzeigt.

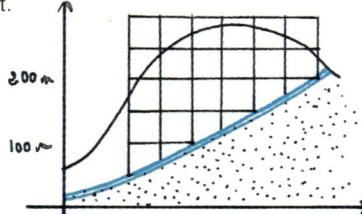

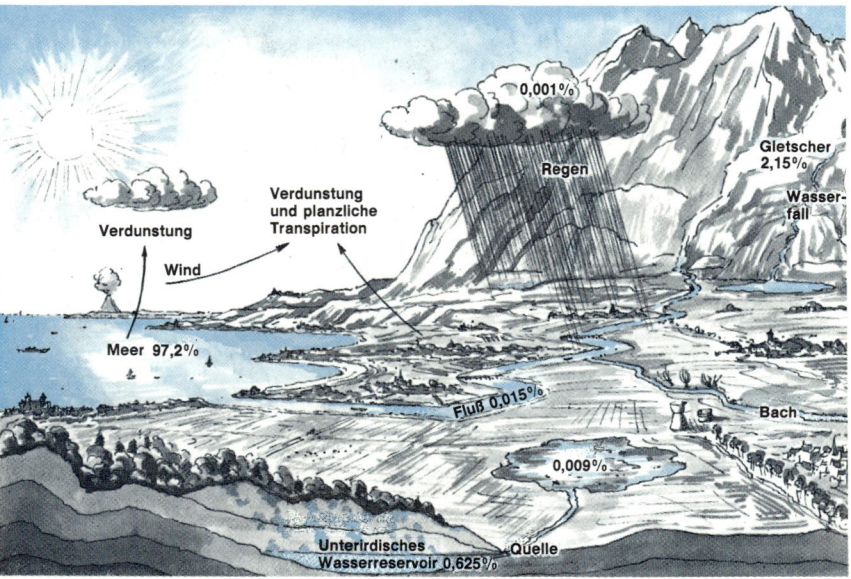

Die
LEBENSBEDINGUNGEN
im Flußlauf

In der reißenden Strömung des kalten Bergbaches finden nur wenige Pflanzen und Tierarten Halt und Lebensraum; dort aber, wo der Bach zum Fluß wird und wo die Strömung nachläßt und das Wasser weniger kalt ist, entfaltet sich gleich vielfältiges Leben.

Wenn wir aber einmal verschiedene Stromabschnitte in der Folge der Jahreszeiten genauer untersuchen, so werden wir feststellen, daß in jedem Abschnitt eines Wasserlaufs von der Quelle bis zur Mündung seine eigene typische Tier- und Pflanzenwelt lebt. Um diese Unterschiede zu verstehen, müssen wir ein wenig über die Lebensbedingungen in Strömen und Flüssen nachdenken. Nebenbei: die Lehre von den Lebensbedingungen in einem Lebensraum, vom Haushalt der Natur nennt man Ökologie. Wir wollen Flußökologie treiben.

Am allerwichtigsten für die Entfaltung von Leben ist der Sauerstoff; für Fische,

Im Bergbach, wo die Forelle sich wohl fühlt, fischt ein Angler mit der Flugangel.

die den Sauerstoff durch ihre Kiemen aus dem Wasser aufnehmen, ebenso wie für die Vielzahl wirbelloser Tiere. Aber nicht jede Tierart braucht die gleiche Menge in Wasser gelösten Sauerstoffs. Dies ist von entscheidender Bedeutung dafür, welche Organismen die verschiedenen Zonen eines Gewässers besiedeln können. Forellen z.B. brauchen sehr sauerstoffreiches Wasser; sie fühlen sich am wohlsten bei einem Sauerstoffgehalt von 7–11 cm³/l Wasser; Gründling und Aland brauchen 5–7 cm³ Sauerstoff pro Liter, während das Rotauge noch mit 4 cm³/l auskommt und Karpfen und Schleie sogar bei 2 cm³/l überleben. So trifft man die Forelle nur in sauerstoffreichen Bergbächen an, während Karpfen und Schleie auch noch im verschmutzten Flußunterlauf einen passenden Lebensraum finden.

Auch Pflanzen atmen Sauerstoff, aber sie geben gleichzeitig freien Sauerstoff an ihre Umgebung ab, weil sie mit Hilfe des Sonnenlichtes und des Blattgrüns, des Chlorophylls, aus dem Kohlendioxid der Luft Sauerstoff freisetzen können: Dieses Kohlendioxid oder Kohlensäure wird als Abfallprodukt aus dem Stoffwechsel von allen tierischen Organismen ausgeatmet. Die Pflanzen nehmen es als Nährstoff auf. Diese Fähigkeit des Chlorophylls, die sogenannte Photosynthese, hängt allein von der im Wasser verfügbaren Lichtmenge ab, die wiederum durch Schatten gebende Schwimmpflanzen reguliert wird. Der Sauerstoffgehalt des Wassers ist abhängig von der Wassertemperatur. Kaltes Wasser löst mehr Sauerstoff als warmes. Weiterhin spielt die Strömungsstärke, das allgemeine Klima einer Gegend, die Wassertiefe und die Form eines Bach- oder Strombettes, ob reich an Stromschnellen und Wasserfällen oder schmal und tief, eine wichtige Rolle für dessen Sauerstoffversorgung. Das eiskalte Wasser eines Quell- oder Wildbachs ist bei 0° C mit etwa 10 cm³ Sauerstoff/l sauerstoffgesättigt, während es bei 6,0° C nur noch 8,5 cm³, bei 20° C nur noch 6 cm³ Sauerstoff pro Liter aufnehmen kann.

Wirbelbildung und Stromschnellen, ja überhaupt alle Wasserbewegungen, die das Wasser durchmischen und seine Berührungsfläche zur Luft vergrößern, fördern die Sauerstoffaufnahme. So tragen schließlich auch Mühlenkanäle, Mühlräder und Stauwerke, über die das Wasser herabstürzt, zur Sauerstoffversorgung bei. Auch die Stärke der Sonneneinstrahlung in den verschiedenen Jahreszeiten wirkt sich auch auf den Sauerstoffgehalt eines Wasserlaufs aus: Wenn in der Hochsommerhitze der Wasserstand niedrig ist, das Wasser sich stark erwärmt, sinkt natürlich auch der Sauerstoffgehalt. Für das Leben eines Flusses können so die jährlichen Temperaturschwankungen von entscheidender Bedeutung sein; im Hochsommer

Stromschnellen und Wasserfälle versorgen das Wasser mit Sauerstoff.

kann der Sauerstoffgehalt so abnehmen, daß viele Tiere dies nicht überleben. Im Quellbereich sind diese jahreszeitlichen Schwankungen gewöhnlich gering, sie überschreiten kaum 1° C. Aber schon im Bergbach können sie bis zu 10° C oder gar 15° C erreichen und im Unterlauf eines Flusses über 20° C betragen. Nicht nur durch die verminderte Löslichkeit sinkt der Sauerstoffgehalt eines Gewässers bei Erwärmung, sondern auch durch den Sauerstoffverbrauch, der durch die Organismenzahl und durch die chemische Zersetzung von organischen Verschmutzungen zunimmt. Bei der Zersetzung von toten organischen Stoffen – z.B. Abwässer – durch Bakterien wird Sauerstoff verbraucht, werden aber auch Kohlensäure und Stickstoffverbindungen freigesetzt, die ihrerseits einer reichen Pflanzenwelt zur Nahrung dienen können. Wird ein Gewässer aber zu stark mit Schmutzstoffen belastet, so wird durch deren Abbau der gesamte gelöste Sauerstoff aufgezehrt und alles Leben erlischt bis auf einzelne Bakterienarten, die

Strömungsgeschwindigkeiten

träge:	weniger als 10 cm/sec.
schwach:	10–25 cm/sec.
mittel:	25–50 cm/sec.
rasch:	50–100 cm/sec.
reißend:	mehr als 100 cm/sec.

ohne Atmung leben und als Abfallstoffe ihres Stoffwechsels Gifte wie Schwefelwasserstoff, Ammoniak und Methangas freisetzen. Ein solches Gewässer ist vorübergehend oder endgültig tot.

Wenn die Belastung durch Abwässer oder allgemein organische Verschmutzungen allerdings nicht zu stark ist oder in größeren Abständen erfolgt, vermag ein Fluß sich allmählich mit Hilfe seiner Bakterienflora selbst wieder zu reinigen. Diese Abbauvorgänge regulieren sich selbst: Gibt es viel abbaubare organische Stoffe, so finden die Bakterien und viele einzellige Tiere gute Nahrung und vermehren sich stark; nimmt die organische Verschmutzung ab, so nimmt auch die Bakterienzahl wieder ab. Sie werden von anderen Organismen gefressen und bilden den Anfang einer Nahrungskette, an deren Ende dann die Fische stehen. Chemische Verschmutzungen durch Industrieabwässer, durch manche Waschmittel, durch Unkraut- und Insektengifte werden allerdings nicht biologisch abgebaut und dürfen keinesfalls in Gewässer eingeleitet werden.

Wasser kann mehr oder weniger sauer oder alkalisch sein. Auch das wirkt sich auf die Organismenwelt eines Flußgewässers aus. Meßt einmal den Säuregrad des Wassers an verschiedenen Stellen eines Wasserlaufs. Das läßt sich ganz einfach mit pH-Papier ausführen, wie ihr es in jeder Chemikalienhandlung kaufen könnt. Der Säure- oder Alkalinitätsgrad einer Flüssigkeit wird in pH-Werten gemessen; bei pH 7 liegt der Neutralpunkt. Werte von 7–1 zeigen zunehmende Säuregrade an, während Wasser mit pH-Werten von 7–14 zunehmend alkalisch sind. Beim Eintauchen ins Wasser verfärbt sich das pH-Papier entsprechend dem Säure- oder Alkaligrad und ihr könnt den pH-Wert an einer Farbenskala ablesen. Eine pH-Messung kann z. B. auch Aufschluß darüber geben, warum in einem Gewässer eine breitere Formenvielfalt an Organismen lebt als in einem anderen, wenn ihr seht, daß das erste bei einem pH von 6–8 fast neutral ist, während das zweite z. B. einen sauren pH von 5 hat, den nur besonders angepaßte Organismen vertragen. Der pH-Wert des Wassers wird wesentlich von seinem Kalkgehalt und der Menge gelöster Kohlensäure oder auch anderer Säuren, wie Humussäure, bestimmt. Ein Bach, der aus dem Grundwasser eines Nadelwaldes gespeist wird, reagiert sauer, da die Tannennadelschichten des Waldbodens reich an Gerbsäure und anderen Stoffen sind, die das Wachstum von Bakterien und anderen Mikroorganismen hemmen. Diese Mikroorganismen aber sind nötig, um die abgestorbenen Pflanzenreste zu echtem Humus verrotten zu lassen. Die Nadelstreu zersetzt sich nur teilweise zu saurem Rohhumus um, der nicht durch weiteren Abbau oder Kalk neutralisiert wird. So wird die entstehende Humussäure mit dem Sickerwasser in die Bachläufe gewaschen. Die Zusammensetzung des Untergrundes, ob Kalkstein oder Granit, Humus oder Löß, beeinflußt also auch die Organismenwelt eines Gewässers.

Ein Bach oder ein Flußlauf prägen das Gesicht einer Landschaft, diese aber wiederum bestimmt den Charakter des Gewässers – sie beeinflussen sich wechselseitig.

Flüsse und Seen im Kalkgestein - geheimnisvolle Welt unter der Erdoberfläche

Hochflächen auf Kalkgestein zeichnen sich gewöhnlich durch Waldlosigkeit und kümmerlichen Pflanzenwuchs aus und ebenso durch häufig in der Landschaft anzutreffende, unterschiedlich große und tiefe Bodensenken. Sie sind meist steil und auffällig kreisrund wie riesige Bombentrichter und werden als „Dolinen" bezeichnet, nach dem kroatischen Wort „Dolina" = Loch oder Tal, weil es gerade in Jugoslawien viele solche dolinenreichen Kalkhochflächen oder – mit ihrem geographischen Namen – Karstgebiete gibt. Entgegen dem kargen Pflanzenwuchs auf der steinigen wasserarmen Hochfläche – meist nur dünne Büschel von Hartgräsern – ist der Grund der Dolinen gewöhnlich mit einer roten Tonerde bedeckt und zuweilen sehr fruchtbar. Da das Kalkgestein nicht porös ist und deshalb nicht von Wasser durchtränkt, sammelt sich das Wasser aller Niederschläge für kurze Zeit in Bodensenken an, bis es verdunstet oder durch Risse und Spalten im Gestein abfließt. Rund um solch ein Abflußloch löst sich mehr und mehr Kalkstein auf. So entstehen die Dolinen. Tonreste aus dem Kalkstein sammeln sich dann auf dem Grund der immer mehr wachsenden Doline an und bilden kleine

Oberflächengestalt einer Karstlandschaft

① Doline

② Verwitterungsrelief

③ Spaltenwerk, in das Oberflächenwasser versickert

④ Karstschlot

⑤ Tropfsteinhöhle mit Stalaktiten und Stalakmiten

⑥ Flußbett in einer fruchtbaren Talschlucht

⑦ Karstquelle (Quelltopf)

⑧ Unterirdischer Fluß

⑨ Unterirdisches Wasserreservoir mit seinem Zufluß

fruchtbare Flächen in der öden Hochebene, die das Wasser nicht zu halten vermag.

In etwas tieferen Talrinnen können sich nach starken Regenfällen vorübergehend kleine Flüsse bilden, die aber nach Ausbleiben des Regens rasch wieder austrocknen oder im Spaltenwerk des Kalksteins in die Tiefe abfließen. Solche tiefen Spalten und Klüfte nennt man Karstschlote oder Karstbrunnen. Auch die Spalten wäscht das Wasser mehr und mehr aus, so daß unterirdische Flüsse, Höhlen und Seen entstehen, an deren Wänden das Wasser herabtropft und den reichlich gelösten Kalk allmählich wieder verliert. Er kristallisiert – wie Eiszapfen an der Dachtraufe im Winter – in langen Zapfen dort aus, wo ständig Wasser herabtropft, in *Stalaktiten* und *Stalakmiten*. So entstehen tief im Kalkfelsen Tropfsteinhöhlen.

In kleinem Ausmaße findet man solche Karstgebiete auch im südlichen Schwarzwald bei Schopfheim. Sogar eine Tropfsteinhöhle mit einem unterirdischen Bach gibt es dort bei Hasel. Und der nahegelegene Eichener See ist ein Beispiel einer echten Doline, eine Bodensenke, in der sich nur in regenreichen Jahren ein See bildet, ein wegen seiner einzigartigen Tierwelt übrigens sehr bekannter See. Dort, wo am Rande einer solchen Karsthochfläche tief unten an den Steilabfällen die unterirdischen Wasserläufe aus den Schichten und Spalten wieder zutage treten, entstehen große Quelltöpfe, wie wir sie schon vorher kennengelernt haben. Nur dort, wo ein größerer Fluß eine tiefe und weite Talschlucht in den Kalk hineingefressen und genügend Erde angeschwemmt hat, gibt es saftige grüne Wiesen und genügend fruchtbares Land, um Felder anzulegen und Ackerbau zu treiben.

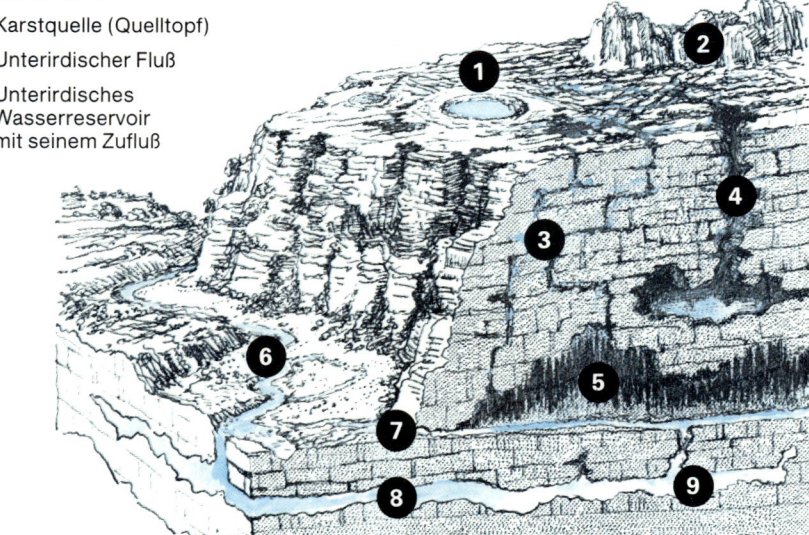

11

Heute morgen hat ein Angler eine Forelle gefangen,

die hatte gerade eine Elritze verschluckt, an der ein Blutegel saugte.

Die Elritze hatte gerade eine Libellenlarve geschnappt,

die just in dem Augenblick eine Steinfliegenlarve verzehrte.

Diese wiederum hatte andere Insektenlarven gefressen

solche von Eintagsfliegen   *oder Köcherfliegenlarven,*

die selbst gerade im Quellmoos auf Beute ausgingen.

Das ist eine typische Nahrungskette eines Bergbachs.

Ein Flußlauf bietet in seiner ganzen Länge den Fischen vielfältigen Lebensraum. In manchen Zonen eines Wasserlaufs herrscht eine einzige Fischart vor und ist dann auch nirgends sonst als in diesem Strombereich zu finden. Der Grund dafür ist nicht, daß die betreffende Fischart als Räuber keine anderen Fische hochkommen ließe, sondern daß diese Art als einzige den Besonderheiten gerade dieses Lebensraums angepaßt ist. Die einzelnen Besiedlungszonen unterscheiden sich durch Temperatur, Sauerstoffgehalt, Strömung, Tiefe, Lichteinfall, Pflanzenwuchs und Bodenbeschaffenheit und viele andere Dinge mehr. Eigentlich müßte es entlang jedes Flußlaufs immer die gleiche Abfolge derartiger Lebensbereiche geben, aber zuweilen – je nach der Form des Flußbettes, wechselnder Tiefe usw. – können auch Zonen einmal ausbleiben oder sich mehrfach wiederholen. So etwa die Salmonidenzone und die Cyprinidenzone. Salmoniden oder Lachsverwandte, darunter unsere Forellen, lieben starke Strömung und kaltes Wasser, etwa einen Wildbach, während die Cypriniden, die Karpfenfische, stehende oder träge strömende, warme Gewässer bevorzugen, ja sich in stark verschmutzten Stromabschnitten noch wohlfühlen.

Lebensräume – oder wie man sagt: Biotope – mit ganz verschiedenen Lebensbedingungen können sich auch in nächster Nachbarschaft auf engem Raum beieinanderfinden, hier eine Stromschnelle und dort gleich dahinter ein tiefer Kolk, ein ausgewaschenes Becken, hier der rasch fließende Strom, dort eine Bucht oder ein toter Arm mit fast stehendem Wasser.

Oberhalb eines Stauwehrs bietet ein ruhiger Stausee den Fischen des stehenden Wassers idealen Lebensraum, gleich unterhalb des Wehrs aber hat sich der See in einen reißenden Wildbach verwandelt, in dem Forellen leben. Dir Forellen sind gute Schwimmer und können mit ihrem stromlinienförmigen Körper den stärksten Strömungen trotzen, ja bei einer Strömungsgeschwindigkeit von etwa 440 cm/sec fühlen sie sich erst richtig wohl. Karpfen dagegen oder Schleien können sich schon bei einer Strömung von 50 cm/sec kaum noch halten; sie lieben ruhiges Wasser. So umfaßt die Forellenzone auch die Quellregion und Bergbachzone bis zum Oberlauf der großen Flüsse, wo das Flußbett noch eng ist, das Gefälle stark, zwischen 4% und 8%, wo in Stromschnellen das Wasser viel Sauerstoff aufnimmt. Namentlich in den Kolken zwischen den Stromschnellen ist die Heimat der Bachforelle *(Salmo trutta)*. Sie ist ein gewaltiger Räuber, ihre Beute sind neben Insekten, die über dem Wasser fliegen, auch Elritzen *(Phoxinus phoxinus)* und Groppen *(Cottus gobio)*, kleinere Fische, die ein verstecktes Leben am Gewässergrund unter Steinen und Wurzeln führen.

Neben Forelle, Groppe und Elritze lebt unter Steinen im Bergbach auch die Schmerle *(Nemachilus barbatulus)*, ein schöner Fisch mit grünen Flecken und seltsam anmutenden Bartfäden rings um ihr Maul, 4 an der Oberlippe und 2 in den

Das Leben im Fluß

Rotauge   (Scardinius erythrophthalmus)

Mundwinkeln. Dort, wo ein wenig Sand angeschwemmt ist, trifft man zuweilen den Steinbeißer oder Steinpeitzger *(Cobitis taenia)* an. Er ist hübsch gelb mit braunen Tupfen, trägt wie sein Verwandter, die Schmerle, 6 Bartfäden an der Oberlippe und wühlt sich gern in den Sandgrund ein. Wenn ihr viel Glück habt, werdet ihr etwas tiefer im Flußlauf vielleicht auch einmal einen Lachs *(Salmo salar)* zu sehen bekommen oder ein Neunauge. Aber sie sind bei uns fast ausgerottet.

Alle kleineren Tiere sind der starken Strömung im offenen Wasser des Bergbaches nicht gewachsen, sie können sich nur dort halten, wo die Strömung schwach ist, unter Steinen, in ruhigeren Kolken und im Wurzelwerk der Uferböschung, namentlich die Insektenlarven, Strudelwürmer, kleinere Egel und Krebse. Wie die Grundfische des Bergbachs, z. B. eine Groppe, so sind auch die wirbellosen Bewohner dieser Zone in ihrem Körperbau an die Strömung angepaßt. Seht euch einmal einen Flußkrebs an oder eine Steinfliegenlarve: Der Krebs ist unterseits flach und oberseits gerundet, vorn dicker und läuft nach hinten spitz zu. Diese Tropfenform bietet am wenigsten Strömungswiderstand. Dazu besitzen sie alle kräftige Beine und Haftkrallen, um sich in der Strömung, an Steine gepreßt, gut festhalten zu können. Manche Mückenlarven haben Saugnäpfe am Körper, lange Dorne und Borsten, um sich festzuhalten.

Köcherfliegenlarven bauen sich an der Unterseite von Steinen kleine köcherartige Wohnröhren aus Sandkörnern und Pflanzenresten, die sie an die Steine kleben. Wie die Larven der Eintagsfliegen und Steinfliegen sind sie die Beute der größeren Tiere und selbst wiederum Räuber, die sich von kleinen Krebsen ernähren. Ihr Lebensraum ist der Bergbach von der Quelle, ja vom Gletscherquell in 2000 m Höhe an, wo noch keine Fische leben können, bis tief hinab in die Ebene zum Mittellauf der Flüsse.

Dort, wo die Strömung abnimmt, das Wasser aber noch klar und sauerstoffreich ist, beginnt die Äschenzone *(Thymallus thymallus)*. Bei Anglern ist dieser Fisch

Forelle
(Salmo trutta)

sehr begehrt. Dieser hübsche Verwandte der Forelle ähnelt in vielem den Felchen und Seesaiblingen, ebenfalls Salmoniden, typische Bewohner klarer, kalter Bergseen. Allesamt sind sie gute Schwimmer und brauchen sauerstoffreiches Wasser. Gegen jegliche Verschmutzung sind sie sehr empfindlich. Unter günstigen Lebensbedingungen wird der prächtig gefärbte Seesaibling *(Salvelinus alpinus)* bis zu 50 cm lang. Auch die Forelle kommt häufig noch bis weit in die Äschenzone hinein vor. Bis hierher wandern auch die Lachse noch stromaufwärts zu ihren Laichplätzen.

Allmählich – wo der Strom tiefer und breiter, das Wasser sauerstoffärmer wird – beginnt das Revier der Cypriniden, der zahlreichen Karpfenfische. Döbel *(Leuciscus cephalus)* und Nase *(Chondrostoma nasus)* sind die ersten in der Übergangszone. Aber auch Rotaugen *(Scardinius erythrophthalmus)* und Hechte *(Esox lucius)* trifft man hier schon an, wo die Strömung so abgenommen hat, daß sie nicht abgetrieben werden, und wo die reicher werdende Pflanzenwelt ihnen Versteck und Unterschlupf bietet. Neben den Moosen kommen jetzt auch höhere Pflanzen auf: am Grund dichte Rasen von Wasserpest *(Elodea canadensis)* und im Strömungsschatten der Ufer der Wasserhahnenfuß *(Ranunculus fluitans)*.

Die Flohkrebse mit ihrem seitlich abgeplatteten Körper, schon Bewohner höherer, stärker strömender Bachzonen, nehmen nun an Zahl und Größe zu. Neben den am Boden lebenden Insektenlarven der Bergbachzone gibt es nun auch im freien Wasser in großen Mengen die Larven verschiedener Mückenarten, die dickköpfigen Schnakenlarven, die leuchtendroten, mit raschen Körperbewegungen hin- und herschnellenden Zuckmückenlarven und die räuberischen Larven der Schlammfliege. Die Zahl der Libellenlarven nimmt zu, die mit großen Augen zwischen den Wasserpflanzen auf Beute lauern, vor allem die Larven der blauflügeligen Wasserjungfern und der hübschen blauen Azurjungfern. Im Schlamm und zwischen Kieseln leben räuberische Wasserwanzen und dort, wo in den Flußwindungen die Strömung sehr träge wird und sich kleine Schlammbänke ablagern, findet man Würmer mit so wohlklingenden Namen wie Tubifex (Bachröhrenwurm), Aeolosoma und Stylaria, deren Zahl allerdings erst dort gewaltig zunimmt, wo das Wasser schmutziger und nahrungsreicher ist.

Ein paar Larventypen, die man häufig antrifft: Seht euch Larven, wenn ihr sie findet, genau an, die Körperform, den Kopf, die Anhänge am Hinterleib und die Form der Beine.

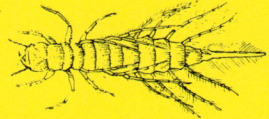

1. Larve der Schlammfliege
(Megalopteren)
Bis zu 2 cm groß mit seitlichen dicht beborsteten Kiemenanhängen an beiden Seiten des Hinterleibs, Körper schlank.

2. Steinfliegenlarve
(Plecopteren)
Am Hinterleib zwei sehr lange fadenförmige Anhänge, lange Fühler, kleine Flügelanlagen, die mit dem Wachstum der Larve von Häutung zu Häutung immer länger werden.

3. Larve des Gelbrandkäfers
(Dytiscus marginalis)
Sehr groß (bis 4 cm) und mit zwei kurzen, zehenförmigen Anhängen am Hinterende. Kopf mit kräftigen Freßzangen

4. Eintagsfliegenlarve
(Ephemeriden)
Drei feine, gefiederte Anhänge am Hinterende, an beiden Körperseiten blattförmige Kiemen, die ständig fächeln, Flügelstummel, deren Größe mit dem Alter zunimmt.

5. Libellenlarve einer Wasserjungfer oder Azurjungfer.
(Calopteryx splendens)
Große schlanke Larve mit drei schmalen blattförmigen Kiemenanhängen am Hinterende, rundlicher beweglicher Kopf mit riesigen Augen und kurzen Fühlern.

Flußbarsch
(Perca fluviatilis)

Blei
(Abramis brama)

In der *Barbenzone* fließt das Wasser langsam, die Strömung ist mit einem Gefälle von 1–2% schwach, aber die Temperaturunterschiede sind noch bedeutend. Im Sommer erwärmt sich das Wasser auf 15° C und mehr. Das Wasser, an der Oberfläche noch sauerstoffgesättigt, kann am Grund schon Sauerstoffmangel zeigen. Der Pflanzenwuchs dieser Region besteht aus dichten Rasen von Wasserpest, Laichkraut *(Potamogeton)*, den schwimmenden Blättern des Wassersterns *(Callitriche)* und Wasserhahnenfuß. Der breite Flußlauf in der Ebene wimmelt von Fischen unterschiedlicher Arten, vorherrschend die karpfenverwandten Barben *(Barbus barbus)*. Nasen, Döbel, Hasel *(Leuciscus leuciscus)* und Gründling *(Gobio gobio)*, die etwa 80% des Fischbestandes ausmachen. Daneben auch Räuber wie Hechte und Barsche, die wie der Aal bei den Anglern besonders beliebt sind. Sie machen etwa 3%–4% der Fischbevölkerung aus. Einzelne Forellen verirren sich noch hierher, und hier und dort findet man Karpfen *(Cyprinus carpio)*, Elritze und Uklei *(Alburnus alburnus)*.

Die wirbellosen Tiere nehmen an Artenzahl ständig zu: Köcherfliegen *(Trichopteren)* und Mückenlarven in reicher Zahl, Muscheln und Schnecken, Ringelwürmer und Egel. Auf der Wasseroberfläche gleiten verschiedene Arten von Wasserläufern, die Wasserwanzen Hydrometra und Gerris.

In der *Brassenzone* schließlich gleichen die Lebensbedingungen denen eines stehenden Gewässers, eines flachen Teichs oder Sees mit trübem Wasser. Selbst an der Oberfläche sinkt der Sauerstoffgehalt unter die Sättigungsgrenze, und in der Tiefe, über dem Faulschlammboden, fehlt er zuweilen ganz. Wasserlinsen *(Lemna trisulca)* und die Blätter der Seerosen *(Nymphaea alba)* bedecken die Oberfläche. Im Sommer produziert der reiche Pflanzenwuchs an der Oberfläche zwar viel Sauerstoff, aber die Wassertiefe ist dämmrig, und der Sauerstoff wird von der reichen Tierwelt und den anfallenden organischen Abfallstoffen rasch aufgezehrt. Das Gefälle liegt bei 0,5%. Dieses ist der Bereich der wärmeliebenden Weißfische. Blei *(Abramis brama)*, Schleie *(Tinca tinca)*, Karpfen sind die Charakterfische dieser Zone, neben ihnen auch noch der Gründling, Hasel, Uklei oder Stichling *(Gasterosteus aculeatus)*.

Barsch *(Perca fluviatilis)*, Hecht und Aal *(Anguilla anguilla)* führen unter ihnen ein Räuberleben. Leider machen sich heute dort überall auch fremde Arten breit, die Nase, der Katzenwels *(Amiurus nebulosus)* und der Sonnenbarsch *(Lepomis gibbosus)*, über die wir später noch hören werden.

In den Schnecken, Egeln, Strudelwürmern und Bachröhrenwürmern auf und in dem schlammigen Flußbett finden sie alle reiche Nahrung. Aus dem Schlamm ragen die Körper der Bachröhrenwürmer, Tubifex, und fächeln sich mit langsamen Pendelbewegungen Atemwasser zu. Unter den Insekten findet man vornehmlich Wasserkäfer und ihre Larven, ebenso zahlreiche Arten von Wasserwanzen. Dazu kommt eine reiche Fauna mikroskopisch kleiner Wasserbewohner, das Plankton. All diese im freien Wasser schwebenden Tiere und Pflanzen spielen trotz ihrer geringen Größe eine wichtige Rolle im Nahrungshaushalt der Gewässer: kleine Krebse wie Wasserflöhe *(Daphnien)*, Muschelkrebse *(Ostracoden)* und Ruderfußkrebse oder Hüpferlinge *(Copepoden)*. In einer Wasserprobe, vielleicht irgendwann im Schulunterricht, werdet ihr sie mit viel Freude unter einer Lupe oder einem Mikroskop beobachten können.

In der *Mündungszone* schließlich wird das Wasser brakig. Meerwasser mischt sich bei Flut mit dem Flußwasser. Die Salzgehaltsschwankungen bestimmen nun die Lebensbedingungen. Da der Salzgehalt zum Grunde hin zunimmt – Salzwasser ist schwerer als Süßwasser – trifft man am Grunde nun bereits Meerestiere an und solche Süßwasserfische, die dem Leben im Salzwasser gewachsen sind. Karpfen, Blei, Stichling und Barbe leben neben Flunder *(Pleuronectes flesus)* und Meerbarbe *(Mullus barbatus)*, und während ihrer Laichwanderungen gesellen sich zu ihnen Aale, Lachs, Maifische oder Süßwasserhering *(Alosa alosa)* und vielleicht gar ein Stör *(Acipenser sturio)*. Sie alle profitieren von einer reichen Planktonentwicklung, aber sie müssen auch hohe Salzgehaltsschwankungen von fast reinem Süßwasser bis zu reinem Meerwasser überleben können.

Hecht
(Esox lucius)

In der Brassenzone entdecken wir Seerosen (Nymphaea alba), die sich im langsam fließenden Wasser wohlfühlen.

Elritze
(Phoxinus phoxinus)

Schleie
(Tinca tinca)

Gründling
(Gobio gobio)

Karpfen
(Cyprinus carpio)

Habt ihr schon gewußt,

daß die Regenbogenforelle *(Salmo gairdneri)* gar nicht aus Europa stammt, sondern aus Nordamerika in unsere Flüsse eingeschleppt wurde und allmählich unsere Bachforelle aus ihren Wohngebieten verdrängte? Sie wird von Anglervereinen immer wieder in unsere Flüsse eingesetzt, da sie leicht zu züchten ist und leichter an die Angel geht als unsere heimische Forelle.

Sie wächst zwar gut in unseren Gewässern, kann sich aber in unseren Flüssen nicht vermehren und ist anfällig gegen Krankheiten wie Furunkulose, die man dann durch Zugabe von Kaliumpermanganat und Kupfersulfat in den Fischzuchtbecken bekämpfen muß.

daß es auch eine Seeforelle gibt? Sie trägt silberne Schuppen und sieht aus wie eine Kreuzung von Bachforelle und Lachs, dem sie auch in ihrer Fortpflanzungsweise ähnelt. Seeforellen wandern aus dem Meer in die Flüsse ein und laichen dort. Die Jungtiere wachsen dort auf und bleiben etwa zwei Jahre lang im Süßwasser, ehe sie ins Meer wandern und dort erwachsen werden. Dann kehren sie – wie die Eltern – in die Flüsse zurück, um dort zu laichen und zu sterben. Die Biologen haben auch beobachtet, daß unsere Bachforelle zuweilen ins Meer wandert und dort sogar rascher wächst als im Süßwasser. Sie verliert aber ihr buntes Schuppenkleid und tauscht es ein gegen das Silberkleid der Seeforelle. Darum nehmen manche Biologen an, daß es sich bei beiden nur um verschiedene Rassen einer Fischart handelt.

daß es Fischereiverordnungen gibt, die sowohl die Fischfangzeiten im Jahr als auch die Fangbedingungen regeln? Die Fangverordnungen für die einzelnen Flußregionen sind verschieden. Jeder Angler benötigt eine Angelerlaubnis, ohne die er in einem öffentlichen Gewässer nicht angeln darf.

15

Der Schutz unserer Flüsse tut not!

An der Uferböschung wurde das Wurzelwerk eines Baumes ausgewaschen. Man erkennt, wie die Wurzeln die Erdkrume zusammenhalten und die Erde gegen Erosion befestigen können.

In Mitteleuropa fallen die Niederschläge gewöhnlich so regelmäßig und reichlich, daß man hier – von einigen Ausnahmen abgesehen – lange Zeit weniger um die Erhaltung eines genügend hohen Grundwasserstandes besorgt war als darum, Überschwemmungen vorzubeugen. Dazu wurden namentlich die größeren Flüsse eingedeicht, ihre Ufer befestigt und die Stromläufe häufig begradigt. Dadurch steigt natürlich die Fließgeschwindigkeit stark an und somit auch die Ufererosion an unbefestigten Uferstrecken.

Auch andere Wasser- und Landschaftsbaumaßnahmen wie die Anlage von Stauwerken und -becken für den Industriebedarf, der Bau von Versorgungs- und Schiffahrtskanälen, die überaus starke Umwandlung von Wald- und Naturlandschaft in Kultur- und Ackerland haben die natürlichen Grundwasserreserven in katastrophalem Ausmaß vermindert. Zu oft hat man übersehen, daß eine dichte Dauervegetation und ein guter Waldbestand vor Verdunstung schützt und das Sickerwasser im Boden festhält. Vernichtet man solche Naturlandschaften, so sinkt der Grundwasserspiegel. Regenwasser wird nicht festgehalten, sondern fließt rasch ab und wäscht die Bodenkrume fort. Durch die Kanalisierung wird der Wasseraustausch zwischen Flußbett und Uferlandschaft unterbrochen und die Bodendurchfeuchtung verringert – Grund genug, das Zubetonieren von Flußufern zu ächten.

Ein gut gebauter Deich besitzt einen wasserdurchlässigen Kern aus aufgeschüttetem Geröll und Kies, umspannt und befestigt durch Maschendrahtnetze. Hinter dem Deich pflanzt man Weiden, deren Wurzelwerk allmählich in den Deichkern einwächst und durch ihren dichten Wurzelfilz den Deich zusätzlich befestigt. So bewahrt man nahezu natürliche Uferverhältnisse.

Die Rodung der Ufervegetation hatte gewöhnlich zur Folge, daß die Uferböschungen vom Wasser immer weiter unterwühlt wurden und unaufhaltsam weiter abrutschten. Einer solchen Erosion fiel natürlich auch die typische Uferfauna zum Opfer; die Nahrungsketten wurden unterbrochen und das natürliche biologische Gleichgewicht dieser Biotope zerstört.

Allerdings ist eine übertriebene Aufforstung von Flußufern ebenfalls von Übel. Ein gesunder Fluß braucht Sonnenlicht. Ein zu hoher und dichter Uferbewuchs bringt zu viel Schatten und beeinträchtigt die Wasservegetation. Absterbende Pflanzenteile wie Herbstlaub gelangen in großen Massen ins Wasser und überschreiten dessen Selbstreinigungsfähigkeit. Es tritt Sauerstoffmangel ein, und der Abbau der organischen Abfallstoffe kann nur noch durch Gärungsvorgänge erfolgen, deren saure Endprodukte das Wasser ansäuern, was für den größten Teil der Wasserfauna nachteilig ist.

Zuweilen muß man auch die Flußgeschwindigkeit durch Wasserbaumaßnahmen wie eine Flußbegradigung erhöhen, etwa um abgelagerte Schlammbänke in alten Mühlenteichen und Mühlenkanälen fortzuspülen und den Kiesgrund wieder freizulegen. Faulschlammgründe behindern den Sauerstoffaustausch im Gewässergrund. Sie beeinträchtigen das Pflanzenwachstum und könnten Forellenlaichplätze vernichten.

Die Tierwelt des Grundwassers

Die Tierwelt des Grundwassers in den feinen Lückensystemen des Erdreiches und den größeren unterirdischen Gewässern ist mit dem Leben in den oberirdischen Gewässern nicht vergleichbar. Sie ist nicht nur wegen ihrer Anpassungen an diese extremen Lebensräume besonders interessant, sondern spielt auch im Naturhaushalt eine beachtliche Rolle. Viele Biologen beschäftigen sich mit ihr.

In unteridischen Wasserläufen und Höhlen gibt es Mückenlarven, zahlreiche Asseln und andere kleine Krebse. Sie ähneln noch den Formen, wie wir sie aus unseren Gewässern kennen, unterscheiden sich von ihnen allerdings gewöhnlich durch ihre Pigmentlosigkeit; sie sind meist farblos weiß. Kleine Muscheln findet man in diesem Lebensraum, die Erbsenmuscheln, die kaum mehr als 2 mm groß werden, Flohkrebse, die teils unserem Bachflohkrebs Gammara ähneln, unter ihnen aber auch den farblosen und augenlosen Höhlenkrebs Niphargus.

Die Entwicklung dieser Höhlentiere verläuft langsamer als bei allen Tieren über Tage. Zugleich sind sie sehr widerstandsfähig und können in Trockenperioden, eingebohrt in den Ton, der den Grund vieler Höhlengewässer bedeckt, mit einer geringen Feuchtigkeitsreserve lange überleben. Ein ganz ungewöhnliches Tier ist der Grottenolm, oder mit seinem wissenschaftlichen Namen: Proteus. Er ist zwar ein Salamander, ein Verwandter unseres Feuersalamanders, hat sich aber so sehr dem Höhlenleben angepaßt, daß man ihm diese Verwandtschaft kaum noch ansieht. Bis zu 30 cm lang, pigmentlos weiß und mit kurzen, dünnen Beinen, besitzt er zwar Lungen wie alle Salamander, aber gleichzeitig trägt er zeitlebens am Hinterkopf drei Paar leuchtend roter Kiemenbüschel, wie sie bei seinen oberirdischem Verwandten während der Zeit ihres Wasserlebens als Larven ausgebildet sind. Er wird also – so könnte man sagen – nie recht erwachsen. Seine Augen sind verkümmert; man findet nur noch Reste von ihnen unter der Kopfhaut. Dieses seltsame Tier kommt einzig in den jugoslawischen Karsthöhlen von Postojna, den Adelsberger Grotten vor. Über seinen Lebenslauf wußte man bis vor kurzem fast nichts. Aber kürzlich ist es nach vielen vergeblichen derartigen Versuchen französischen Biologen gelungen, solche Grottenolme in Laboratorien zu züchten. Sie werden bis zu 25 Jahre alt. Die Fortpflanzungszeit fällt mit der Zeit der Schneeschmelze zusammen, wenn die Höhlengewässer sauerstoffreiches Wasser führen. Nach der inneren Befruchtung der Eier legt das Weibchen diese einzeln ab, klebt sie unter Steine und an die Höhlenwände. Weibchen und Männchen bewachen gemeinsam das Gelege, verteidigen es gegen Feinde, bis die Jungtiere schlüpfen. Höhlenfische hat man in Europa bisher noch nirgendwo gefunden. In andern Ländern gibt es auch diese, und auch sie sind meist blind.

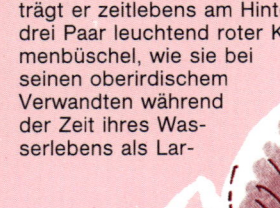

Vorsicht! Umweltverschmutzung!

Ein verschmutzter Wasserlauf, das ist zuerst einmal ein Wasserlauf, dessen Selbstreinigung nicht mehr funktioniert.

Es bedeutet bereits den Tod eines Gewässers:

wenn durch Überdüngung in der Landwirtschaft zu große Mengen an Phosphat- und Stickstoffdünger mit dem Grundwasser in einen Fluß gelangen.

wenn zu viel Abfälle aus der landwirtschaftlichen Nahrungsmittelproduktion oder Stallabwässer namentlich aus der Schweinezucht einen Fluß belasten, wenn häusliche oder industrielle städtische Abwässer ungeklärt in einen Fluß eingeleitet werden,

denn im ersten Fall wird durch die ungewollte künstliche Düngung des Flusses – man nennt das Entrophierung – der Algenwuchs so stark angeregt, daß der Fluß nun selbst in überreichem Maße abbaubare organische Substanzen produziert. Dieser Algenwuchs trübt aber zugleich das Wasser so sehr, daß das Sonnenlicht nur noch in den obersten Wasserschichten intensiv genug ist, den Pflanzenwuchs zu unterhalten. In den unteren Schichten sterben die Algen ab und werden durch Bakterien, die sich gewaltig vermehren, abgebaut. Allerdings wird dabei aller Sauerstoff verbraucht, und die Tierwelt stirbt allmählich an Sauerstoffmangel. Schließlich reicht der Sauerstoff auch nicht mehr für die aeroben, d.h. sauerstoffabhängigen Bakterien. Die umgesetzte organische Substanz lagert sich als Faulschlamm ab, und durch die Tätigkeit von Gärungsbakterien entstehen Gifte wie Schwefelwasserstoff und Ammoniak.

Schlimmer noch als eine solche Eutrophierung ist die Verseuchung von Gewässern durch giftige Industrieabfälle, namentlich der chemischen Industrie, vor allem der erdölverarbeitenden und der pharmazeutischen, der Textilindustrie, Metallindustrie und Gerbereien. Giftstoffe wie Schwefelsäure, giftige Metallsalze von Chrom, Eisen, Quecksilber und Blei, stark giftige Blausäure- und Fluorverbindungen, wie sie teils aus der Herstellung von Pflanzenschutzmitteln und Unkrautvernichtungsmitteln stammen, teils auch bei der Benzinherstellung anfallen, wirken größtenteils noch viel heimtückischer als die organischen Verschmutzungen. Denn meist liegen sie nicht in solcher Konzentration vor, daß sie die Tierwelt gleich abtöten, sie werden aber nicht abgebaut, sondern allmählich von Tieren und Pflanzen aufgenommen und in deren Geweben gespeichert und reichern sich so in der Nahrungskette immer mehr an. Fische fressen in großer Menge Kleinplankton und speichern die aufgenommenen Gifte in ihrem Fettgewebe. Sie werden wiederum die Beute von Raubvögeln und des Menschen, die auf diese Weise in ihrem Körper die Gifte mit der Zeit weiter anreichern. Namentlich Quecksilberverbindungen, Blei und Insektenvertilgungsmittel wie DDT und organische Chlorverbindungen können so hochgiftige Konzentrationen erreichen. Weder in Kläranlagen noch durch biologischen Abbau können solche Gifte wieder aus dem Wasser entfernt werden.

Auch mineralische Schlammstoffe entfalten eine unheilvolle Wirkung: Bodenlebende Lebewesen ersticken im abgesetzten Schlick. Diese Absatzstoffe behindern den Sauerstoffaustausch am Flußgrund und fördern damit wieder Gärungsvorgänge: Solche Schlammablagerungen rühren teils von zu starker Bodenerosion her, teils sind auch der Bergbau, die Papierindustrie und die Nahrungsmittelindustrie dafür verantwortlich. Allerdings versucht der Staat heutzutage die Industrie zu besserer Klärung ihrer Abwässer zu veranlassen, um solchen gefährlichen Verschmutzungen unserer Gewässer zu begegnen.

Schließlich birgt auch die Erwärmung der Flüsse durch die Einleitung von Kühlwasser aus Kraftwerken Gefahren, denn sie vermindert die verfügbaren Sauerstoffreserven des Wassers. Auch der immer noch steigende Wasserverbrauch bringt andauernd neue Probleme. Die zunehmende Verschmutzung der Fließgewässer zieht allmählich auch eine Verschmutzung des Grundwassers nach sich. Den unterirdischen Wasservorräten, ja bereits den Quellen droht eine zunehmende Verschmutzung. Eine Rettung unserer Gewässer kann nur durch eine bessere Klärung und Reinigung aller Abwässer erreicht werden.

Wichtig ist, daß in uns allen das lebendige Bewußtsein wach wird, wie kostbar und lebenswichtig das Wasser ist.

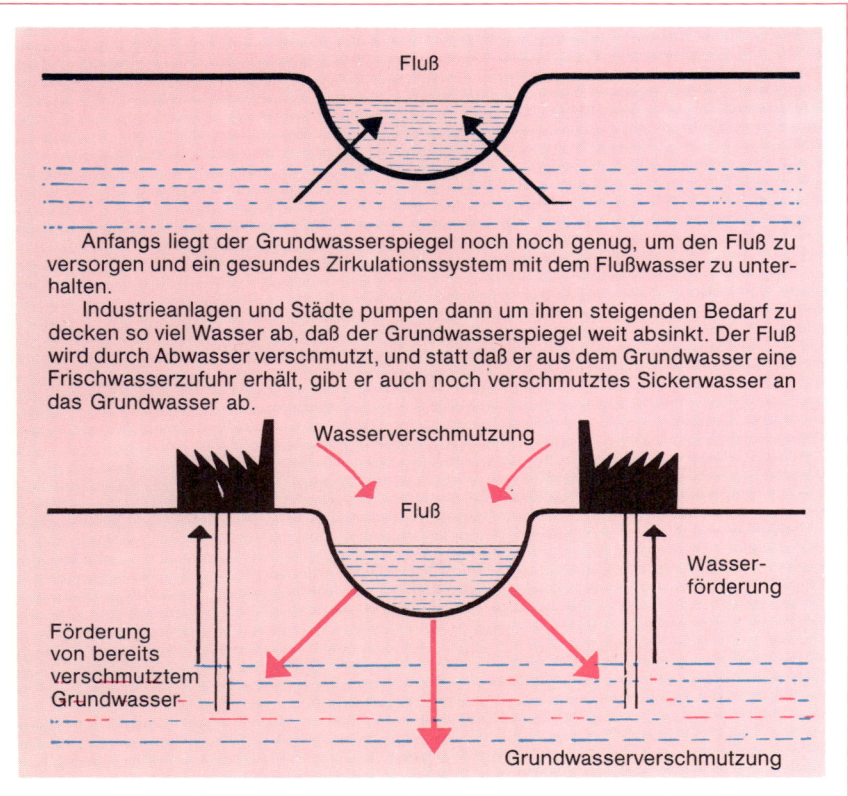

Fluß

Anfangs liegt der Grundwasserspiegel noch hoch genug, um den Fluß zu versorgen und ein gesundes Zirkulationssystem mit dem Flußwasser zu unterhalten.

Industrieanlagen und Städte pumpen dann um ihren steigenden Bedarf zu decken so viel Wasser ab, daß der Grundwasserspiegel weit absinkt. Der Fluß wird durch Abwasser verschmutzt, und statt daß er aus dem Grundwasser eine Frischwasserzufuhr erhält, gibt er auch noch verschmutztes Sickerwasser an das Grundwasser ab.

Wasserverschmutzung

Fluß

Wasserförderung

Förderung von bereits verschmutztem Grundwasser

Grundwasserverschmutzung

Selbst in unserer dicht besiedelten Heimat gibt es noch viele Angelparadiese. Wir sind vielleicht nicht so leidenschaftliche Angler wie z. B. die Franzosen, aber der Angelsport hat auch bei uns viele Freunde. Es ist reizvoll und erholsam, ruhige Stunden am Wasser zu genießen.

Hier einige Tips für eine zweckmäßige Grundausrüstung.

Das Grund- und Stippangeln

Eine Binsenweisheit: Von der richtigen Ausrüstung hängt der Erfolg ab. Das heißt zum Beispiel: Je größer der Fisch – desto stärker die Angelschnur – desto größer der Angelhaken! Und bei kleinen Fischen ...

Die Angelrute

Empfehlung: möglichst leicht, als Steck- oder Teleskoprute, ca. 4 m lang. Beim Angeln vom Boot aus kann die Rute etwas kürzer sein. Für den Wurf vom Ufer aus empfiehlt sich die längere Angelrute.

Angelschnur und Haken

Für das Stippangeln soll die Schnur immer etwas kürzer sein als die Rute. Dabei genügt für das Angeln kleiner Fische (wie Elritze, Gründling, Weißfisch, Rotauge) eine dünne Schnur ($^{10}/_{100}$ mm) und ein kleiner Haken (Größe Nr. 18–20). Etwas größere Fische fängt man mit entsprechend stärkerer Schnur ($^{18}/_{100}$ mm) und auch einem etwas größeren Angelhaken (Nr. 12). Für das Grundangeln (z. B. auf Karpfen und Schleien) benötigt man eine noch festere Schnur ($^{20}/_{100}$ bis $^{22}/_{100}$ mm) mit Hakengröße 8–10.

Wähle grundsätzlich lange, feine und sehr spitze Haken, denn Köder und Fische halten daran besser.

Fertig gebundene Haken mit Vorfachschnur sind im Fachhandel erhältlich.

Pose

Schon ein leichter Federkiel reicht aus, um kleine Fische zu fangen. Für größere Fische nimmt man eine größere, dicke Pose. Die Pose soll immer gut sichtbar und aufrechtstehend aus dem Wasser ragen. Die richtige Tiefe der Pose im Wasser wird durch Befestigung von Bleigewichten (Bleischrot, Lochblei) an der Schnur erreicht.

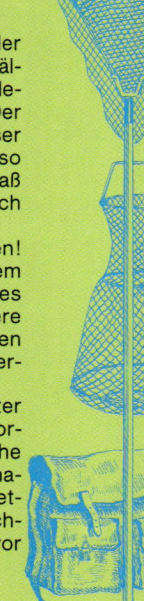

Die Rolle

Wähle zum Grund- und Stippangeln eine einfache Rolle, denn damit kannst Du auch gleichzeitig das Wurfangeln betreiben. Stippfischen auf Weißfische kann man jedoch auch ohne Rolle. Die Angelschnur ist dann an der Rute festgebunden.

Unterfangkescher

Ein Kescher ist zur sicheren Landung eines gehakten größeren Fisches unentbehrlich. Der Kescherstiel sollte lang sein (Teleskopstiel), mit einem breiten Netz.

Setzkescher

Ob aus Draht oder Nylon, der Setzkescher ist der richtige Behälter für gefangene Fische, die lebend erhalten werden sollen. Der Kescher darf nicht ganz ins Wasser getaucht sein und sollte immer so im Wasser stehen bzw. liegen, daß die hier aufbewahrten Fische sich auch bewegen können.

Laß nie einen Fisch ersticken! Töte ihn waidgerecht mit einem Schlag auf den hinteren Teil des Kopfes und danach – insbesondere bei großen Fischen – durch einen Stich ins Herz. Das ist sportfischergerecht!

Für das Angeln bestimmter Fischarten sind Mindestmaße vorgeschrieben. Untermaßige Fische muß man nach vorsichtigem Abhaken wieder ins Wasser zurücksetzen. Nasse Hände oder ein feuchtes Tuch schützen den Fisch vor Verletzung der Schleimhaut.

Anglertasche

Für das vielfältige Anglerzubehör (z. B. Haken, Vorfächer, Wirbel, Posen, Blei, Hakenlöser, Anglerzange, Fischmesser, Rutenhalter, Köderbüchse) empfiehlt sich eine regensichere Tasche mit Unterteilungen und aufgesetzten Zusatztaschen.

Köder

Die Wahl des richtigen Köders ist eine Anglerwissenschaft für sich. Nicht jeder natürliche Köder (wie Wurm, Made, Teig, gekochter Weizen, Weißbrot, Käse, Kartoffel) ist jederzeit ein Leckerbissen. Der „fähige Köder" ist Erfahrungssache und oft das große Geheimnis des Sportanglers.

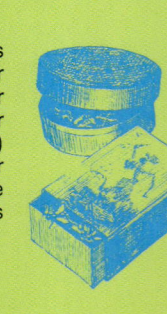

Angelfreunden und Sportfischern!

Das Spinnangeln

Rute (mit Rutenringen) und Rolle müssen strapazierfähig sein. Bei $^{30}/_{100}$ mm Schnurstärke soll die Rolle 75–100 m Angelschnur fassen. Achte darauf, daß die Schnur beim Angeln in Gewässern mit Hindernissen (wie Kraut, Schilf, abgesunkenen Ästen u. ä.) nicht zu dünn ist.

Erfolgreiche Köder für das Spinnangeln sind Spinner, Blinker, Wobbler, Pilker und Köderfische. Hole nach dem Wurf die Schnur so ein, daß der Köder in der gewünschten Wassertiefe bleibt und einen Bewegungsreiz auf den Fisch ausübt. Wenn ein Fisch anbeißt, sitzt er zumeist sicher am Drillingshaken fest.

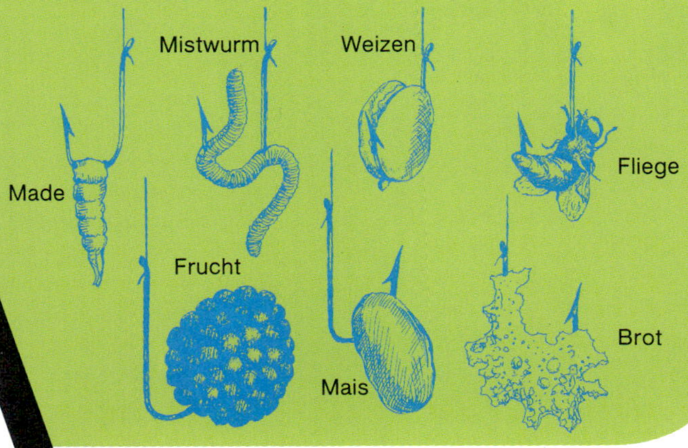

Pflege eines Bootes

Wenn ihr ein Holzboot zum Fischen zur Verfügung habt, dann achtet darauf, daß es immer im Wasser bleibt. Lagert man ein solches Boot nämlich am Land, so trocknet es aus und wird leck. Nur mit großem Aufwand und nach langem Wässern bekommt man den Kahn dann wieder dicht. Während der Schonzeit oder vor Wintereinbruch kann man das Boot einmal kurz am Land aufbocken und außen mit einem neuen Schutzanstrich versehen. Man sollte es dann aber gleich wieder zu Wasser bringen.

So wird ein Haken gebunden

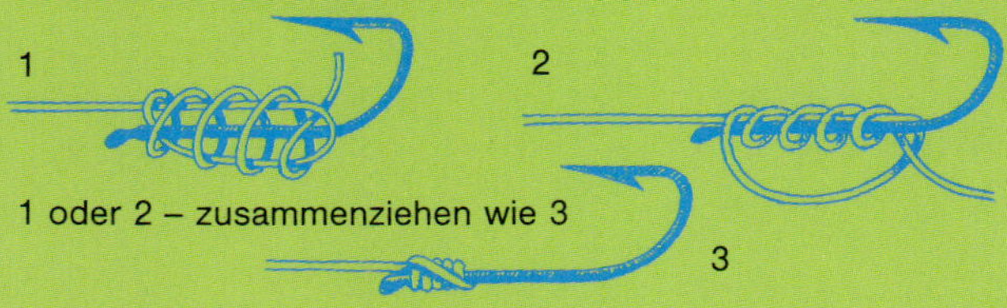

1   2

1 oder 2 – zusammenziehen wie 3

3

So wird ein Vorfach ausgewechselt
1 Schleife mit einem einfachen Knoten
2 Verbindungsknoten Schleife in Schleife

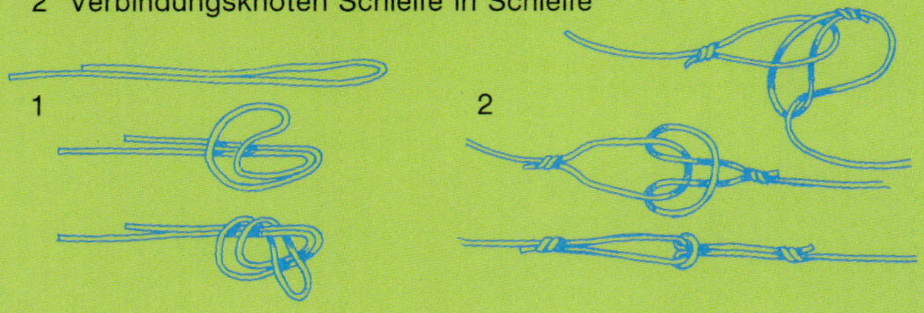

1   2

So werden die Bleikugeln angebracht
Das Bleischrot ist gespalten.
Lege die Schnur in die Spalte und drücke die Bleikugel fest an.

So werden Metallösen (z.B. an Wirbeln und Blinkern) geknotet

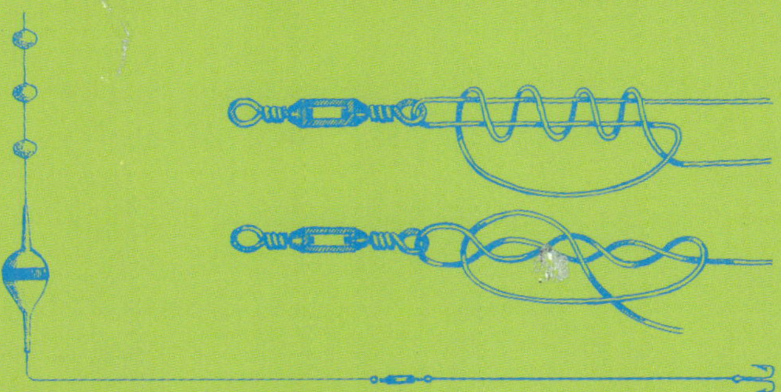

So wird ein Köder befestigt

Mistwurm   Weizen

Made

Fliege

Frucht

Mais

Brot

FRÜHLING

Endlich haben die Februarregen die letzten Spuren des Winters fortgewaschen, und am Himmel ziehen die ersten Flüge heimkehrender Stockenten. Sie sind zwar keine Zugvögel, aber im Winter hatten sie sich in großen Flügen auf eisfreien Gewässern gesammelt, wo sich ihnen noch genug Nahrung bot. Nun fliegen sie in kleinen Gruppen zielstrebig in ihre Brutreviere, fallen hier und dort zu kurzer Ruhe ein und folgen dann weiter den Wasserläufen aufwärts.

Im März gewinnt die Sonne allmählich die Oberhand über Hagel- und Schneeschauer. Ufer und Wiesen ergrünen, und die ersten Junghasen hoppeln hier und dort und äsen die grünen Spitzen von Gras und Binsen. Irgendwo in der Wiese murmelt eine Quelle; ein Bächlein windet sich durch das frische Grün. An seinen Ufern befinden sich gelbe Tupfen von den Blüten des Scharbockskrauts *(Ficaria rerua)*. Sonnenhungrig öffnen sie sich, ehe sie untertauchen in all dem sprießenden Grün rundum. Schon im Herbst hatte das Scharbockskraut in seinen Wurzelknollen einen Vorrat an Stärke und Zucker gesammelt. Aus ihm kann die Pflanze nun zehren, so all den anderen Gewächsen zuvorkommen und vor ihnen seine schönen gelben Blüten treiben.

Andernorts, wo der Boden schwerer, toniger ist, öffnen sich die Blütenkörbchen des Huflattichs auf ihren kurzen rotschuppigen Stielen, längst ehe sich die grünen, nach Äpfeln riechenden Blätter entfalten. Die Blüten sind denen des Löwenzahns ähnlich, aber wenn später nur die großen, unterseits weißfilzigen Blätter übrig sind, werdet ihr die Pflanze kaum noch wiedererkennen.

Dort, wo es recht feucht und morastig wird, streckt die Sumpfdotterblume ihre strahlenden Blütenstände aus ihrem üppig grünen Blattwerk hervor. Die fünf gelben Blütenblätter glänzen wie lackiert – Butterblume nennt man sie deshalb auch.

Mit dem Südwind fallen Enten flügelklatschend auf den Teich oder Flußlauf ein. Gut verborgen hinter Schilf und Weiden könnt ihr sie beobachten, die kleine graubraune Knäkente *(Anas querquedula),* die prächtig bunte Löffel-

Das strahlende Gelb der Sumpfdotterblumen (Caltha palustris) kündet den Einzug des Frühlings an. Unter ihren großen, schwingförmigen und unterseits rot überlaufenen Blättern findet ihr die jungen Blütenknospen. In Essig eingelegt, schmecken sie wie Kapern.

Ein Löffelentenpaar (Spatula clypeata)

Die graue Bachstelze (Motacilla alba)

Huflattich (Tussilago farfara), eine der ersten Frühlingsblumen. Aus den getrockneten Blüten läßt sich ein Hustentee bereiten.

ente *(Spatula clypeata)* mit ihrem grünschillernden Kopfgefieder und ihrem breiten Schnabel. Am Ufer spielt der Wind mit den Blütentroddeln der Schwarzerlen und bläst Wolken von Blütenstaub in die Luft. *Alnus glutinosa* – Kleb-Erle heißt sie mit wissenschaftlichem Namen, weil die jungen dunkelbraunen Knospen sich klebrig harzig anfühlen. An den Zweigspitzen seht ihr noch überall die Samenstände des Vorjahres; wie winzige Tannenzapfen sehen sie aus. An den Weiden sind die Kätzchen aus ihren braunen Hüllen geplatzt, silbrig weichbehaart die männlichen Blüten, unscheinbar grün die weiblichen. Sie verlocken dazu, einen Frühlingsstrauß zu pflücken.

Der Bach stürzt über ein kleines Wehr und beruhigt sich wieder. Er hat weiteren Zufluß erhalten, ist breiter geworden. Seine Ufer sind nun gesäumt von Eschen *(Fraxinus excelsior)* und Buchen *(Fagus silvatica)*. Dann taucht er in den Wald ein; hat sich dort ein tiefes Bett in steile tonige Ufer eingewaschen, rauscht zwischen Felsbrocken durch ein steiniges Bett und bildet kleine Kolke. Ein Eisvogelpaar fühlt sich hier so recht zuhause. Mit einem gefangenen Fisch im Schnabel taucht das Männchen aus dem Wasser auf und schnurrt zu seiner Wohnhöhle, die es in die Uferböschung gegraben hat. Sie ist verborgen unter den Ranken der Gundelrebe *(Glechoma hederacea)*, die über die Böschung herabhängt und mit ihren hübschen blauen Blüten ein wenig Farbe in das eintönige Braun und Grün der Umgebung bringt. Die Gräten von früherer Beute zeigen die Eisvogelhöhle an.

Weiter windet sich der Bach durch weite flache Wiesen, übersät mit den lichtvioletten Blüten des Schaumkrauts *(Cardamine pratensis)*. Dazwischen Schlüsselblumen *(Primula veris)*, orange und gelb mit dicken saftigen Blattrosetten. Eine Bachstelze *(Motacilla alba)* wippt auf einem Stein im Wasser, „Wippstert", der Name paßt besser zu ihr. Sie späht nach Insekten, Würmern, kleinen Schnecken. Niemand stört sie – außer, wenn sie dem jagenden Eisvogel *(Alcedo atthis)* zu nahe kommt.

Am Bachesrand, dort wo es sumpfig wird, haben Stockenten *(Anas platyrhynchos)* unter den scharfkantigen Blättern dichter Riedgrasbüschel ihr Nest gebaut und brüten mit Hingabe. In 26 Tagen erst werden endlich die Jungen schlüpfen.

Lang schon hatten die Grasfrösche *(Rana temporaria)* in all den schmalen kleinen Bächen und Rinnsalen ihren Laich abgelegt, und nun schwimmen überall an den Bachrändern bereits die jungen Kaulquappen ihre Kapriolen. – Wo man hinschaut, bricht neues Leben auf.

Wo der Bergbach entspringt

Auf Quellwiesen im Gebirge wächst überall das Fettkraut (Pinguicula vulgaris) mit seinen schönen blauvioletten oder weißen Blüten. Wie viele Sumpfpflanzen ist Fettkraut eine „fleischfressende" Pflanze, auf deren klebrigen Blättern Insekten haften bleiben und verdaut werden.

In den Wasserschlenken findet man an den Halmen untergetauchter Gräser in Mengen Insektenlarven und -eier.

Wo immer es nicht an Wasser mangelt, triumphiert das Leben. Im Gebirge lohnt sich eine Frühlingswanderung zu einer Quellwiese. Überall im wasserdurchtränkten Grasfilz findet ihr dann das Fettkraut *(Pinguicula vulgaris)* in voller Blüte. Aus der Blattrosette am Grund erhebt sich auf schlankem Stiel die langgespornte trichterförmige Blüte.

In vielen Rinnsalen sammeln sich die Wasser der Quellwiese und vereinigen sich im Tal drunten schon zum Bergbach, der sich seinen Weg zwischen Felsen und Wurzeln sucht. Bis hierher steigen schon die ersten Fische herauf, Elritzen, Groppen, dort, wo sich etwas größere Becken gebildet haben, auch Forellen. Höhere Pflanzen finden noch keinen Halt in der starken, strudelnden Strömung, in den ständig umgewälzten Kieseln des Bachbettes. Nur kleine einzellige Algen überziehen das feuchte Gestein mit einer glitschigen grünen Schicht, leuchtend grüne Grünalgen, mattblaugrüne Blaualgen. Dort, wo sich das Wasser etwas beruhigt, im Schutz überhängender Steine unter Wasserfällen bilden sich die ersten Moosrasen, in den Steinritzen von Brückenpfeilern, Quell- *(Philonotis)* und Brunnenmoose *(Fontinalis)*, deren lange, dicht mit kleinen spitzen Blättchen besetzte Triebe in der Strömung fluten, zusammen mit Büscheln fädiger Algen. An schattigeren Stellen breiten sich auf den wasserüberrieselten Felsen die sattgrünen Lebermoose mit ihren riemenartigen breiten, flach auf dem Gestein kriechenden Trieben aus.

All diese Pflanzen sind wahre Pioniere in der Besiedlung des Bergbachs, und sie bieten einer reichen Tiergemeinschaft Lebensräume und Unterschlupf.

Die Wasseramsel *(Cinclus cinclus)* mit ihrem hübschen weißen Brustlatz, ein größerer Verwandter unseres Zaunkönigs und wie dieser mit keck aufgerichteten Schwanzfedern von Stein zu Stein huschend, weiß hier ihre Nahrung zu finden.

Unerschrocken verschwindet sie unter dem Gesprüh eines Wasserfalls, um Insektenlarven und Krebschen aus den Moosbüscheln zu picken. Dort am Wasser, in einem Loch der Brückenmauer oder einem geschützten Winkel unter dem Wasserfall baut sie im März ihr Nest.

An einer ruhigen zugänglichen Stelle, wo vor der Strömung geschützt schon der Wasserhahnenfuß und Igelkolben ihre schwimmenden Sprosse auf der Wasseroberfläche ausbreiten, solltet ihr versuchen, ein paar der flutenden Moosbüschel zu ergattern und in einer Plastiktüte mit wenig Wasser mit heimzunehmen. Betrachtet diese verborgene Welt daheim einmal unter einer starken Lupe. Ihr werdet euch wundern, wie es darin von Leben wimmelt.

Rädertiere kriechen und schwimmen zwischen den Moosblättchen und strudeln sich mit ihren Wimpernschöpfen am Kopf kleine Nahrungsartikel zu. Wie kleine Räder sehen diese ständig schlagenden Wimpernschöpfe aus. Wassermilben, kleine Spinnentiere kriechen träge an den Moosstengeln entlang, und verschiedene Insektenlarven lauern in diesem grünen Blattdickicht auf Beute.

Weiter geht's am Bach entlang. Im Laub am Ufer, auf einem Stein im Bachbett, immer lebendig mit dem Schwanz wippend taucht hier und dort eine Bachstelze auf, pickt Insekten und Spinnen aus dem Laub und erwischt, wo das Wasser flach genug ist, wohl auch ein Krebschen oder einen Strudelwurm.

Je weiter wir dem Bach zu Tal folgen, je breiter und tiefer er wird, desto reicher wird seine Fischwelt: Äsche, Steinbeißer und Döbel haben hier bereits ihre Laichreviere. In den Kronen der Bäume hoch über dem Bach findet eine andere Lebensgemeinschaft Heim und Nahrung: Im Geäst einer Erle turnen die Meisen, und an ihrem Stamm huscht insektensuchend ein Baumläuferpaar (*Certhia familiaris*) auf und ab.

Der winzige Zaunkönig (Troglodytes troglodytes) baut sein Kugelnest ebenso in Baumhöhlen wie unter Buschwerk oder im Efeugeranke.

BLAUALGEN

Pioniere, die selbst in heißen Quellen leben können

rung und Nährstoffreichtum binnen weniger Tage eine Wasserfläche leuchtend grün oder blutrot färben; ganze Bündel solcher mikroskopisch feinen Blaualgenfäden legen sich zusammen und sehen dann aus wie auf dem Wasser schwimmende Tannennadel – „Wasserblüte" nennt man solche Erscheinungen.

Die Blaualgenart, die solche Wasserblüten vor allem hervorruft, heißt mit wissenschaftlichem Namen Oscillatoria rubescens Burgunder Blutalge. Der Name Oscillatoria = „Pendelalge" stammt daher, daß die Algenfäden unter dem Mikroskop langsam pendelnde Bewegungen ausführen. Eine andere dieser Wasserblüten-Blaualgen hat den bezeichnenden, aus dem Griechischen stammenden wissenschaftlichen Namen Aphanizomenon flos aquae, was übersetzt soviel heißt wie „plötzlich erscheinende Wasserblüte". All diese Wasserblüten weisen auf eine starke Verschmutzung der Gewässer hin.

Diese Blaualgen – besser eigentlich Blaubakterien! – besitzen auch Chlorophyll, Blattgrün, wie die echten Pflanzen und können damit Photosynthese betreiben, also aus Kohlendioxid und Wasser mit Hilfe des Sonnenlichts organische Verbindungen aufbauen. Zudem können sie den zum Aufbau von Eiweißen lebenswichtigen Stickstoff auch aus der Luft aufnehmen. Darum sind sie außerordentlich genügsam und vermögen als echte Pioniere in den unmöglichsten Lebensräumen und unter den kärglichsten Bedingungen noch zu wachsen, sofern etwas Wasser zur Verfügung steht, in eiskalten Quellen, auf sauerstoffarmem Schlamm und selbst in heißen Quellen bei Temperaturen von

80° C und mehr, in denen außer ihnen nur noch wenige Bakterien, namentlich Schwefelbakterien, zu existieren vermögen. Sie gehören wahrscheinlich zu den ältesten Lebewesen dieser Erde. Man hat in etwa 3 Millionen Jahre alten Gesteinsproben Reste von Blaualgen gefunden. Anders als andere Zellen von Lebewesen besitzen die Blaualgenzellen wie die Bakterien keinen Zellkern, sondern ihre Erbsubstanz, bei anderen Zellen in einen Kern eingeschlossen, schwimmt bei ihnen frei im Zellplasma. Blaualgen bilden einen wesentlichen Teil der Nahrungsketten mancher Gewässer, und wegen ihrer Anspruchslosigkeit sehen manche Biologen in ihnen die Möglichkeit, sie in Massenzuchten zu Nahrungsmitteln zu verarbeiten. Manche Blaualgen produzieren allerdings Giftstoffe, so daß z. B. Vieh, das aus Gewässern trinkt, die einen starken Wuchs solcher Arten zeigen, daran verenden kann.

Auf feuchten Gartenwegen wie an der Außenseite von Blumentöpfen, auf Dachziegeln, Mauern und Baumrinden und ebenso an Aquarienscheiben wie an Stengeln und Blättern von Pflanzen in Tümpeln und Teichen und auf Steinen im Bachlauf findet ihr oft blaugrüne, manchmal auch blutrote, mehr oder weniger schleimige Überzüge. Sie können in der Sonne zu ausgedörrten Krusten eintrocknen und quellen wieder auf und wachsen, sobald auch nur etwas Feuchtigkeit vorhanden ist. Es sind Ansammlungen von Blaualgen, mikroskopisch kleine pflanzenähnliche Organismen.

Sie sind anspruchslos wie Bakterien und vermehren sich wie sie rasend schnell. Auf der Oberfläche stehender Gewässer können sie bei günstiger warmer Witte-

Frühlingsblumen in Gelb

Sumpf-Hornklee
(Lotus uliginosus)
verbreitet in feuchten Wiesen, an
Ufern und Gräben, mehrjährig

Bachbungen-Ehrenpreis
oder Bach-Ehrenpreis
(Veronica beccabunga)
vornehmlich im seichten Wasser
von Gräben und Quellen häufig,
ebenso an Bach- und Flußufern,
mehrjährig

Bach-Nelkenwurz
(Geum rivale)
Überall verbreitet an feuchten
Standorten, namentlich im Gebirge,
mehrjährig

Gauchheil-Ehrenpreis
(Veronica anagallis-aquatica)
sehr verbreitet an Gräben und
Ufern, ein- oder mehrjährig

Sumpf-Veilchen
(Viola palustris)
nicht sehr häufig, in Torf- und
Moorwiesen, mehrjährig

Niederliegendes
Fingerkraut
(Potentilla supina)
Flußufer, Teichränder,
Dorfstraßen, nicht selten im
Alpen- und Voralpenland

und Blau

Sumpf-Vergißmeinnicht
(Myosotis palustris)
typische Pflanze der
Ufervegetation an Bächen und
Flüssen, ein- oder mehrjährig

Mehlprimel
(Primula farinosa)
in Sumpfwiesen und Mooren,
namentlich im Gebirge und
Alpenvorland, mehrjährig

Eine Blüte unter der Lupe

Erst unter einer guten Lupe könnt ihr richtig erkennen, wie eine Blüte aufgebaut ist. Dazu zerzupft ihr sie am besten ganz vorsichtig mit einer Pinzette und vergleicht die einzelnen Blütenteile mit der Skizze unten; dafür eignet sich gut die Blüte eines Schmetterlingsblütlers wie des Klees oder der Wicke. Die Blütenteile preßt ihr dann am besten zwischen zwei Löschblättern. So könnt ihr dann später verschiedene Blüten vergleichen und die Unterschiede in ihrem Bauplan herausfinden. Nach einem Tag könnt ihr vorsichtig mit einem warmen Bügeleisen über das Löschpapier fahren und so das Trocknen beschleunigen. Die Farben halten sich so meist recht gut. Die Blätter lassen sich in ein Herbarium einkleben.

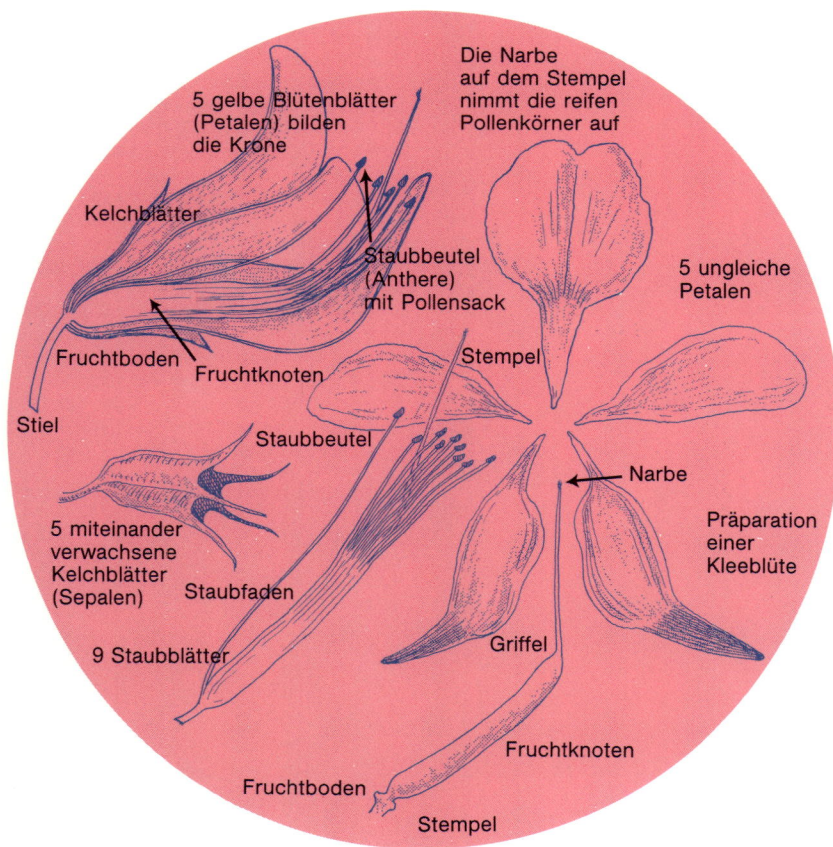

ORCHIDEEN
seltene Kostbarkeiten

Bei einem Frühlingsbummel am Bach entlang werden euch sicher einmal hier und dort in den Wiesen kräftige, leuchtend violette Blütenkerzen auffallen, die weithin sichtbar aus dem jungen Gras hervorragen. Bezähmt euch und pflückt sie nicht, es sind Orchideen. Manche von ihnen sind zwar nicht so selten, wie ihnen vielfach nachgesagt wird, aber sie sind doch unseres besonderen Schutzes wert, da sie sehr spezielle Ansprüche an ihren Lebensraum stellen und diese günstigen Lebensräume namentlich durch die Überdüngung der Wiesen und Weiden immer mehr abnehmen. Die Art, die ihr gefunden habt, ist wahrscheinlich ein breitblättriges Knabenkraut (Dactylorchis latifolia) oder ein Mannsknabenkraut (Orchis mascula), bei uns wohl die häufigsten Vertreter der großen Gattung der Knabenkräuter, von deren wissenschaftlichem Namen „Orchis" sich die generelle Bezeichnung dieser ganzen, namentlich in den Tropen mit vielen Arten vertretenen, Pflanzengruppe der Orchideen ableitet.

Andere unserer Orchisarten sind seltener, bevorzugen andere Standorte: So das Sumpfknabenkraut (Orchis palustris) oder das ihm sehr ähnliche wenigblütige Knabenkraut (Orchis laxiflora), das bei uns nicht vorkommt. Beide lieben sumpfige Wiesen. An sonnigen feuchten Wegrainen und auf nicht zu trockenen Waldlichtungen blüht im späten Frühjahr oder Frühsommer das bis zu 50 cm hohe Gefleckte Knabenkraut (Dactylorchis maculata). Die einzelnen hellrosafarbenen Blüten in den dichten kegelförmigen Blütenähren sind mit tiefvioletten Punkten und Strichen verziert, die Blätter der Pflanze tiefdunkelbraun gefleckt. Im Waldschatten, auch im Ufergebüsch findet ihr im Sommer die verschiedenen Sumpfwurzarten (Epipactis), kräftige Pflanzen mit langem beblättertem Stiel und einer lockeren Blütenähre voller unscheinbarer braunroter oder grünlichweißer und stets zu einer Seite gewandter Blütchen, die erst bei nahem Hinsehen ihre Schönheit offenbaren. Erst im Herbst reifen in den Fruchtkapseln die staubfeinen Samen. Auf trockenen Wiesen und Kalkböden, vor allem in Süddeutschland, findet ihr vielleicht im März oder Juni einmal das recht seltene Helmknabenkraut (Orchis militaris), dessen hellrosafarbene obere Blütenblätter sich schützend wie ein Helm über Stempel und Staubgefäße zusammenneigen.

Alle Orchideen sind an ihrer typischen asymmetrischen ' Blütenform leicht zu erkennen. Kelch- und Blütenblätter sind gleich gefärbt. Die drei Kelchblätter sind entweder wie geöffnete Flügel zur Seite und nach oben gebogen oder neigen sich

Ophrys fuciflora – Hummelragwurz

Ophrys apifera – Bienenragwurz

Ophrys insectifera – Fliegenragwurz

Ophrys sphegodes – Spinnenragwurz

Orchis laxiflora,
wenigblütiges Knabenkraut

– wie bei der Helmorchis – zusammen mit den beiden schmalen oberen Blütenblättern über den Blütengrund, in dem der Stempel mit den ein oder zwei Staubblättern verwachsen ist. Das dritte, untere Blütenblatt, die Lippe, ist gewöhnlich von besonders auffälliger Färbung und bunt gemustert. So kann sie bizarre Formen annehmen und trägt vielfach am Grund einen langen hohlen Sporn, der zuweilen weit länger ist als der schraubig gedrehte Fruchtknoten und der kurze Blütenstiel.

Unsere Orchideen werden von Insekten bestäubt und haben hierzu einen komplizierten Mechanismus entwickelt: Die Pollenkörner jedes Staubblattes sind verpackt in zwei Pollenpaketchen, Pollinien, deren jedes ein kurzes Klebstielchen besitzt. Öffnen sich die Staubgefäße, so stoßen Insekten, wenn sie den Nektar aus dem Blütensporn saugen wollen, mit dem Kopf an die vor der Spornöffnung stehenden Pollinien. Diese bleiben mit den Klebstielchen am Insekt haften und werden so zur nächsten Blüte transportiert, auf deren Narbe sie ihre Pollenkörner entleeren. Besonders weit geht diese Anpassung an die Insektenbestäubung bei den sogenannten Insektenorchideen oder Ragwurzarten, mit wissenschaftlichem Namen Ophrys. Jede dieser Arten wird nur von ganz bestimmten Insektenarten, oft Bienen, bestäubt, und ihre Lippe ist so gefärbt, daß sie den behaarten oder schillernden Körper des betreffenden Insekts nachahmt. Die betreffenden Insekten werden durch diese Blüten getäuscht und fliegen sie an in der Meinung, einen Partner zu finden. Dabei werden sie mit den Pollinien beladen. Solche wunderschönen Ragwurzarten, wie die Hummel-, Bienen-, Spinnen oder Fliegenragwurz kommen noch überall in Deutschland vor, vor allem auf Kalkböden, sind aber selten und fallen im hohen Gras der trockenen Sommerwiesen dem unaufmerksamen Spaziergänger kaum auf. Der Kaiserstuhl ist noch besonders reich an Orchideen, aber auch hier weichen sie mehr und mehr der landwirtschaftlichen Nutzung und der zu starken Düngung aller Bergwiesen.

Lustige Spiele mit Bachkieseln

Sicher habt ihr schon oft beim Baden oder im Geröll eines Bachbetts eure Freude gehabt an den Formen, den Farben und bunten Mustern der rund geschliffenen Kiesel, besonders schöne Steine auch aufgesammelt und mit heimgenommen. Habt ihr sie aufbewahrt? Wenn nicht, dann geht noch einmal hinaus und sammelt einen Beutel voll. Manche sind so schön, daß man sie so aufbewahren möchte, wie das Flußwasser sie geschliffen hat. Andere eignen sich zu allerlei lustigen Basteleien.

Wenn ihr besonders hübsche gefärbte Kiesel polieren wollt – dann werden die Farben leuchtender – so schrubbt sie daheim ordentlich mit einer Bürste und warmem Seifenwasser ab, um sie von Erde und Fett zu reinigen. Dann kann man sie mit farblosem Lack lackieren. Aber Vorsicht! Laßt sie gut auf einem flachen Teller trocknen. Ihr könnt sie dann in euren Setzkasten legen oder – wenn's größere Steine sind – als Briefbeschwerer benutzen. Dann solltet ihr aber ein wenig Filz auf die Unterseite kleben, damit diese weich und rauh ist und damit ihr die Möbel damit nicht verkratzt.

Bemalte Kiesel

Genau wie das Ostereiermalen macht es auch Spaß, solche Kiesel mit bunten Mustern zu bemalen. Fangt zuerst einmal mit einem dicken Pinsel mit Wasserfarbe in einem Farbton an und laßt die Steine dann gut trocknen. Auf diese Grundschicht könnt ihr mit einem ganz feinen Pinsel (Nr. 1–3) farbige Muster aufmalen, die mit

der Grundfarbe gut kontrastieren. Seid ihr mit eurem Werk nicht zufrieden, so wascht den Stein einfach ab und beginnt von vorn. Zum Schluß könnt ihr eure Werke mit farblosem Lack überpinseln, aber bitte erst, wenn die Wasserfarben wirklich trocken sind, sonst verwischt ihr euch die hübschen Malereien.

... und Kieselmännchen

Man kann auch allerlei Figuren aus kleinen und großen Kieseln kleben, lustige Gnome, Frösche und Schildkröten, eine schwimmende Ente – zwei kleine flache Steine die Füße, ein dicker Stein als Leib, zwei größere flache Steine seitlich dienen als Flügel und ein länglich runder Stein als Kopf – fertig ist die Ente, die mit eingezogenem Hals am Ufer sitzt und döst. Sie muß nur noch angemalt werden. Oder ein dicker Kiesel für den Bauch, ein kleiner Kopf darauf mit einem kleinen Kieselchen als Knollennase davor – und schon sitzt ein lustiger Gnom vor euch. Denkt euch selbst noch andere Figuren aus, die sich aus solchen flachen und runden Steinen zusammensetzen lassen. Ganze Regentage lang ist das ein anregender Zeitvertreib.

Als Klebstoff eignet sich ein selbstgemachter Mörtel besser als der Alleskleber aus dem Schreibtisch eurer Eltern.

Nehmt ein wenig Weißleim – wie die Schreiner ihn brauchen – und vermischt ihn mit etwas ganz feinem Sand und Gips. Damit läßt es sich vorzüglich kleben. Oder ihr kauft euch in einem Farbengeschäft einen kleinen Topf Kachelkleber, wie ihn die Fliesenleger benützen. Solchen Fliesenmörtel könnt ihr auch in einer etwas dickeren Schicht auf ein Sperrholzbrett oder einen Pappbogen streichen und darin dann Mosaike legen, Figuren und Bilder aus bunten Steinen, die ihr als Wandschmuck in euer Zimmer hängen könnt.

Seltene Gäste

Beutelmeise
(Remiz pendulinus)

Im Frühling sind wir dem jungen Wasserlauf gefolgt: im Spätherbst und Winter und Vorfrühling nun wollen wir dort auf Entdeckungsreise gehen, wo der Strom sich behäbig durch das Flachland windet, wo Weiden- und Schilfdickicht seinen Unterlauf begleiten. Gerade die Vogelwelt ist hier in Herbst- und Winterzeiten besonders gut zu beobachten, wenn das üppige Grün sie nicht verbirgt und wenn viele bei uns sonst nicht heimische Zugvögel zu kurzer Rast dort einfallen. Welch ein Erlebnis, wenn es gelingt, auch ganz seltene Gäste zu beobachten!

Gerade die sumpfigen Weidendickichte sind die Heimat der Beutelmeise *(Remiz peudulimus).* An sich ist sie in Deutschland sehr selten. Ihre Verbreitungsgebiete liegen mehr im Süden, im Rhônedelta, der Camargue und in Österreich, überhaupt im Südosten Europas. Aber hin und wieder brüten diese interessanten Vögel auch bei uns, in Norddeutschland, in der Gegend Hamburgs, bei Braunschweig und im Südosten Deutschlands an der Donau. Etwa im April beginnt das Männchen mit dem Bau seines beutelförmigen Nests. Dazu sucht es sich einen passenden, frei über das Wasser hängenden Weidenzweig mit einer Astgabel aus. Zuerst windet es Grashalme und Bastfasern um die Schenkel der Gabel, so daß ein Henkel entsteht. Kunstvoll flicht es dann die herabhängenden Halme zu einem Korb. Seine Bautätigkeit unterbricht das Männchen in kurzen Abständen und läßt seinen kurzen Gesang hören, der wie das Liedchen einer Rohrammer klingt. Hat sich ein Weibchen eingefunden und ist seinem Werben gefolgt, so hilft ihm dieses, das Henkelkörbchen rundherum zu einer warmen Wohnglocke zu schließen und die Nistmulde mit weicher Wolle und zerzupftem Bast zu füllen. Noch bevor das Männchen die kurze enge Einflugröhre anbaut, legt das Weibchen schon 5–8 weiße Eier, und während sie brütet, beginnt ihr Partner bereits mit dem Bau eines weiteren Nestes, wirbt um ein zweites oder gar drittes Weibchen. Flink wie Zaunkönige kann man die Beutelmeisen in Schilf und Weidengeäst umherklettern und nach Insekten jagen sehen.

Mit zu den farbenprächtigsten Vögeln gehört der Bienenfresser *(Meropsopiaster).* Er ist dort zu finden, wo hohe steile sandige Uferböschungen oder Lößwände ihm Platz zum Bau seiner Neströhre bieten. Bienenfresser sind gesellige Vögel und brüten gern in Nistkolonien. Wie die Beutelmeise ist er ein seltener Gast in Deutschland. Sein Hauptverbreitungsgebiet ist Südeuropa, wieder die Camargue und der Südosten Europas. Aber zuweilen brüten diese schönen Vögel auch bei uns am Kaiserstuhl und vor allem in Franken. Männchen und Weibchen gemeinsam graben in mehrwöchiger Arbeit mit dem Schnabel eine tiefe, 1–2 m lange, nur wenige Zentimeter enge und leicht abfallende Röhre in das lockere Erdreich einer hohen Böschung, und mit den Füßen kratzen sie die locker gehackte Erde abwechselnd nach außen. Am Ende der Röhre legen sie eine geräumigere Höhle an, in die das Weibchen im Mai seine 5–6 weißen, dünnschaligen Eier legt. Nach etwa 3 Wochen schlüpfen die rosafarbenen, noch nackten Jungvögel, und nach 32 Tagen verlassen sie das Nest, ebenso gewandte Flieger wie ihre Eltern.

Die Nahrung dieser prächtigen Vögel sind Insekten, Bienen, Wespen, Hummeln, Heuschrecken ebenso wie Schmetterlinge, ja sogar die wehrhaften Hornissen. Wie Schwalben erhaschen sie ihre Beute im Flug. Besonders scheinen sie Bienen und Wespen zu lieben. Nach dem Erhaschen der Beute schlagen sie diese auf eine harte Unterlage und kneten sie mit dem Schnabel durch, bis der Stachel bewegungslos heraushängt. Dann werfen sie die Beute hoch und fangen sie geschickt so auf, daß sie sie mit dem Kopf voran verschlucken können. So entgehen sie der Gefahr, gestochen zu werden. Dieses sinnvolle Verhalten ist den Vögeln aber nicht bewußt, denn sie verfahren ebenso mit harmlosen Opfern wie Fliegen und Heuschrecken. Wenn ihr in den Ferien einmal nach Südfrankreich in die Provence oder nach Österreich an den Neusiedler See kommt, werdet ihr dort sicher Bienenfresser beobachten können.

Im September ziehen sie in ihre Winterquartiere in die südliche Sahara. Dann kann man oft große Schwärme sehen, und, wenn sie irgendwo einfallen, sich an ihren von schrillen Schreien begleiteten Flugspielen erfreuen.

Bienenfresser
(Merops apiaster)

Unter dem Ufer – im Rohr und Weidendickicht

Die reiche Pflanzenwelt an Bach und Fluß bietet Nahrung und Nistmöglichkeiten in Fülle für viele Vögel, darunter nur wenige Arten, die unmittelbar ans Wasser gebunden sind. Sie leben dort zu allen Jahreszeiten ihr meist verborgenes Leben; aber im Frühjahr, der großen Zeit der Balz, verraten sich vor allem die Singvögel unter ihnen durch ihren Gesang. Habt ihr schon einmal versucht, Vögel an ihrem Gesang zu erkennen?

Die Wasseramsel *(Cinclus cinclus)* ist wie die Gebirgsstelze *(Motacilla cinerea)* ein typischer Vogel der Forellenregion rasch strömender und klarer Gewässer. Ihr moosgepolstertes Nest baut sie versteckt unter einer Baumwurzel am Flußufer oder lieber noch in einer Nische einer Ufer- oder Brückenmauer, immer nahe am fließenden Wasser; ja sogar unter überhängenden Felsen hinter dem Vorhang eines Wasserfalls. Seltener zwar als die Wasseramsel trifft man in gleichen Lebensräumen auch den Eisvogel *(Alcedo atthis)* an. Weniger an bestimmte Gewässertypen gebunden, liebt er steile tonige oder lehmige Uferbänke, in die er eine Niströhre graben kann. Tieferes Wasser, kleine Staubecken, ein nicht zu stark strömender Fluß sind ihm gerade recht, solange das Wasser klar genug ist, daß er von seinem Lauersitz auf einem Ast noch seine Beutefische erspähen kann. Wie ein blauer Blitz kann er dann ins Wasser schießen, um nach wenigen Sekunden mit einem Fischchen im Schnabel auf seinen Ausguckplatz zurückzukehren.

Jede Uferlandschaft zieht ihre eigenen Vogelarten an. Achtet darauf: Aus dem Röhricht hört ihr ganz andere Vogelstimmen als aus den Erlenkronen oder dem Weidendickicht. Manche von ihnen kennt ihr auch aus eurem Garten, den Bäumen vor eurem Haus; andere Gesänge sind weniger vertraut, gehören allein der Welt von Ried und Rohr, den Flußauen und der Uferlandschaft an.

1. Allenthalben in Europa außer in Skandinavien, im Gebirge wie in der Ebene brütet die Gebirgstelze *(Motacilla cinerea)*. Ihr Nest baut sie – ähnlich der Wasseramsel – in Höhlen und Nischen von Ufern und Ufermauern, in verlassenen Röhren von Uferschwalben oder der Öffnung eines Abflußrohrs, wenn es nur nahe genug am Wasser ist. Zwei Wochen brütet das Weibchen auf den 4–6 gelbbraunen, mit schwarzen Schnörkeln und Tupfen verzierten Eiern, bis die gelbflaumigen Jungen schlüpfen, schon nach 12–13 Tagen sind diese flügge.

2. Hohe sandige Uferbänke an Fluß und Küsten, das sind die idealen Wohnplätz der Uferschwalbe *(Riparia riparia)*. Hier graben Weibchen und Männchen gemeinsam ihre Bruthöhle: einen kurzen Gang, der in einer geräumigen und mit allerlei Federn, Wurzeln und Bastfasern ausgepolsterten Nistkammer endet. Gesellig wie alle Schwalben können sie an günstigen Stellen ganze Kolonien mit hunderten von Nestern bilden. Die 4–6 Jungen schlüpfen nach einer Brutzeit von etwa 14 Tagen. Erst mit dünnem grauem Flaum bedeckt, benötigen sie ungefähr 3 Wochen, bis sie flügge sind und mit ihren Eltern auf Insektenjagd gehen – nein: fliegen können.

3. Wo Efeu und Weidengebüsch sumpfige undurchdringliche Dickichte bilden, oder im Schutze von Wacholdersträuchern am Heiderand, wo das Moor nicht fern ist, da führt das scheue Blaukelchen *(Luscinia svecica)* sein verstecktes Leben. Es ist nahe verwandt mit der Nachtigall und dem Rotkehlchen, aber weit seltener als diese, da es das Kulturland und die Nähe menschlicher Betriebsamkeit flieht. Das Nest wird tief am Boden gebaut. Aus den 5–6 gut getarnten graugrünen und dunkelgefleckten Eiern schlüpfen nach zwei Wochen Brutzeit die Jungvögel. Aber die Eltern müssen noch weitere zwei Wochen unermüdlich Fliegen, Würmer und was immer sie heranschleppen können, in die immerzu hungrig aufgesperrten Schnäbel stecken, ehe die Nestlinge flügge werden.

4. Aus dem Schilfsaum eines Teichs oder toten Flußarms klingt ein anhaltender rauher Gesang, der alle anderen Stimmen übertönt: karrrre karrre karrre kiet – kiet – kiet. Anhaltende knarrende Strophen, mit denen der Drosselrohrsänger *(Acrocephalus arundinaceus)* jeden Fremdling vor dem Eindringen in sein Revier warnt. Zuweilen taucht er in schwerfälligem Flug mit weit gespreiztem Schwanz aus dem Rohr auf. Dann erkennt man sein braungraues Rückengefieder, die hellere Unterseite, aus der Nähe auch den typischen hellen Augenstreif des fast singdrosselgroßen Vogels mit der lauten Stimme. Sein Nest hängt er nahe dem offenen Wasser an einigen Schilfhalmen auf. So ist es gut geschützt vor Feinden. In ganz Mittel- und Südeuropa von Spanien bis tief nach Rußland hinein trifft man ihn überall an, wo sich ein geeigneter Brutplatz findet.

5. Dort, wo Schilf, Binsen und Weidengebüsch sumpfige Flußufer zu einem undurchdringlichen Dickicht machen, ist überall der Rohrschwirl *(Locustella luscinioides)* zu Hause. Von den Spitzen schwankender Schilfhalme trägt der grasmückengroße Vogel unermüdlich seinen schwirrenden Gesang vor, der etwas an das Sägen einer Laubheuschrecke erinnert, lange Strophen, die mit einigen dunklen „zick-zick-zick-Tönen" beginnen und immer rascher werden, bis sie in das typische Schwirren übergehen. Grob gewebt aus trockenen Binsen, ist das Nest wohlverborgen im Gewirr von abgestorbenem Schilf und Binsenbüschen. Nach 14 Tagen Brutzeit schlüpfen aus den 5–6 weißgrauen und dunkelgefleckten Eiern die Jungen, und nach 2 Wochen verlassen diese das Nest, um ihr eigenes Leben im Schilf und Rohr zu beginnen.

6. Weiße Kotreste am Eingang der Bruthöhle eines Eisvogels *(Alcedo atthis)* weisen darauf hin, daß die Jungen bereits geschlüpft sind. In der engen Bruthöhle sitzen sie dicht gedrängt hintereinander und warten geduldig auf die Futterrationen, die die Eltern unermüdlich heranschaffen und schön der Reihe nach von vorn nach hinten an die immer hungrigen Nachkommen austeilen – kleine Flohkrebse, Fischchen wie Grundlinge, Stichlinge und Elritzen, aber auch Wasserkäfer, Gelbrandkäfer. So fängt der Eisvogel zwar Fische, schützt aber gleichzeitig durch Vernichtung der Räuber auch ihre Brut. In seinem farbenprächtigen Federkleid, der blauschillernden Rückenseite, dem satten Orange seines Bauchgefieders, ist er wohl einer der buntesten und schönsten Vögel unserer Heimat.

Die Wasseramsel - ein seltsamer Singvogel

Brachvogel

Tauchen kann sie wie eine Ente, aber auch unter Wasser auf dem Bachgrund laufen, wenn sie nach Beute jagt, und – wenn es sein muß – auch schwimmen, unter Wasser ebenso geschickt wie auf dem Wasser.

Wir hatten sie schon kennengelernt, die Wasseramsel *(Cinclus cinclus)*. Als einziger Vertreter der Sperlingsvögel – und diese machen mehr als die Hälfte aller Vögel unserer Erde aus – ist sie an das Wasser gebunden.

Amselgroß sieht sie doch eher aus wie ein zu groß geratener Zaunkönig mit ihrem kurzen, steil aufgerichteten Schwanz. Schwarz, mit weißer Kehle und Brust, ist sie leicht zu erkennen, wenn man sie einmal zu Gesicht bekommt. Selten ist sie eigentlich nicht, aber sie lebt recht verborgen, so daß man sie zwischen Steinen und sprudelnden Wassern eines Wildbachs – ihrem eigentlichen Lebensraum – meist übersieht.

Der für seine Größe sehr kräftige Vogel ist der einzige Vertreter seiner Familie in Europa.

Ihren harten metallisch klingenden Ruf ausstoßend, sieht man sie plötzlich mit schwirrendem Schlag der kurzen, runden Flügel pfeilschnell flach über dem Wasser vorbeischnurren und irgendwo am Ufer landen. Mit trippelnden Schritten läuft sie zum Wasser und verschwindet darin. Eifersüchtig bewacht sie ihr Jagdrevier und verteidigt 600–800 m eines Bachlaufs energisch gegen jeden Konkurrenten. Nur die Bachstelzen kümmern sie nicht, und mit dem Eisvogel läßt sie sich vorsichtigerweise gar nicht erst in Streitigkeiten ein.

Das Wasser ist ihr Element

Wenn ihr irgendwo einmal eine Wasseramsel zu Gesicht bekommt, versucht, sie eine Weile mit dem Fernglas zu beobachten. Gerade aufgetaucht, sitzt sie eine Weile auf einem Stein am Bachbett, ein wenig zitternd, und wärmt sich auf, ständig mit den Augen zwinkernd – sie wischt von ihrem Gefieder herabperlendes Wasser mit den oberen Augenliedern aus den Augen. Dann fliegt sie wieder auf, streicht mit raschem Flügelschlag flach über das Wasser, kippt plötzlich ab und taucht wie ein Pfeil ins Wasser. Unter Wasser rudert sie mit den Flügeln, hilft dann auf dem Grund mit den kräftigen Beinen nach, den hoch-

gespreizten Schwanz geschickt als Steuer benützend bei der halb schwimmenden halb laufenden Tauchtour. Jetzt läuft sie auf dem Bachgrund gebeugt gegen die Strömung an, pickt hier zwischen aus dem Boden flutenden Wurzeln herum, wendet dort einen Stein, um von dessen Unterseite Krebschen und Würmer abzulesen. Mit den übergroßen kräftigen Zehen krallt sie sich an Unebenheiten im Bachbett fest. In ruhigerem Wasser, in einen kleinen Kolk, schwimmt sie mit halbgeöffneten, halb angewinkelten Flügeln in raschen Zügen. 3–16 Sekunden kann sie unter Wasser aushalten, dann taucht sie auf, schwimmt vielleicht auf dem Wasser und steckt hin und wieder den Kopf wie eine gründelnde Ente unter die Wasseroberfläche, um nach Nahrung zu spähen, und – schwubbs – ist sie schon wieder mit leichtem Platschen unter Wasser verschwunden.

Toilette nach der Arbeit

Nach solch einer ausgiebigen Tauchtour muß das zerzauste Gefieder wieder geordnet werden. Nun hockt sie auf einem Stein, plustert ihr seidig feines Gefieder auf. Die Luft zwischen den Federchen verleiht ihr einen guten Kälteschutz. Sorgsam zieht sie Feder für Feder durch den Schnabel, glättet sie und imprägniert sie gleichzeitig mit dem fettigen Sekret ihrer Bürzeldrüsen, das sie zwischendurch immer wieder mit einer raschen Schnabelbewegung aus den Drüsen auspreßt.

Jeder Vogel hat solche Bürzeldrüsen, aber – und das ist das Geheimnis dieses gewandten Tauchkünstlers, dem nichtmal das Eiswasser eines Hochgebirgsbaches zu kalt ist – bei ihr sind die Drüsen zehnfach stärker entwickelt als etwa bei einer Drossel. Das Fett verhindert, daß das Gefieder naß wird oder gar Wasser in das Federkleid eindringt und erhält so das isolierende Luftpolster im Gefieder.

Die Wasseramsel ist sehr ortstreu und verläßt über Jahre hin nicht leicht ein einmal erobertes Revier. Je nach Klima und Höhenlage baut sie im März oder April ihr großes kugelförmiges Nest und beginnt zu brüten.

Im zeitigen Frühling kann man des Abends in Brachwiesen und feuchten Flußauen zuweilen ein melodisches Flöten hören, unterbrochen vom weichen Trillern. „Tlaüiiih" klingt es langgezogen einmal irgendwo vom Erdboden, dann wieder hoch aus der Luft, ohne daß man erkennt, woher es eigentlich kommt. Dann weiß der Kundige, daß die großen Brachvögel *(Numenius arquata)* zurückgekehrt sind und mit ihrer Balz beginnen. Vielleicht hat man Glück und bekommt die scheuen Gesellen zu Gesicht. Ein großer, schlanker Körper – etwa hühnergroß – dünne Stelzbeine und ein langer abwärts gebogener dünner Schnabel. Wie andere Watvögel – Limicolen, Strandvögel nennt man sie nach ihrem Lebensraum auch – verbringt er die Winterzeit an den Küsten, wo sich immer reichlich Nahrung bietet. Aber im Frühjahr kehrt er in das Binnenland zurück. Dort, wo feuchte Wiesen, Brachfelder und Sumpf- und Heidegebiete gute Nistmöglichkeiten bieten, zieht er seine Brut auf. Dann kann man ihn beobachten, wie er mit seinem langen dünnen Schnabel im feuchten Erdreich nach Würmern und Insektenlarven stochert. Er ist allerdings schwer zu entdecken, denn sein braungelb geflecktes und gestricheltes Gefieder tarnt ihn vorzüglich und geht unter in der Färbung der noch winterdürren Wiesen. Nur wenn er sich aufrichtet, um seinen Lockruf ertönen zu lassen, sticht seine hellere Brust- und Bauchseite etwas mehr gegen die Gelb- und Beigetöne der Umgebung ab. Selbst ins flache Wasser von Gräben und Teichufern wagt er sich vor, bieten sie doch mit Krebsen und Kaulquappen zu dieser Zeit besonders reiche Nahrung. Besonders gegen Abend, kurz vor Einbruch der Dämmerung, ist es eine Lust, den Balz-Flugspielen der Männchen zuzuschauen. Mit kräftigen, raschen Flügelschlägen steigen sie steil in die Höhe, 20, 30 Meter und mehr, um dann im Sturzflug wieder herabzuschießen, sich wieder zu fangen und mit ausgespannten Flügeln in weiten Kreisen und Bögen allmählich zur Erde zurückzukehren. Unermüdlich läßt der Vogel dabei sein weiches, wohltönendes Flöten und Trillern hören. Hat er einen Partner gefunden, so beginnt er an einer passenden Stelle, nahe am Wasser, etwa an einer Sumpfsenke verborgen unter Gras und dürren Binsen seine Nistmulde zurechtzukratzen, polstert diese mit Grashalmen, Schilf und Binsen aus und überläßt sie nun seiner Partnerin, die im Verlauf mehrerer Tage drei oder vier olivgrüne und braungesprenkelte Eier ins Nest legt. Vier Wochen dauert die Brutzeit, aber der Brachvogel kann bis tief in den Frühsommer hinein nacheinander mehrere

und Triel

Gelege ausbrüten. Männchen und Weibchen teilen sich die Arbeit des Brütens und der Aufzucht der Jungen. So frei im Gelände die Nester angelegt werden, so schwer sind sie doch zu entdecken. Namentlich wenn Gefahr droht, fliegt der Vogel nie unmittelbar vom Nest auf, sondern huscht erst eine Stecke geduckt vom Nistort fort, ehe er sich in die Luft erhebt. Entsprechend verhält er sich, wenn er das Nest anfliegt. Auch während der Brutzeit sind die vielfältigen Rufe dieser hübschen Tiere noch allabendlich zu hören. Sein traurig klingendes „curli, curli" ist der Warnruf bei jeglicher Gefahr. Mit einem tiefen „guug-guug …" in langer Folge bei Fluge wiederholt, warnt er jeden Konkurrenten, in sein Revier einzudringen, und ein helles Trillern am Boden, vom Männchen ebenso wie vom Weibchen, ist die Begrüßung des Brutpartners. Ahmt man den Gesang nach, so antwortet der Vogel, kommt wohl auch herbeigeflogen, umfliegt den Störenfried und versucht ihn mit seinem dunklen „guug-guug" zu vertreiben.

Dort, wo es trockener wird, wo das frisch gepflügte Ackerland beginnt und das Getreide mit seinen ersten grünen Spitzen aus dem Boden bricht, könnt ihr zur gleichen Frühjahrszeit in der Dämmerung den klagenden Schrei des Triels (Burhinus oedicnemus) hören, härter, lauter und rauher als der Brachvogel: kräälit, kräälit. Sein Name stammt von diesem Ruf. Dieser Watvogel ist kleiner als der Brachvogel (nur 40 statt 50 cm hoch) schlanker und noch scheuer. Sein sandfarbenes, braun gestricheltes Gefieder verbirgt ihn vortrefflich auf dem Sandboden, trockenen Äckern und Ödflächen oder auf Schotterbänken an Fluß und Küste. Nach durchschlafener Tageszeit wird er erst abends munter und rennt auf seinen langen, gelben Beinen emsig futtersuchend hin und her. Man bekommt ihn selten zu Gesicht, wenn man nicht, mit einem guten Fernglas ausgerüstet, versteht, lange bewegungslos zu beobachten und zu warten, wo man seinen Ruf gehört hat. Eigenartig, ja etwas eulenähnlich sieht er aus mit seinem runden, unverhältnismäßig dicken Kopf, dem kurzen, spitzen Schnabel und vor allem den großen, starren gelben Augen. Wie zu Stein erstarrt, steht er bei Gefahr und äugt, ehe er — kommt man zu nah — gebückt zwischen Ackerfurchen oder Grasbüscheln davonhuscht, und dann er mit einem rauhen kräälit davonfliegt.

In Wiesen — und Ackerland beidseits des Oberrheins ist der Triel noch recht häufig anzutreffen, ebenso in den Ebenen Norddeutschlands, dort vor allem im Küstenvorland.

Tiere, die wie Pflanzen wachsen

An einem morschen Ast im Wasser, an einem Zweig oder Schilfblatt, das ins Wasser hängt oder an den Stengeln von Wasserpflanzen findet ihr sie oft zu Dutzenden, die kleinen grünen oder braunen Süßwasserpolypen oder mit ihrem wissenschaftlichen Namen Hydra. Nichts weiter als ein kleiner Sack, mit dem einen Ende an der Unterlage festsitzend, mit einer Mundöffnung an der andern Seite und rundherum lange Fangarme, Tentakel. Dicht mit giftigen Nesselkapseln besetzt, dienen sie dem Nahrungsfang; kleine Krebschen, Wasserflöhe, Würmchen bleiben daran kleben und werden verspeist.

Es ist fesselnd, diese winzigen Tiere, die wie Pflanzen aussehen, eine Weile in einem Aquarium oder notfalls in einem Einmachglas mit Wasser zu beobachten. Nur 0,5 bis 2 cm lang sind sie und können sich durch Knospenbildung fortpflanzen, wie ihr es von Pflanzen kennt. Aber gebt acht, wenn ihr sie mit heim nehmt. Die Tiere reagieren empfindlich auf Sauerstoffmangel und zu starke Erwärmung. Ihr solltet sie in einem Glas oder Plastikbeutel mit Wasser rasch heimbringen. Allzu schmutziges Wasser vertragen sie auch nicht. Daheim genügt es, wenn ihr den Polypen einmal in der Woche einige Wasserflöhe (Daphnia) gebt. Das reicht aus. Zudem können sie wochenlang fasten, dann wachsen sie eben langsamer, pflanzen sich weniger fort oder werden gar kleiner. Sie sind an das sehr wechselnde Nahrungsangebot in sauberen Gewässern bestens angepaßt. Gut ernährt bilden die Polypen an den Körperseiten fortwährend Knospen, zuweilen bis zu zehn gleichzeitig. Diese wachsen rasch, bilden selbst an freien Enden Tentakel aus und lösen sich vom Muttertier ab. Zuweilen beginnen sie vorher schon, ihrerseits Knospen zu entwickeln. Der unten abgebildete Polyp der grünen Hydra (Chlorohydra viridissima) trägt drei Knospen verschiedenen Alters. Daneben hat sich gerade ein Tier abgelöst.

In ruhigen Gewässern könnt ihr auf Zweigen und Steinen wohl zuweilen auch graugrüne, etwas schwammige Überzüge finden – Süßwasserschwämme (Spongilla lacustris). Dies sind noch primitivere Tiere als die Polypen. In das mikroskopisch feine Maschenwerk ihres schwammigen Körpers strudeln sie mit Hilfe von Flimmerhärchen einzelne Algen und Bakterien als Nahrung ein. Sie wachsen zwar den Sommer über unbegrenzt weiter, ohne sich zu teilen, und können so dicke Klumpen an allen untergetauchten Gegenständen bilden. Aber sie pflanzen sich auch durch Knospen fort, die der Verbreitung dienen. Diese Knospen entstehen nicht an der Außenseite, sondern als kleine, etwa ½ Millimeter große gelbe Kugeln inmitten des Schwammgewebes. Dort bleiben sie, bis im Herbst der Schwamm abstirbt; dann werden sie frei, werden mit dem Wasser fortgespült und bleiben den Winter über irgendwo hängen. Wenn die Temperaturen wieder steigen und das Wasser sauerstoffreich genug ist, wachsen sie dort dann wieder zu Schwämmen aus. Gemmulae nennt man diese Überwinterungsknospen.

Wenn ihr Äste und Steine mit solchen Süßwasserschwämmen findet, seid vorsichtig. Man zerdrückt die Schwämme leicht. Im Sommer kann man die Gemmulae als kleine gelbe Kugeln in den Schwämmen gut erkennen. Wenn ihr solche Gemmulae sammelt, sie in einem Glas klaren Wassers einige Wochen in den Kühlschrank stellt und sie dann in einer Schale mit frischem Teichwasser bei Zimmertemperatur wieder ans Licht stellt, am besten ans sonnige Fenster, könnt ihr beobachten, wie sich wieder ein neuer Schwamm bildet.

Schutz für die schutzlose Brut

Bei der Eiablage müssen die Bewohner fließender Gewässer, anders als im stehenden Wasser, in Teichen und Sumpfschlenken besondere Vorkehrungen treffen, damit ihre Gelege nicht mit der Strömung fortgeschwemmt werden, sie müssen entweder Brutpflege treiben und ihre Gelege bei sich tragen wie unsere Flußkrebse *(Astacus* und *Oreonectes)* und ihre kleineren Verwandten, die Bachflohkrebse *(Gammarus),* oder ihre Eier an Pflanzen und Steinen festkleben, wie es Schnecken und viele Würmer tun. Die Fische der Wildbachregion laichen gewöhnlich schon im Frühjahr bis Frühsommer, im Februar bis Juni, zu einer Zeit also, in der die Bäche viel Wasser führen und sicher nie austrocknen. Sie legen ihre Eier an Pflanzenstengeln ab oder wühlen sie an ruhigen Stellen in den Kies und Sand des Bachbettes ein, wo sie in gleichem Maße vor dem Verdriften und vor dem Zugriff der meisten Feinde sicher sind. Ähnlich machen es viele der wirbellosen Tiere: Die Mützenschnecke *(Ancylus fluviatilis)* mit ihrer an eine Zipfelmütze erinnernden Schale, die Posthornschnecke *(Planorbis corneus)* und die Leberegelschnecke *(Lymnaea truncatula)* sind solche typischen Bachbewohner. Im sauerstoffreichen klaren Wasser ihres Lebensraumes atmen sie durch Lungen. Ein paar Fühler und zwei Augen am Fühlergrund dienen ihnen dazu, sich in ihrem Lebensraum zurechtzufinden. Von Pflanzen und Steinen weiden sie die darauf wachsenden Algen mit ihrer Raspelzunge ab. Das könnt ihr gut beobachten, wenn ihr z. B. so eine Mützenschnecke in ein algenbewachsenes Glas oder an die Scheibe eines Süßwasseraquariums setzt. Dann sieht man durch das Glas, wie die Zunge die Algen von der Scheibe regelrecht abbürstet und in den Mund transportiert. Hinter der kriechenden Schnecke bleibt dann eine algenfreie Spur auf der Scheibe zurück. Ihr könnt auch leicht selbst erkennen, daß die Schnecke die Form ihres Hauses den Strömungsbedingungen im Wasser anpaßt: Meßt einmal die Schalenhöhe von Tieren aus stark strömenden und ruhigeren Gewässern, dann werdet ihr feststellen, daß bei starker Strömung die Schneckenhäuser flacher bleiben und so weniger Strömungswiderstand bieten.

Vielleicht entdeckt ihr auch in der Nähe eines Tieres im Pflanzengewirr ein Schneckengelege. Je etwa 6–12 Eier werden in kleine, etwa 3 mm große gallertige Kapseln eingepackt und diese an Steinen oder Pflanzen festgeklebt. Wenn ihr Wasserpflanzen sorgfältig zu Hause durchseht, werdet ihr sicher solche Schneckengelege finden. Die Eier der Posthorn- und der Leberegelschnecke werden verpackt in lange klebrige Gallertwürste um die Pflanzenstengel gewickelt oder in runden Paket-

Köcherfliegenlarve mit ihrem Wohnköcher.

chen unter Blätter geklebt. Diese Paketchen sind durchsichtig, und man kann mit der Lupe beobachten, wie sich die jungen winzigen Schneckchen darin entwickeln, ehe sie schlüpfen. An Steinen vor allem findet ihr die hellbraunen Eikokons der Egel, besonders häufig die ovalen Eikapseln des Hundeegels *(Herpobdella octoculata).* Diese hartschaligen Eikapseln enthalten mehrere Eier und eine genügende Menge Dotter, der den jungen Tieren vor dem Schlüpfen als Nahrung dient. Die erwachsenen Egel, recht bunt gefärbt, grünlich mit Reihen gelber Flecken, sind überall unter Steinen anzutreffen. Dort jagen sie nach kleineren Würmern. Neben diesen reinen Wasserbewohnern sind es Heere von Insekten, die ihre Kindheit im Wasser verbringen, und nicht nur solche, die sich zeitlebens in der Nähe des Wassers aufhalten. Für die meisten von ihnen währt die Zeit ihres flügellosen, räuberischen Larvenlebens im Wasser vielmals länger als ihr kurzes, manchmal nur eintägiges und auf den Hochzeitstanz beschränktes Leben, das sie als erwachsenes Insekt an Land verbringen.

In der Dämmerung seht ihr hier und dort am Bachufer einzelne Köcherfliegen *(Trichopteren)* mit schwerfälligem, an Schmetterlinge erinnerndem Flatterflug. Wie düsterbraune Motten sehen die Tiere aus, sieht man sie auf einem Schilf- oder Weidenblatt ruhen. Die dachförmig auf dem Rücken gefalteten Flügel sind dicht mit feinen Haaren besetzt. Dieses Merkmal hat ihnen auch ihren wissenschaftlichen Namen eingetragen: *Tricho-pteren* = Haar-flügler. Das legereife Weibchen verpackt seine Eier in kleine Gallertringen und legt diese an Wasserpflanzen ab. Die bald schlüpfenden Larven bauen sich aus Sandkörnern und anderen kleinen Partikeln eine Wohnröhre, die sie mit sich herumtragen. Sicher habt ihr an Steinen und Pflanzen im Bachbett schon öfter solche Köcherfliegenlarven gesehen.

Viel vertrauter sind euch wohl die graziösen Eintagsfliegen *(Ephemeropteren)* mit ihrer vier großen, meist glasklaren, feingeäderten Flügeln und ihren langen Schwanzanhängen. An warmen windstillen Abenden und Nächten von Mai bis Juni oder Juli tanzen sie entlang der Flußufer, und es ist hübsch zu beobachten, wie solch ein Schwarm tausender Eintagsfliegen langsam auf- und niederschwebt. Nahrung können diese kurzlebigen Tiere als erwachsene Insekten nicht mehr aufnehmen; ihr Darmtrakt ist verkümmert, ebenso ihre Mundwerkzeuge. Nach dem kurzen

Hochzeitstanz und der Paarung sterben die Männchen, während die Weibchen vor dem Tode noch Millionen von Eiern ablegen. Sie streuen sie im Flachflug über die ruhige Wasserfläche einfach aus oder tauchen immer wieder ins Wasser hinab und legen die Eier an Steinen und Pflanzen ab. Die Eier besitzen lange Widerhaken, und namentlich die auf der Wasseroberfläche treibenden Eier bleiben mit ihrer Hilfe an Schwimmpflanzen und treibenden Gegenständen hängen.

Den Köcherfliegen ein wenig ähnlich, aber meist größer, sind die plumpen gelbbraunen Steinfliegen *(Plecopteren).* In Ruhestellung tragen sie die Flügel flach auf dem Rücken zusammengelegt etwa wie eine Hummel, anders als die schlanken Eintagsfliegen, die ihre Flügel senkrecht vom Körper abstehend zusammenlegen und mit ihrem leicht aufwärts gebogenen Hinterleib und den oft mehrfach körperlangen Schwanzfäden ungleich eleganter aussehen. Als lichtscheue Gesellen verbergen sich die Steinfliegen tagsüber in allerlei Schlupfwinkeln am Ufer. Ihr Flug ist ein plumper Flatterflug. Aber die Eiablage erfolgt bei ihnen nicht aus dem Flug. Die reifen Weibchen ziehen es gewöhnlich vor, auf Blattstengeln oder Steinen am Ufer zur Wasserfläche hinabzukriechen, um dort ihre Eier frei ins Wasser abzulegen. Diese sinken dann rasch ab und entwickeln sich auf dem Grund.

Schließlich werdet ihr zuweilen in Schilf und Ufergebüsch an stehenden Gewässern auch die großen, braunen Motten gleichenden Wasserflorfliegen *(Sialis)* aus der Gruppe der Schlammfliegen *(Megalopteren)* sitzen sehen: dachförmig auf dem Rücken zusammengelegte breite Flügel und sehr lange dünne Fühler geben ihnen ein charakteristisches Aussehen. Auch sie sind plumpe schlechte Flieger. Ihre Eier legen sie in Paketen zu Hunderten an Schilf und anderen Pflanzen über Wasser ab, und die bald schlüpfenden Larven lassen sich dann ins Wasser fallen, um dort ihr räuberisches Leben zu führen.

Vielfältig sind die Methoden, die Nachkommenschaft zu schützen, doch der größte Teil aller Gelege fällt doch immer wieder der großen Anzahl lauernder Räuber zum Opfer. So ist die wichtigste Methode zur Erhaltung der Art die Ablage von Tausenden von Eiern, von denen dann immer wenigstens einige wenige allen Gefahren entgehen und die Grundlage für eine neue Generation im folgenden Jahr bilden.

Eine erwachsene Eintagsfliege.

Allerlei Wissenswertes über Uferbäume

Wußtet ihr schon, daß

ein Tee aus getrockneter Rinde von 3–4jährigen Eschenzweigen *(Fraxinus excelsior)* fiebersenkende Wirkung hat? Einen solchen Tee bereitet man, indem man 16–60 g zerbröselte getrocknete Rinde in einem Liter Wasser kurz aufkocht.

man aus getrockneten Eschenblättern einen wohlschmeckenden Tee bereiten kann, der gleichzeitig eine gute Heilwirkung gegen Rheumatismus haben soll? Dazu sammelt man bei trockenem Wetter die Blätter, streift sie von den Blattstielen und läßt sie gut an der Luft trocknen. 30–60 g trockene Blätter braucht man für einen Liter Tee. Vielleicht sind die Großeltern begeisterte Abnehmer!

die Beeren des Schwarzen Holunders ein erfrischendes Getränk ergeben, wenn man eine gute Handvoll in einem Glas kalten gezuckerten Wassers zusammen mit dem Saft einer Zitrone einen Tag lang ziehen läßt.

das weiche Pappelholz sehr schlecht brennt, Eschenholz dagegen gutes Feuerholz ist, das langsam verbrennt und lange nachglüht, somit auch lange Wärme abstrahlt.

das weiche Weidenholz wie Papier brennt und daß sich Weidenspäne gut zum Feueranzünden eignen.

auch Holunderreisig leicht anzuzünden ist und sich gut als Anfeuerholz eignet.

Birkenholz vorzüglich brennt und viel Wärme abgibt.

Erlenholz leicht brennt, aber auch sehr rasch verbrennt und so rasch viel Wärme spendet.

Ein Pappelblatt als Kinderwiege

Wenn ihr im Frühling in Pappelgebüsch am Bachrand hockt, mögen euch hier und dort einzelne Pappelblätter auffallen, die zu kleinen Röllchen aufgedreht herabhängen. Das ist das Werk eines kleinen Käfers, eines Rüsselkäfers. Diese Rüsselkäfer *(Curculioniden)* sind eine sehr große Käferfamilie, unter ihnen zahlreiche Kulturpflanzen- und Vorratsschädlinge. Unser Pappel-Blattroller *(Byctiscus populi)* ist etwa 5 mm lang und hat prächtig metallisch grüne, gerippte Flügeldecken, unter denen der Hinterleib ein wenig hervorschaut. Ihren Namen haben die Rüsselkäfer von der eigenartigen Form ihres Kopfes; er ist schnabelartig verlängert. An seinem Grunde befinden sich die Augen, während die Mundwerkzeuge, die Mandibeln, und die Mundöffnung am Ende dieses „Schnabels" sitzen, und etwa in seiner Mitte beidseits ein Paar gerader, mehrgliedriger und am Ende etwas keulenförmig verdickter Fühler ansetzt.

Im Frühjahr sucht sich das Weibchen des Pappel-Blattrollers zur Vorbereitung seiner Kinderwiege ein geeignetes junges Pappelblatt aus und beißt mit seinen Mandibeln den Blattgrund soweit an, daß der Saftstrom unterbrochen wird und das Blatt zu welken anfängt. Dann beginnt es, von der Blattunterseite her nahe an dem Einschnitt mit Kopf und Vorderbeinen die Blattkanten Millimeter für Millimeter nach oben einzubiegen. Dabei wandert der Käfer allmählich an der Blattaußenkante auf und ab und schafft es, die eine Blatthälfte zur Mittelrippe hin einzurollen. Ist das gelungen, so wiederholt er das gleiche Spiel mit der anderen Blatthälfte, die er außen um die erste Rolle wickelt. Schon während seiner Arbeit hat der Rüsselkäfer an den Blattrippen einige Eier abgelegt, die dann in die Röhre mit eingerollt werden. Am Ende seiner Arbeit beißt er in kurzen Abständen die äußere Blattkante an und verklebt die Brutrolle mit dem austretenden zuckerig-klebrigen Saft. Bereits fünf oder sechs Tage später schlüpfen die jungen Larven in dieser luftigen Wiege und ernähren sich eine Weile vom Pappelsaft, ehe die Rolle vollends vertrocknet und zur Erde fällt. Nun in der Junihitze finden die Larven in ihrer bergenden Kinderstube in der Feuchtigkeit der Laubspreu und des Grases genug Schutz und Nahrung, ehe sie sie gegen Mitte Juni verlassen, sich in den Erdboden eingraben und dort verpuppen, um im kommenden Früjahr ihrer Puppenhülle als fertige Käfer zu entschlüpfen.

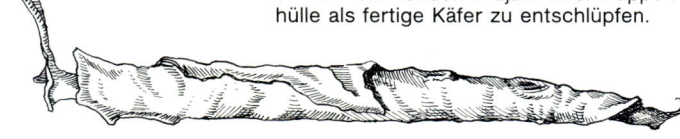

Eine Weidenflöte

Wenn im Frühjahr die Säfte im Bastgewebe der Bäume unter der Rinde steigen, läßt sich von dünnen Zweigen besonders leicht die Rinde ablösen. Das gilt vor allem für Weiden und Eschen, die ihr ja überall aus der Ufervegetation der Gewässer kennt. Aus jungen, etwa fingerdicken Ästchen dieser Bäume kann man ohne viel Mühe eine Flöte basteln. Dazu schneidet man ein etwa 10 cm langes gerades und glattes Aststück zwischen zwei Verzweigungsknoten zurecht. Etwa 1–2 cm von einem Ende entfernt macht ihr einen Schnitt rundum durch die Rinde und klopft dann die Rinde des längeren Astendes einige Minuten kräftig, ohne sie jedoch zu verletzen. Dabei müßt ihr das Aststück ständig drehen. So zerstört ihr allmählich die Bastschicht unter der Rinde, und nach einer Weile läßt sie sich als unbeschädigte Röhre von dem Holzkern abziehen. Nun könnt ihr aus dem Holz eine etwa 5–6 cm lange Kerbe von etwa 1 cm Tiefe herausschneiden, wie das Bild unten es zeigt. Dann schneidet ihr auch am freien Ende des Holzkerns in Fortsetzung der Kerbe einen flachen Span ab, so daß ein feiner Spalt offenbleibt, wenn ihr den Holzkern wieder in die Rindenröhre einschiebt. Nun müßt ihr nur noch in die Rindenröhre gerade über der Vertiefung im Kernholz eine Kerbe schneiden, und fertig ist die Pfeife. Schneidet ihr das Kernholz, statt eine Vertiefung auszuschnitzen, ganz durch und läßt nur am Mundstück einen kurzen Pflock stehen, wie im Mundstück einer Blockflöte, so könnte ihr beim Pfeifen den hinteren Kernholzstopfen in der Rindenröhre verschieben und so die Tonhöhe der Flöte verändern und versuchen, einfache Lieder auf eurer Rindenflöte zu blasen.

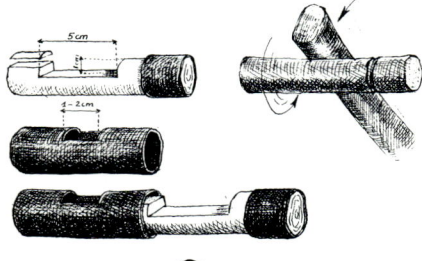

33

Die großen Frühjahrswanderer

Eine laue Mainacht. Im Mondlicht beginnt das Wasser des Neckars plötzlich zu brodeln. Fische schnellen über die Wasseroberfläche hinaus, blinken silbrig auf und platschen ins Wasser zurück. Die Maifische *(Alosa alosa),* unsere Flußheringe, feiern ihre Hochzeit. Nach langer Flußwanderung vom Meer her aufwärts haben sie ihre Laichplätze erreicht und geben ihre Eier in einem wilden Hochzeitsspiel in das freie Wasser ab. Die Jungfische schlüpfen bald, und wie schon die Eier werden sie

stetig weiter flußabwärts getrieben, bis sie in das offene Meer hinausgespült werden. Dort in den Küstengewässern wachsen sie auf, um sich wieder, wie ihre Eltern, auf die lange Wanderung die europäischen Ströme aufwärts zu machen – bis zu 700 km oft – und einmal dort zu laichen, wo sie selbst geboren sind. Irgendwann im Sommer zwischen Mai und September, zumeist im Juni, haben sie ihr Ziel erreicht. Dabei suchen sie seichte klare Flußzonen über Sandbänken, die nicht tiefer als einen

halben bis etwa anderthalb Meter sind, und wo das Wasser recht warm, etwa 18° C ist. Dort beginnen sie gewöhnlich um Mitternacht ihren Hochzeitstanz. Früher waren die Maifische in all unseren Strömen häufig. Aber die zunehmende Wasserverschmutzung namentlich durch Industrieabwässer hat ihnen ihre Laichräume genommen. Aus Rhein, Elbe und Weser sind sie längst verschwunden, und selbst im Neckar, wo man sie noch lange antraf, sind sie sehr selten geworden. Aber in unserem Nachbarland Frankreich in der Loire, in der Garonne und der Dordogne ist es noch alljährlich ein Fest für die Uferanwohner, wenn die Maifische gesichtet werden – nicht nur um des Erlebnisses ihres Hochzeitstanzes willen, sondern weil sie ein sehr wohlschmeckendes Fleisch haben. Der echte Maifisch sieht aus wie ein sehr großer dicker Hering. Er wird bis 55 cm lang, ist am Rücken grau, an den Seiten silbrig beschuppt und hat hinter den Kiemendeckeln einen deutlichen schwarzen Fleck. Sein noch häufigerer kleinerer Verwandter, die Finte *(Alosa finta),* wird nur etwa 40 cm lang und besitzt beidseits am Körper eine Reihe von 5–12 schwarzen

Urweltriese und lichtscheuer Räuber: Stör

Hat einer von euch je einen lebenden Stör *(Acipenser sturio)* gesehen? Vielleicht habt ihr den Namen gar noch nie gehört. Aber Störeier, die kennt ihr sicher; sie werden nämlich als teure Delikatesse verkauft und sind nichts anderes als Kaviar.

In früheren Zeiten, vor etwa hundert Jahren, war der Stör noch keine Seltenheit in unseren Flüssen. Wie Maifisch und Lachs gehört auch er zu den großen Wanderern, die zur Zeit ihrer Geschlechtsreife aus dem Meer in die Ströme Europas aufsteigen, ihren Laichgebieten entgegen. Aber es war das Unglück dieser großen schönen Fische, daß ihr Fleisch von Fein-

schmeckern schon immer so begehrt war. So wurden sie in Westeuropa nahezu ausgerottet und gehören nun zu den ganz großen Seltenheiten, die hin und wieder mal einem Flußfischer ins Netz gehen. Störe sind mächtige Burschen; ein reifes Weibchen wird 2 bis 4 Meter lang und kann Millionen von Eiern ablaichen. Aber schon diese fallen zum großen Teil all den lauernden Räubern unter unseren Flußfischen zum Opfer, teils kommen sie in unseren verschmutzten Flüssen auch nicht mehr recht zur Entwicklung. Die kleinen Störe

schließlich, die den ersten Gefahren entronnen sind, geraten vielfach auf ihrer Wanderung zum Meer in die Netze und Reusen der Fischer. Als Nahrungsfische sind diese jungen Störe wertlos, und so gehen sie nutzlos zugrunde.

Wenn es nicht gelingt, wirksame Schutzmaßnahmen zu entwickeln, so wird dieser urtümliche Fisch in Europa bald endgültig ausgestorben sein. Schon in seinem ganzen Erscheinungsbild mutet der Stör wunderlich an. Sein spitzer langer Kopf mit dem unterständigen Maul erinnert

Flecken. Auch sie gehört zu den Wanderern in unseren Flüssen.

Die treibenden Eier und Jungtiere der Maifische sind auf ihrem Weg zum Meer mancherlei Fährnissen ausgesetzt. Mancher Räuber, wie z. B. die Ukleis *(Alburnus alburnus)*, räumen gewaltig auf unter den Schwärmen der Jungfische. Dort, wo der Maifisch noch keine Seltenheit ist, hat man gemischte Schwärme von 4–5 cm großen Tieren und 18–20 cm großen Tieren beobachtet. In solchen Fällen hatten sich wohl die meerwärtsschwimmenden Jungtiere des betreffenden Sommers mit den etwa 2jährigen flußaufwärts wandernden getroffen.

Wie es zu diesen langen Wanderungen zwischen Meer und Süßwasser zu den fernen Laichgebieten einmal gekommen sein mag, das weiß man nicht. Sind all diese Wanderer – dazu gehört ja auch der Lachs – ursprünglich Süßwassertiere, die in erdgeschichtlichen Zeiträumen durch irgendwelche Ereignisse zum Salzwasserleben gezwungen wurden, sich aber doch nie ganz an das Leben im Meer anpassen konnten, so daß wenigstens die Brut noch in ihrem ursprünglichen Milieu aufwachsen muß? Aber was vertrieb sie aus den Flüssen, vielleicht die Nahrungskonkurrenz der anderen Flußfische oder gar der eigenen Jungtiere?

Vorsicht! Fälschung

Wie man „Fossilien" machen kann

Bei einer Baustoffhandlung oder an einer Baustelle könnt ihr euch sicher eine Schieferplatte besorgen. Wascht sie sorgfältig und überzieht eine Seite mit einer dünnen Schicht farblosen Lacks; dann wird die Farbe des Schiefers dunkler. Nun könnt ihr mit einem gut gespitzten weichen Bleistift ein Fischskelett auf die glatte Oberfläche zeichnen, je feiner und genauer, desto besser. Aber achtet darauf, daß es hübsch in die Mitte der Platte kommt. Wenn es gut gelungen ist, dann kann man die einzelnen Striche, je nach Betonung flacher oder tiefer, leichter oder kräftiger mit einer Ahle oder einer Reißnadel in die Platte einkratzen. Gerade in manchen Schiefern findet man auch in der Natur oft solche wirklich fossilen Fischabdrücke.

Wenn's euch gut geglückt ist, könnt ihr zum Schluß einzelne Linien noch etwas vertiefen und dann mit einer Bürste den Schieferstaub wegbürsten. Schließlich könnt ihr die Linien mit einem feinen Pinsel ganz vorsichtig noch sauber mit etwas weißer Wandfarbe ausfüllen. Erst wenn diese ganz trocken ist, reibt ihr die überstehenden Farbreste mit einem weichen Tuch sorgfältig ab, so daß die gezeichneten Linien sich scharf von dem dunklen Schiefergrund abheben. Wenn ihr nun mit dem Stichel oder Bohrer an einer Seite zwei Löcher in die Platte bohrt und eine hübsche Kordel hindurchzieht, könnt ihr eueren Fischabdruck in eurem Zimmer aufhängen.

---

ebenso wie die hochgezogene Schwanzflosse an einen Hai. Geradezu an einen Urweltfisch gemahnen mehrere Reihen großer Knochenplatten auf dem Rücken, an den Flanken und auf der Bauchseite; und wirklich gehört der Stör auch zu einer erdgeschichtlich sehr alten und ursprünglichen Gruppe von Fischen. Seinen schaufelförmig flach-zugespitzten Kopf benützt der Stör wie eine Pflugschar: er wühlt mit ihr den weichen, sandigen oder schlammigen Boden auf, und wie ein Staubsauger schlürft der Fisch mit seinem unterständigen Maul aufgewirbelte kleine Krebse, Muscheln, Insektenlarven und allerlei anderes kleines Getier ein, dabei dienen ihm vier kurze Barteln vor dem Maul an der Kopfunterseite als Tastorgane. Wegen dieser Ernährungsweise kann der Stör auch nicht an der Angel gefangen werden, sondern nur im Grundschleppnetz.

Neben unserem europäischen Stör gibt es noch andere, meist kleinere Störarten, namentlich in den Flüssen Rußlands, Asiens und Amerikas, die ihr Meeresleben aufgegeben haben und wieder zu reinen Flußfischen geworden sind.

Vielleicht wird es am ehesten in einigen der großen Flüsse Frankreichs, in der Rhône, der Loire oder der Charente gelingen, unserer europäischen Tierwelt den Stör als Wandergefährten des Lachses zu erhalten.

und Wels

Habt ihr in einem Aquariengeschäft wohl schon einmal einen kleinen Zwergwels gesehen oder ihn gar in eurem eigenen Aquarium gehalten? Lustig sehen diese Fische aus mit ihren langen Bartfäden um das breite Froschmaul.

Stellt euch so einen Fisch einmal in groß vor, ein bis drei, ja manchmal bis 5 m lang, mit seinem massigen Körper, seinen kleinen Schweinsäuglein und seinem riesigbreiten Maul. Gefährlich sieht er nicht gerade aus, eher ein bißchen großväterlich mit seinem gezwirbelten Schnurrbart aus

Barteln, die ihm als Tastfäden in seinem Lebensraum unentbehrlich sind.

Solche Riesenwelse *(Silurus glanis)* leben überall in unseren Teichen, Seen und größeren Flüssen, namentlich im Donaugebiet. Sie sind beileibe nicht so gutmütig, wie sie aussehen, denn sie leben als arge Räuber und sind ebenso der Schrecken der Fischwelt und der Angler, wenn sie in einem Gewässer ihr Unwesen treiben. Solch ein Wels hat einen gewaltigen Appetit, wenn er des Nachts auf Beute ausgeht, und wagt sich sogar an Enten und Gänse heran. Über Tag ruhen die Welse gewöhnlich, eingewühlt in den Schlammgrund.

Die drei Leben des Lachses

und silbern, mit schwarzen Querbinden an der Seite, sind kräftiger geworden; vor allem gehen die fast wie Forellen aussehenden Fische vom Leben am Grund zum Leben im freien Wasser über. Die anfangs wehrlosen Jungfische sind selbst zu Räubern geworden, und nur den Hecht, vielleicht auch einen Wels, Fischreiher oder Kormoran haben sie jetzt noch zu fürchten, aber sie selbst sind der Schrecken aller kleineren Fische. Sie werden allmählich vom Wandertrieb gepackt und beginnen aktiv stromab zu schwimmen, mit vielen Pausen allerdings, dort verweilend, wo sich reichlich Nahrung bietet, unter Umständen über mehrere Jahre hin, bis sie, nun etwa 30–40 cm groß, das offene Meer erreichen – einen ganz neuen Lebensraum mit neuen Gefahren, aber auch neuen, reicheren Nahrungsquellen.

Fast zusehends wachsen die Lachse heran zu Silberlachsen – Der Name trifft gut ihr Aussehen: grün der Rücken und leuchtend silbrig die Seiten, weiß der Bauch. Zwei bis drei Jahre führen sie ein Räuberleben weit im offenen Meer bis hin zu den Küsten Grönlands und nehmen allmählich Gestalt und Zeichnung der erwachsenen Tiere an. Ein drittes Mal ändern sie ihre Färbung, sie legen allmählich ihr Hochzeitskleid an: weiß oder zitronengelb der Bauch; dunkelrote Flecken erscheinen auf den prächtig blaugrauen Flanken; stahlblau leuchten die Kiemendeckel, und beim Männchen färbt sich die Bauchregion tief purpurrot.

Der dritte Frühling: Bei ihrem Leben im Meer haben sich die Lachse fettgemästet; ihre Muskulatur ist „lachsrot" gefärbt von den angehäuften Fettreserven; und nun packt ein zweites Mal der große Wandertrieb die Tiere. In teilweise mehrjähriger Wanderung erreichen sie die europäischen Küsten und steigen die Flüsse hinauf, hier und dort rastend, um zuletzt dort, wo sie selbst einmal aus dem Ei schlüpften, wiederum ihre Hochzeit zu feiern. Vorwärtsgetrieben von einer unwiderstehlichen Kraft, versuchen sie, alle Hindernisse zu überwinden, überspringen in bis zu 5 m hohen Sprüngen Wehre und Stromschnellen, Hunderte und Hunderte von Kilometern ihren Laichplätzen entgegen, die sie manchmal so erschöpft erreichen, daß sie unmittelbar nach der Paarung und Eiablage sterben oder in dem flachen Wasser ihrer Laichplätze eine leichte Beute für Raubwild und Greifvögel werden.

Erster Frühling: Irgendwo im klaren, kühlen Oberlauf eines Stromes schlüpft ein winzig kleiner Lachs *(Salmo salar)* aus einem Ei, das die Mutter drei Monate zuvor im Kiesgrund des Laichplatzes abgelegt hatte. Ein paar Tage lang können die Jungfische ohne Nahrungssorgen von den Vorräten leben, die die Mutter ihnen im Ei mitgegeben hatte. Aber die Vorräte im Dottersack, der ihnen wie ein kleiner Ballon am Bauch baumelt, werden rasch aufgezehrt; und binnen weniger Tage verschwindet er, wird in den Darm aufgenommen; die Bauchdecke schließt sich. Jetzt erwacht der Jagdinstinkt der Jungtiere. Ohne es je gelernt zu haben, beginnen sie nach allerlei Kleingetier zu schnappen, kleine Krebschen und Insektenlarven am Boden zu jagen.

Geschützt vor Feinden, vor der Wasserströmung und Winterkälte tief in den Lücken zwischen dem groben Kies einer Sandbank, wo die Mutter ihre Eier mit kräftigen Flossenschlägen beim Ablaichen eingewühlt hatte, begann die Entwicklung der jungen Lachse, als die Mutter längst wieder das Meer erreicht hatte. Der lockere

Kiesgrund gestattete gerade so viel an Wasserbewegung, war so gut vom Grundwasser durchströmt, daß die Brut nie an Sauerstoffmangel zu leiden hatte. Nur die Wasseramsel, auch einige räuberische Insektenlarven hatten eine Anzahl der zuoberst liegenden Eier erwischt; aber was machte das aus, wenn wirklich die Hälfte dieser Millionen Eier vor dem Schlüpfen zugrunde ging; mehr und mehr der Jungfische tauchen aus dem Kies auf und werden von der Strömung mitgeschwemmt, bis sie in ruhigeres tiefes Wasser kommen – dort finden sie nun reichlich Nahrung und wachsen rasch heran. Sehr bald genügt ihnen das Kleinplankton nicht mehr, andere Jungfische werden ihre beliebte Beute. Mehrere Jahre lang halten sich die Tiere im Fluß auf, wachsen und verändern sich allmählich in Färbung, Gestalt und Lebensweise.

Zweiter Frühling: Die anfangs schlanken Jungfische, blaugrau auf dem Rücken

Die Laichzeit der Lachse liegt im November bis Dezember; aber das ganze Jahr über wandern – oder wanderten früher in den deutschen Flüssen – die Lachse stromauf. Die meisten Lachse beginnen ihre große Flußreise im späten Frühjahr bis Frühsommer, aber andere, meist noch kräftigere und schwerere Tiere von bis zu 20 kg Gewicht und über 1 m Länge beginnen ihre Reise bereits früh im Winter und rasten dann vor Erreichen ihrer Laichplätze im Quellgebiet der Flüsse längere Zeit in tieferen Stellen des Flußlaufs. Wie lange aber ihre Reise dauert, ½ Jahr oder gar 1 Jahr, sie nehmen während all dieser Zeit keinerlei Nahrung zu sich und leben allein von dem Fett, das sie während ihres Meereslebens gespeichert haben. Während der Reifung der Geschlechtsorgane wird der Verdauungstrakt weitgehend zurückgebildet, so daß die ganze Leibeshöhle eines reifen Weibchens schließlich nur noch prall gefüllt ist mit Eiern. Dennoch kann man zuweilen beobachten, daß der Jagdtrieb in den Tieren noch nicht erloschen ist, daß sie nach Fliegen und anderer Beute schnappen – zur Freude der Angler. Aber ihr Gebiß hat sich während der Laichwanderung so verändert, daß es nicht mehr zum Zubeißen taugt. Den Männchen wächst der Unterkiefer hakenförmig nach oben, was ihnen ein gefährliches Aussehen verleiht und natürlich dem Weibchen gewaltig imponiert. Vor dem Ablaichen fächelt das Weibchen mit kräftigen Schwanzschlägen in den sandigen oder kiesigen Boden der flachen Quellregion eines Flusses eine etwa 1 × 1 m große flache Mulde und gibt in mehreren Schüben während der Paarung ihre etwa 10 000–30 000 rosaroten klebrigen Eier ab, umschwärmt von mehreren Männchen, die gleichzeitig ihre Spermien über den Eiersegen in das freie Wasser entleeren. Die einzelnen Spermien haben im Wasser nur eine Lebensdauer von etwa einer Minute oder weniger und treffen nur durch Zufall auf die Eier, so daß trotz der ungeheuren Menge von Milliarden und Milliarden abgegebener Spermien gewöhnlich nur etwa die Hälfte der Eier besamt wird. In dem wilden Paarungsspiel wird allmählich wieder Kies und Sand über die in der Mulde zu Boden gesunkenen Eier gewedelt. Nach der Paarung schwimmen die Tiere, die noch kräftig genug sind, wieder stromab. Dabei verlieren sie ihr Hochzeitskleid.

Ein normales Gebiß wächst wieder, während der Darm allmählich seine Tätigkeit wieder aufnimmt. Erschöpft und abgemagert erreicht ein kleiner Prozentsatz der Tiere schließlich das Meer und nimmt dort sein Räuberleben wieder auf, um nach 1 bis 2 Jahren, wieder bei Kräften, erneut zur großen Hochzeitsreise aufzubrechen. Nur wenige Lachse schaffen es, in ihrem Leben eine dritte Reise zu unternehmen.

In all unseren Flüssen ist auch der Lachs – früher in großen Zügen ein regelmäßiger Gast in Rhein und Elbe, Weser und Neckar – heute fast völlig ausgestorben.

Staustufen und Kanäle verwehren ihm den Weg, und die Brut der wenigen Tiere, die ihr Ziel noch erreichen, stirbt ab in den bereits verschmutzten Quellläufen unserer Flüsse. Damit ist einer unserer schönsten Fische in Europa fast ausgerottet: ein Warnsignal unter vielen!

Chinesische Tuschebilder

Sehr schöne Abdruckbilder von Fischen, die so zart wie japanische oder chinesische Pinselzeichnungen sind und hübsch als Wandschmuck wirken, könnt ihr folgendermaßen herstellen. Ihr braucht dazu selbstverständlich zuerst einmal einen frischen Fisch, ein Töpfchen Tusche, mehrere möglichst große weiche Aquarellpinsel, eine Rolle Toilettenpapier und einige Bogen Japan-Papier, wie man es im Zeichenbedarfsgeschäft bekommt.

Den Fisch wascht ihr zuerst gründlich unter lauwarmen Wasser ab, ohne aber dabei Schuppen abzulösen oder sonst die Haut zu beschädigen. Also nicht mit der Bürste darangehen!

Dann legt ihr den Fisch auf einige glatte Lagen Zeitungspapier und tupft ihn auf der Oberseite mit Toilettenpapier gut trocken: Ihr könnt ihn ruhig ein wenig antrocknen lassen. Alle Flossen müßt ihr vorher schön spreizen und eventuell eine Weile mit Nadeln auf dem Untergrund feststecken, bis sie von alleine ihre gespreizte Stellung behalten. Dann bepinselt ihr die Oberseite ganz gleichmäßig und dünn mit Tusche, legt eine Bahn Toilettenpapier darüber und streicht sie mit den Händen vorsichtig glatt über den ganzen Fischkörper, so daß die Ränder der Toilettenpapierbahnen rund um den Fisch glatt auf die Unterlage zu liegen kommen, und zieht nun die Bahnen wieder ab. Auf ihnen werdet ihr dann einen – anfangs noch verschmierten – Tuscheabdruck des Fisches erhalten. Ist so das erste Übermaß an Tusche abgesaugt, wiederholt ihr die Prozedur, aber nun mit einem Bogen Japanpapier. Das Papier ist weich und läßt sich leicht über alle Unebenheiten des Fischkörpers streichen, so daß es überall anliegt und rundherum noch ein breiter Rand stehenbleibt. Zieht ihr dieses Papier nun ab, so habt ihr – wenn ihr sorgfältig gearbeitet habt – einen wunderschönen Fischabdruck, der alle Schuppenumrisse, Flossen und Flossenstrahlen usw. zeigt. Natürlich wird's beim ersten Versuch nicht gleich ein Meisterwerk werden; aber ihr werdet sehen, allmählich bekommt ihr Übung und Erfolg darin. Ihr fragt, was für ein Fisch sich eigne, und meint, so ein einfacher Hering doch sicher nicht? Fehlgeschossen! Versucht's einmal! Ihr könnt natürlich von einem Angler aus dem nahen Fluß auch einmal einen kleinen Barsch zu ergattern versuchen oder von euer Mutter den Silvesterkarpfen „ausleihen", bevor er gekocht wird. Je größer die Schuppen, desto hübscher das Bild.

Naturschutzgebiet Steinbruch

Wußtet ihr schon, daß

manche ertrunkenen und verlassenen Steinbrüche in offener Verbindung mit natürlichen unterirdischen Wasserreservoiren stehen. Besonders gilt das für Kiesgruben, in denen ja gewöhnlich Seen entstehen.

manche Steinbrüche und Kiesgruben sich zwar nicht mit Wasser füllen, aber doch in offener Verbindung mit tiefer gelegenen Wasserhorizonten stehen.

man solche alten Kiesgruben und Baggerseen an vielen Stellen in der Rheinebene findet und daß sich in ihnen und um sie oft eine sehr reiche Tier- und Pflanzenwelt entwickelt hat.

solche Seen viel zu oft als Schuttabladeplätze mißbraucht werden, womit nicht nur der See selbst, sondern auch das Grundwasser verunreinigt wird.

bei Kiesgruben, die noch in Betrieb sind, das Fördergut oft gleich im Baggersee gewaschen wird – namentlich wenn der See in offener Verbindung mit einem Wasserlauf steht –, was die Bodenschichtung zerstört, den Seegrund und damit die Fischlaichgebiete und die Vegetation verschlammen läßt. Zudem lagern sich die feinen im Wasser aufgeschwemmten Tonteilchen auf Schleimhäuten und Kiemen der Tiere und auch ihren Eiern ab, so daß sie daran zugrunde gehen wie wir, wenn wir ständig in einer dicken Staubwolke atmen müßten.

sehr große und tiefe Kiesgruben eine unheilvolle Wirkung auf den Grundwasserspiegel rundum haben können, indem sie den Grundwasserspiegel absenken, eventuell auch Wasser aus einem nahen Wasserlauf abziehen; zudem erhöht sich durch große offene Wasserflächen die Verdunstungsrate und so der Wasserverlust eines Geländes. Eine Absenkung des Wasserstandes um nur 10 cm kann einen kleinen Fluß biologisch vernichten.

die Oberflächenschichten eines Sees sich im Sommer meist stärker erwärmen als das Grundwasser oder das fließende Wasser. Fließt gerade solches warme Oberflächenwasser in einen Flußlauf ab, etwa einen kühlen Forellenbach, so heizt sich dieser auf, was viele Fische, z. B. Forellen, nicht vertragen.

SOMMER

Silberpappel (Populus alba)

Espe oder Zitterpappel (Populus tremula)

Ein früher lauer Julimorgen. Die ersten Sonnenstrahlen saugen den Dunstschleier über dem Wasser auf; in der ruhigen glatten Wasserfläche spiegeln sich die Bäume des jenseitigen Ufers. Ein Bläßhuhn schreit schrill aus dem Uferdickicht. Die Ufer sind dicht bewachsen, stellenweise hängen die Weidenzweige weit in das klare Wasser und bieten tausend Verstecke. Ein gesundes Flußufer, wie es selten geworden ist. Zu viele Flußläufe sind heute eingedeicht, zum Schutz vor Überschwemmungen reguliert.

Unser Kahn gleitet lautlos zwischen Weiden und Brennnesseldickicht dahin; hier und dort dichte Bestände von weißblühendem Mädesüß *(Filipendula ulmaria)*. Einzelne hohe Pappeln spiegeln sich im Wasser, ragen am Ufer

am Fluß

hoch über das Weidengebüsch hinaus, Silberpappeln *(Populus alba)* mit ihrer weißgrau im Morgenlicht glänzenden Rinde, düster, mit rissiger schwarzer Borke die Schwarzpappeln *(Populus nigra);* vereinzelt Zitterpappeln *(Populus tremula),* hell in der Sonne glänzen die im leichten Lufthauch flatternden und raschelnden Blätter, grüngrau die Rinde, an vielen Stellen geborsten, schwarze und braune Narben auf den Stamm zeichnend. Holunderbüsche strekken tausend duftende weiße Blütendolden dem Licht entgegen. Durch die schräg ins klare Wasser einfallenden Sonnenstrahlen huschen tief unter uns einige Rotfedern, fliehen, vom Schatten unseres Bootes aufgeschreckt, stromauf. Bei einer raschen Wende blinkt ihr Körper silbern auf; ihre roten Flossen werden sichtbar. Ein kräftiger Schwanzschlag, und sie sind verschwunden, in die Tiefe abgetaucht. Langsam, die Schnauze aus dem Wasser gestreckt, schwimmt eine Bisamratte am Ufer entlang, verschwindet plötzlich im Wurzelwerk einer Uferweide. Das Ufergebüsch lichtet sich. Alte knorrige Silberweiden *(Salix alba),* vielfach gestutzt und immer wieder ausgeschlagen, mit tiefgefurcht rissiger Rinde säumen nun den Flußlauf; dazwischen Korbweiden, deren gelb- und rotrindige Zweige wie die Borsten eines riesigen Pinsels zu allen Seiten stehen. Sie biegen sich im aufkommenden Wind und lassen ihre schmalen langen Blätter lustig flattern. Ein großer Schillerfalter *(Apatura iris)* läßt sich erschreckt auf einem Weidenzweig nieder. Eben noch einfarbig braun, schillern seine Flügel jetzt in allen Blau- und Violett-Tönen, als er die Flügel weit ausgebreitet auf dem schaukelnden Weidenzweig Halt sucht. Dann gaukelt er davon wie ein buntes Blatt. Im Windschutz der Grashalme am Uferpfad taucht er unter, läßt sich durch verführerischen Duft eines Kuhfladens anlocken. Die Raupe eines Schachbrettfalters *(Melanargia galathea),* hübsch grün und mit gelben Streifen, kriecht auf einem Grashalm entlang. Vorsicht! Eine Hornisse sonnt sich an einem Pappelstamm. Wirklich eine Hornisse? Bei näherem Hinsehen entpuppt sie sich als harmloser Schmetterling, als Hornissenschwärmer *(Sesia apiformis),* der nur die Farben dieser wehrhaften Wespe imitiert und damit seine Feinde täuscht. Aus der Nähe erkennt man die feine gelbe Behaarung seines Körpers, die Schmetterlingsschuppen am Vorderrand der sonst glasklaren Flügel. Seine farblos bleiche Raupe hat einmal im Holz der Pappel gelebt, dort ihre Gänge gebohrt, ehe sie sich unter der Rinde verpuppte. Mit ihren kräftigen Borsten, die rundum auf dem Hinterleib stehen, hat sich die Puppe, als sie spürte, daß die Zeit zum Schlüpfen gekommen war,

Weiden sind entweder weibliche oder männliche Pflanzen. Sie tragen keine Blüten, in denen Stempel und Staubgefäße vereint sind. Die seidenweich silbrigen Kätzchen sind männliche Blüten.

Der Hornissenschwärmer (Sesia apiformis) legt seine Eier normalerweise an Pappelstämmen ab. Das Tier im Bild sitzt in Paarungsstimmung mit rasch vibrierenden Flügeln auf einem Pappelblatt.

Bittersüßer Nachtschatten
(Solanum dulcamara). Vorsicht,
seine roten Beeren sind giftig.

Sumpfziest (Stachys palustris)

dann den ehemaligen Fraßgang entlang zum Ausgangsloch vorgearbeitet, ehe die Puppenhülle aufplatzte und den Falter in die Freiheit entließ. Noch mehr ungebetene Gäste leben in der Pappel:

Irgendwo findet ihr ein fingerdickes Loch im Stamm. Rundum an der Rinde haftendes Bohrmehl verrät es, und ganz nahe spürt man einen aufdringlichen, säuerlichen Geruch nach Holzessig: ein Weidenbohrer *(Cossus cossus)* ist hier geschlüpft. Zwei Jahre lang hat seine kräftige, fingerlange Raupe sich dick gefressen im Holz des Stammes, hat lange Gänge gebohrt, ehe sie sich verpuppte, und ehe in einer warmen Julinacht der große, dunkelbraune Falter sein kurzes Leben als Nachtschmetterling begann.

Gemächlich strömt das Wasser dahin, das Flußbett wird breiter. Zwischen den Schilfhalmen am flachen Ufer schwirren schillernde stahlblaue und feuerrote Libellen hin und her, verharren eine Weile stehend in der Luft und schießen plötzlich wie ein Pfeil auf eine Beute los.

Irgendwo auf der Uferböschung hebt sich gegen den dunklen Hintergrund des Waldes die Gestalt eines Graureihers *(Ardea cinerea)* ab. Zuerst taucht der dunkle Federschopf über dem Schilf auf; dann sieht man ihn ganz, den Hals elegant gebogen, den Schnabel schräg nach unten gerichtet. Regungslos und starr steht er da, starrt ins Wasser, immer bereit, mit einem blitzschnellen Schnabelhieb eine Beute zu erhaschen, einen Fisch, der sich zu nahe an die Oberfläche wagt.

Ein wenig weiter legen wir am Ufer an, binden den Kahn an einen überhängenden Weidenast und springen ans Ufer, das bestreut ist mit einem Teppich abgefallener gelber Weiden-Kätzchen. Üppig grünt und blüht es überall im feuchten Halbschatten des Ufergebüsches: hier die violetten Blütensterne des bittersüßen Nachtschattens *(Solanum dulcamara)*, dessen rote giftige Beeren noch nicht reif sind, dort die kräftige Staude einer Tollkirsche *(Atropa belladonna)* mit ihren violett überlaufenen Blättern und Stielen, ihren trübvioletten Blütenglocken. Auch ihre Früchte sind noch nicht reif. Verlockend wie reife schwarze Kirschen werden sie aussehen, hübsch dargeboten in ihrem 5zipfligen Blütenkelch. Wie schwer ist es, dieser giftigen Verlockung zu widerstehen.

Am sumpfigen Gebüschrand die aromatisch duftenden Büschel der Wasserminze *(Mentha aquatica)* mit runden, tiefgrünen Blättern und bläulichroten Stengeln. Ihre helllilafarbenen Blüten sind zu dichten Köpfchen zusammengedrängt, ganz anders als die langen Blütenähren der anderen Minzen. An manchen Pflanzen folgt ein zweiter Ring von Blüten in den Achseln der ersten beiden Blätter. Vier gelbe Staubfäden ragen aus jeder der kleinen Blütenröhren. Weiter hoch oben auf dem Ufer, am Wegrand blühen andere Minzen, die Rundblättrige Minze *(Mentha rotundifolia)* mit ihren langen, weiß-rosa farbenen Blütenständen und, aus den Bauerngärten des nahen Dorfes verwildert, die würzige Pfefferminze *(Mentha piperita)* mit ihren hohen, vierkantigen Stengeln. Sie alle duften erfrischend, wenn man die Blätter zwischen den Fingern zerreibt, und gelten nicht nur in der Volksmedizin als Heilkräuter. Im Schatten des Wegrandgebüsches ebenso wie am Schilfrand entdeckt ihr erstaunt „Brennesseln" mit leuchtend gelben Blütenquirlen. Pflückt sie ruhig zum Strauß, sie brennen nicht. Gelbe Taubnesseln *(Lamium galeobdolon)* sind's, Verwandte der Weißen Taubnessel *(Lamium album)*, die ihr von trockeneren und sonnigeren Wegrändern kennt. Ihre Blätter sind frischer grün, dicht pelzig behaart, anders als die der Brennessel, und ihre Stengel sind vierkantig, während die Brennessel gerippte runde Stengel hat. All diese Pflanzen, die Minzen, die Taubnesseln, gehören der gleichen Pflanzenfamilie an, den Lippenblütlern, wie weitere Pflanzen der Ufervegetation. Hier und dort blüht der Sumpfziest *(Stachys palustris)*, kniehoch mit rosaroten, weißgefleckten Blüten in einer langen, lockeren Ähre und nesselartigen gezähnten Blättern, ebenso die am Boden kriechende Brunelle *(Prunella vulgaris)* mit ihren aufrechten Blütenstielen und dichten Köpfchen voller kleiner violetter Blütchen. Hoch am Ufer, jenseits des Uferpfads beginnen hinter einer Weißdornhecke Wiesen, Getreide- und Brachfelder.

Die Sonne ist hochgestiegen. Der Mittag naht. Auf einem schmalen Trampelpfad durch Wiese und Ufergebüsch geht's zurück zum Boot. Seht mal, was blüht denn da gleich an unserem Anlegeplatz? In unserer Eile, an Land zu kommen, waren wir achtlos daran vorbeigestürmt. Einige hochaufgeschossene Pflanzen mit kräftigen vierkantigen Stengeln und satt dunkelgrünen, fast herzförmigen und grobgekerbten Blättern, die oberen manchmal zu mehreren Lappen fingerförmig zerschlitzt. Die zahlreichen Blütchen, in kleinen langgestielten Trauben in den Blattachseln stehend, fallen kaum auf. Aber bei näherer Betrachtung erkennt man, wie schön sie sind: kleine, satt-braunrote, bauchige 5zipfelige Glöckchen, die unteren Blütenzipfel zurückgeschlagen, die oberen beiden wie ein Dächlein über die 4 Staubgefäße gewölbt. Wieder ein Lippenblütler? Fehl geraten! Eine Braunwurz, oder genau: eine Wasser-Braunwurz *(Scrophularia auriculata)*. Sicherlich ist sie euch noch nie aufgefallen, und auch den Namen habt ihr noch nie gehört. Dabei sind euch eine ganze Reihe ihrer nächsten Verwandten wohlvertraut: der Rote Fingerhut *(Digitalis purpurea)*, den ihr aus sommerlichen Waldlichtungen kennt, der Ehrenpreis *(Veronica)*, dessen blau und weiß blühende Polster euch auf Sommerwiesen und an Wegrainen ein vertrauter Anblick sind, auch das an Straßen, Bahndämmen und Schuttplätzen verbreitete Leinkraut *(Linaria vulgaris)*, das ihr für kleine gelbe Löwenmäulchen gehalten habt – all diese Pflanzen gehören zu den *Scrophulariaceen*, den Braunwurzgewächsen. Gleich unten am Wasser blüht noch etwas, wie kümmerli-

All die vielen Minze-Arten sind überall häufig und überdauern mit ihren Kriechwurzeln den Winter. Sie sind schwer zu bestimmen, da sie leicht bastardieren. Oben die Bach-Minze (Mentha aquatica).

Wasser-Braunwurz (Scrophularia auriculata). Der vierkantige, hohle Stiel hat ebenso wie die Blattstiele in seiner ganzen Länge deutliche „Flügel" entlang seinen Kanten.

Unter dem Blätterteppich des flutenden Laichkrauts (Potamogeton nodusus) findet eine Vielzahl von Wasserbewohnern Schutz und Lebensraum.

che, kleine gelbe Astern. Aber die niedrigen, buschigen Pflanzen blühen über und über. Flohkraut *(Pulicaria vulgaris)* ist es, ein *Körbchenblütler* wie die Aster und die Marguerite. Der Name stammt daher, daß diese Pflanze, ebenso wie ihr seltenerer, größerblütiger und eher in Mooren anzutreffender Verwandter, das Große Flohkraut *(Pulicaria dysenterica),* früher getrocknet und gepulvert gegen Flöhe angewandt wurde.

Um unser Boot ein schwimmender grüner Teppich: Dicht an dicht bedecken die Blätter des Laichkrauts *(Potamogeton nodosus)* die Wasseroberfläche. Im flachen Wasser die kleinen roten Blütchen des Schlammkrauts *(Limosella aquatica),* auch einer Scrophulariacee.

Als wir ablegen, und mit einigen Ruderschlägen unser Boot aus dem dichten Teppich der Laichkrautblätter frei machen, sehen wir tief unten auf dem Grund des klaren Flusses dichte grüne Rasen in der Strömung fluten: tiefgrün die langen, dichtbeblätterten Stengel der Wasserpest *(Elodea canadensis),* dazwischen hellgelbgrüne Polster des Wassersterns *(Callitriche hermaphroditica).* Was für ein Tierleben mag es in dieser Unterwasserwildnis geben: Schwärme von Jungfischen suchen dort Schutz; Insektenlarven in Mengen. Man erkennt einen Molch *(Triturus vulgaris),* der sich an einem Wasserpesttrieb festklammert. Deutlich ist sein breiter Ruderschwanz, sein hellorangefarbener Bauch zu sehen. Ein großer Fisch schießt aus dem Pflanzendickicht davon, aufgeschreckt durch unsere Ruderschläge. Er reißt den Wasserpeststengel mit sich, und der treibt mitsamt dem Molch stromab. Irgendwo wird er hängenbleiben, Wurzeln schlagen.

Vorbei geht's wieder an einem Teppich von Laichkraut. Kleine Fröschchen, junge Kröten sitzen in Scharen an den Blatträndern, noch halb Kaulquappe, mit 4 Beinen zwar, aber den Schwanz haben sie noch nicht verloren. Wie viele von ihnen werden der Wasserralle *(Rallus aquaticus)* und den Teichhühnchen *(Gallinula chloropus)* zum Opfer fallen, die jetzt vor uns ins dichte Schilf geschlüpft sind?

In der Strömung schießt unser Boot stromab. Mit kräftigen Ruderschlägen geht's unter einer Brücke hindurch; Wasser spritzt auf, wenn die Ruderblätter eintauchen. Mehlschwalben *(Delichon urbica)* jagen in raschem Flug flach über die Wasserfläche und finden reiche Beute in den tanzenden Zuckmückenschwärmen. Unter dem Brückenbogen, ans Mauerwerk geklebt, zwei Schwalbennester; im Vorbeigleiten erhaschen wir einen kurzen Blick darauf, und schon liegt die Brücke hinter uns. Wir nähern uns unserem Dorf. Schnurgerade verlaufen die Ufer auf beiden Seiten zwischen hohen Reihen schlanker Pyramidenpappeln *(Populus pyramidalis).* Dahinter frisch gemähte Wiesen. Heuduft weht zu uns herüber. Irgendwo aus der Luft klingt hart und laut der Gesang des Schilfrohrsängers *(Acrocephalus schoenobaenus).* Wir legen an. Ruhig! Stören wir nicht die Mittagsruhe der Natur.

Allerlei Treibgut

Abgebrochene Ästchen, Blätter und sonstige Pflanzenreste, Mengen abgestorbener Insekten, und was die Wasser des Flusses sonst noch so alles mit sich reißen, dazwischen ein Gewimmel kleiner und kleinster Tiere, Rädertiere, allerlei Einzeller, auch Krebschen, nicht zu vergessen Mengen von kleinen ein- und mehrzelligen Algen – all das setzt sich allmählich zusammen mit Sandkörnern und feinsten Ton- und Schlammpartikeln auf dem Grund ab. Ist die Zusammensetzung all dieser Sinkstoffe rein zufällig, oder gibt es Wechselbeziehungen zwischen all der toten Fracht und der Lebewelt dazwischen, zwischen Treibgut und Jahreszeit?

Versucht doch, euch selbst diese Frage zu beantworten. Dazu müßt ihr erst einmal Wasserproben nehmen, möglichst an verschiedenen Stellen eines Flusses und zu verschiedenen Zeiten, etwa über einen ganzen Tag hin alle zwei Stunden oder gar – wenn eure Eltern euch das erlauben, auch die Nacht hindurch. Selbstverständlich müßt ihr all die Proben in verschiedenen Gläsern sammeln und jedes Gefäß genau mit Uhrzeit, Datum und dem Ort der Probenahme beschriften. Vielleicht vermerkt ihr auch noch – namentlich bei nächtlichen Probenahmen – die Mondphase, ob Neumond, Vollmond oder abnehmender Mond.

Namentlich in einem sauberen Gewässer reicht es nicht, einfach ein Glas voll Wasser zu schöpfen, sondern man muß die Schwebstoffe anreichern, indem man ein sehr feines Netz, ein Planktonnetz, zur Probenahme benutzt. Die meisten von euch werden kein richtiges Planktonnetz besitzen. Da reicht es auch, wenn ihr euch von eurer Mutter einen Netzbeutel aus sehr feiner Kunststoffgaze nähen laßt – oder das selbst versucht! – und dieses Netz an einem Ring mit langen Stiel befestigt. Ihr könnt solch ein Planktonnetz eine Weile in die Strömung halten und den Inhalt dann in ein Probegefäß hineinspülen. Daheim müßt ihr dann Probe für Probe in einem flachen Glasschälchen bei guter Beleuchtung durchsehen, am besten unter einer starken Lupe, und euch notieren, was ihr alles findet.

Die Spuren entflogener Gäste

Neben Pflanzenresten, Samen und Früchten werden euch zuerst in Mengen tote Insekten auffallen. Wirklich tote Insekten? Bei näherem Hinsehen erkennt ihr, daß es sich um leere Hüllen handelt, Larvenhäute von wasserlebenden Insekten, die sie im Verlaufe ihres Wachstums ausgezogen haben wie ein Hemd. Das müssen alle Tiere, die einen äußeren Panzer besitzen, auch Krebse ebenso wie Schlangen,

42

Eidechsen usw. Diese abgestreiften Häute lassen aber noch genau die Körperformen ihrer ehemaligen Besitzer erkennen; Beine, Flügelanlagen und Kiemen, Kopf und Augen – all die Oberflächenstrukturen der Körper sind getreu erhalten und erlauben es, nachträglich noch zu bestimmen, welche Bewohner der Fluß hatte, und in welcher Zahl sie dort lebten. Ihr könnt also die einzelnen Arten sortieren, Larven von Eintagsfliegen, Mücken, Köcherfliegen, Libellen usw., und feststellen, wo die eine Art und wo die andere Art am häufigsten auftritt. Vielleicht findet ihr auch eine Zunahme von solchen Larvenhäuten in bestimmten Mondphasen. Solche Zusammenhänge zwischen Lebensrhythmen und Mondphasen gibt es, und sie sind vielfach sicher nachgewiesen. Solchen Geheimnissen könnt ihr durch die Auswertung eurer Proben auf die Spur kommen. Vergleicht dann auch einmal eure Probenergebnisse mit euren Beobachtungen, welche Insekten zu welcher Jahres- und Tageszeit am Wasser schwärmen.

Unfreiwillige Wanderer

Aber nicht nur tote Fracht führt der Fluß mit sich. Ihr entdeckt in euren Proben – wenn ihr sie möglichst frisch untersucht – auch noch allerlei Leben. Sicher, der kleine Stichling (Gasterosteus aculeatus), den ihr plötzlich in einem der Gläser entdeckt, ist kein normaler Bewohner des freien Wassers im Fluß. Er hat sich aus einer ruhigen Bucht zu weit hinausgewagt und ist mitgerissen worden. Für einzelne Insektenlarven gilt das gleiche. Aber da sind noch eine Menge anderer, mit der

Lupe sichtbarer Tiere, deren Anwesenheit ihr zwar feststellen, die ihr aber nicht genauer erkennen oder gar bestimmen könnt. Am ehesten könnt ihr noch eine Menge Krebschen, Flohkrebse (Daphnien) und Ruderfußkrebschen (Copepoden) identifizieren.

Menge und Zusammensetzung dieses lebenden Planktons, dieser Schwebewelt, ändert sich mit der Jahreszeit, der Tageszeit und auch mit der Witterung und erfolgt häufig in regelmäßigen, durch Außeneinflüsse wie das Mondlicht gesteuerten Rhythmen. Ihr werdet feststellen, daß an manchen Tagen die Fänge besonders reich sind, an anderen ärmer, daß im Frühjahr, etwa im März, und im Sommer, etwa im Juli, vielleicht auch noch einmal in Frühherbst besonders viel Plankton im Wasser lebt und daß es Tag-Nacht- und Morgen-Abend-Schwankungen im Planktonreichtum gibt. Wenn ihr eure Probenahmen in verschiedenen Wasserläufen, in Bächen oder Gräben, durchführt, werdet ihr auch da deutliche Unterschiede in der Zusammensetzung der Schwebewelt finden; vielleicht überwiegen in einem Gewässer die Köcherfliegenlarven, in anderen dagegen die einer bestimmten Eintagsfliegenart oder einer Steinfliege. Natürlich findet ihr auch überall tote Insekten im Treibgut, die eigentlich nicht in den Fluß gehören, eine Biene, einen toten Schmetterling. Sie haben natürlich mit unserer Fragestellung nichts zu tun.

Man könnte befürchten, daß irgendwann einmal alle Tiere des freien Wassers in einem Fluß fortgeschwemmt sein müßten. Das ist aber nicht richtig. Die Tierwelt wird überall ständig ergänzt; wo Tiere weggeschwemmt werden, werden andere an-

Eine Libelle schlüpft aus ihrer Larvenhaut.

geschwemmt, und gerade in Buchten, am Ufer, in der Pflanzenwelt des Flachwassers wird ständig überall Nachwuchs produziert, so daß überall im Fluß ein Gleichgewicht von An- und Abstrom erhalten bleibt – genau wie es für das Wasser selbst gilt – ein Fließgleichgewicht. Zudem erfolgt auf dem Flußgrund, wo die Strömung gering ist, auch eine allmähliche Aufwärtswanderung von Tieren.

Die unfreiwillige Abdrift mit der Strömung im Fluß hat aber beileibe nicht nur negative Seiten, sondern sie bringt auch Gewinn; denn von der Vielfalt mitgeschwemmter Organismen geht gleichzeitig die Neubesiedlung solcher Flußabschnitte aus, die durch Verschmutzung oder sonstige Eingriffe an Lebewesen verarmt oder gar entvölkert waren. Zudem tagen die Flüsse zur Verbreitung von Arten, zur Verbreitung namentlich auch von Pflanzensamen ganz erheblich bei.

Teiche und Seen, die einen Abfluß in ein Fließgewässer haben, oder ruhige, stagnierende Buchten am Flußrand geben von ihrer überschießenden Produktion an Organismen stetig einen guten Teil an das strömende Wasser ab, werden damit selbst vor der Übervölkerung geschützt, und all das abgestorbene und lebende „Treibgut" wird gleichzeitig zur Nahrungsgrundlage eines Teils der Fischwelt im Fluß, zur Anfangsstufe einer Nahrungskette, an deren Ende die großen Raubfische wie Barsche, Hechte und Lachs stehen. Die junge Forelle schnappt eine aus Versehen ins Wasser gehüpfte Heuschrecke, eine mitgeschwemmte Köcherfliegenlarve und wird selbst wiederum von einem Barsch gefressen, der wenig später im Maul eines Hechtes landet ...

Einen Ausschnitt aus all diesem Geschehen könnt ihr bei der Auswertung eurer Plankton- und Bodenproben lebendig erfahren. Dazu solltet ihr aber auch schon bei der Probenahme am Fluß die Augen offenhalten und dort an Ort und Stelle beobachten, was zu beobachten ist.

Wenn Schmetterlinge und Libellen Hochzeit halten

Großes Ochsenauge (Maniola jurtina); vorn das Männchen, im Hintergrund das Weibchen, kenntlich an den größeren, hellumrandeten Augenflecken.

Du liegst am Ufer im Gras und schaust zwei Schmetterlingen zu, die in wildem Spiel einander umgaukeln. Ein Weibchen des Großen Ochsenauges (Maniola jurtina) ist auf ein Männchen getroffen und wird von ihm umworben. Du hattest es schon lang beobachtet. Mit ausgebreiteten Flügeln saß es auf einem Grashalm in der Sonne, hellbraun gefärbt mit einem schwarzen Fleck am Rande jedes Vorderflügels und zwei kleinen schwarzen Punkten auf der Unterseite jedes Hinterflügels. Plötzlich flog es auf; es hatte das zwischen den Grashalmen fliegende Weibchen gesehen, etwas größer als das Männchen, dunkler braunorange gefärbt, mit auffälligeren hellumrandeten Augenflecken auf den Vorderflügeln und einem weißen Punkt darin, und war ihm gefolgt, und schon begann der Hochzeitstanz. Ständig einander umflatternd wie im Wirbelwind sich drehende bunte Blätter, steigen sie auf und verschwinden wieder im hohen Gras. Immer wilder wird das Ballett, bis das Weibchen sich irgendwo im Gras niederläßt. Steh vorsichtig auf und sieh nach, ob du sie findest. O ja, da sind sie, dort auf dem Weg: das Weibchen, flach an die Erde gedrückt, öffnet und schließt langsam seine Flügel, das Männchen daneben, erregt mit den Flügeln vibrierend. Das ist die Sprache, die sie beide verstehen, an der sie sich erkennen, einander sagen, daß sie Gefallen aneinander haben, zur Paarung bereit sind. Etwas staksig aufgerichtet umrundet das Männchen seine Partnerin, und diese öffnet zustimmend ihre Flügel weit und senkt die Fühler zu Boden. Das Männchen legt behutsam seine Fühler um die des Weibchens, und dann paaren sie sich, Rücken an Rücken. Beide Tiere haben sich an ihrer Flügelzeichnung erkannt, und der Anblick des Weibchens hat das Männchen angeregt, diesem zu folgen. Das kannst du im Experiment nachprüfen und dabei gleich feststellen, welches die Auslösereize für das Verhalten des Männchen sind,

1. Färbung richtig, aber zu klein.

2. Färbung und Größe normal.

5. Färbung und Größe etwa normal, aber veränderte, rechteckige Flügelform.

3. Färbung normal, aber zu groß.

6. Normale Größe, aber ohne Augenflecke.

4. Färbung normal, Flügel zu einem Kreis umgeformt.

7. Größe normal, aber zu große Augenflecke.

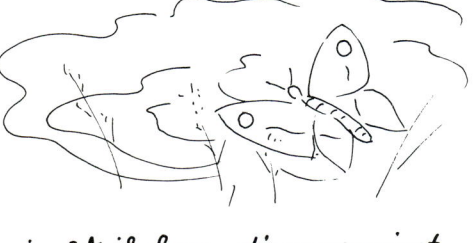

Samstag, 5. Juli
Wiese am Seebächle

8⁰⁰ Erster Schmetterling gesichtet: ein Schachbrett-
falter

8¹⁵ Ein Ochsenauge

8³⁰ Zwei Ochsenaugen-
männchen

9⁰⁰ Nektarsammeln. 1 Tier
mit geschlossenen Flügeln

9¹⁵ Ein großer Schillerfalter
fliegt vorbei

9³⁰ Nektarsammelnde Schmetterlinge mit offenen Flügeln,
starker Sonnenschein

10⁰⁰ Zwei Männchen sprechen
ganz kurz auf Attrappe 1
an. Erster Flug eines Weibchens

10¹⁵ Ein Männchen verfolgt
ein Weibchen; dieses reagiert
nicht und fliegt fort

10³⁰ Balzflug von 3 Aurora-
faltern (Anthocharis
cardamines); zwei größere
Männchen mit deutlichen
Orange-Flecken auf den
Vorderflügeln verfolgen ein
kleineres, weißes Weibchen
Eine Paarung von Ochsen-
augen

11⁰⁰ Zahlreiche Blutströpfchen
(Zygaene filipendula)
fliegen; viele Paarungen

11¹⁵ Viele Schmetterlinge fliegen,
teils unbekannte Arten

wenn du nämlich versuchst, den Schmetterling zu täuschen. Das Ochsenauge ist überall auf sommerlichen Wiesen einer der häufigsten Schmetterlinge, und du wirst rasch ein weiteres Männchen finden, erkenntlich an den beiden schwarzen Punkten auf jedem Hinterflügel, die dem Weibchen fehlen.

Zieh auf einer Wiese, wo viele Ochsenaugen fliegen, an einem grünen steifen Draht verschiedene wie Weibchen gefärbte Schmetterlingsattrappen hinter dir her, oder fahre damit langsam und niedrig im „Gaukelflug" über dem Gras hin und her, natürlich so, daß die gefärbte Seite von unten zu sehen ist. Du wirst bald bemerken, wie die Männchen darauf reagieren. Wenn du die Attrappen in Form und Farbzeichnung variierst, etwa so, wie auf den Bildern rechts, dann wirst du beobachten können, wie die einen stärkere, die anderen schwächere oder gar keine Reaktionen bei den Männchen auslösen. Führe darüber genau Protokoll, merke dir die Anzahl der Männchen, die auf jeden Attrappentyp hereinfallen. Auf diese Weise kannst du feststellen, welche Merkmale zur Erkennung des Weibchens wichtig, welche für das Männchen unwesentlich sind. Wenn du es geschickt anstellst, kannst du es so weit bringen, daß das Männchen sich flügelvibrierend neben deine Attrappe setzt und sich mit ihr zu paaren versucht.

Nicht alle Schmetterlingspaare erkennen sich an ihrer Gestalt oder ihrer Zeichnung. Viele Schmetterlingspaare finden durch einen Lockduft zueinander. Diese Duftsekrete werden in winzigen Mengen vom Weibchen ausgeschieden und vom Männchen über große Entfernungen, manchmal über Kilometer in geringsten Spuren schon wahrgenommen.

Es ist spannend, solche Geheimnisse wie die Sprache der Tiere zu entdecken und zu entschlüsseln. Versucht es. Vor allem: Ein gutes und genaues Protokoll all eurer Beobachtungen ist immer wichtig, 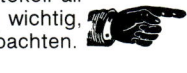 und es lehrt euch, genau zu beobachten.

Das Männchen des Aurorafalters (Anthocharis cardamines), zu erkennen an den orangegelben Spitzen der Vorderflügel.

Wo immer Wasser nahe ist, sei es ein Bach, ein Teich, ein Seeufer oder auch nur ein kleiner Tümpel – dort werdet ihr schon vom ersten Sonnenstrahl des frühen Morgens an die Libellen jagen sehen.

Vor allem dort, wo Schilf und Binsen die Ufer säumen, ist das Reich der Prachtjungfern (Calopteryx). Weniger gewandt und schnell als ihre Schwestern, die schmalflügligeren Binsenjungfern (Lestes), die Granat- und Azurjungfern (Erythromma und Agrion), eher im Gaukelflug an einen Schmetterling gemahnend und dann plötzlich doch wie ein Pfeil auf eine Beute, eine Eintagsfliege, eine Mücke zuschießend – treiben sie ihre Flugspiele im Sonnenlicht; stahlblau schillern die breiten Flügel des Männchens, mehr durchscheinend grün die des Weibchens. Sie sind Tiere des strahlenden Sonnenscheins, dort entfalten sie ihre Pracht. Sobald sich der Himmel bewölkt, werden sie träge, und Regentage verschlafen sie im Schilf. Jedes Männchen besitzt ein Revier, in dem es keinen Konkurrenten duldet. Weniger jagdeifrig als die

Männchen der Wasser- oder Prachtjungfer (Calopteryx virgo)

und Weibchen der gleichen Art.

Weibchen sieht man sie häufig von einem hohen Schilfstengel ihr Jagd- und Paarungsrevier bewachen, während die Weibchen flach über dem Wasser dahinfliegend vorerst dem Nahrungserwerb mehr Aufmerksamkeit zuwenden als den werbenden Partnern. Unermüdlich patrouillieren sie unbehelligt durch mehrere Männchenreviere eine bestimmte Strecke flußauf- und ab. Allmählich werdet ihr schon ihre Rastplätze kennen, an denen sie sich von Zeit zu Zeit ausruhen. Hin und wieder fliegt ein Männchen von seiner Ausguckwarte auf und umkreist eines der patrouillierenden Weibchen in tänzelnd flirrendem Flug. Ist das Weibchen paarungsbereit, so geht es auf die Brautwerbung ein und läßt sich auf einem Blatt oder Schilfstengel im Revier des betreffenden Männchens nieder. Das Männchen bleibt eine Weile im Schwirrflug über dem Weibchen in der Luft stehen und senkt sich dann auf seine Partnerin, ergreift sie zuerst mit den Beinen an den aufgerichteten Flügelspitzen, dann am Brustpanzer, wobei die eigenen Flügel leicht vibrieren, und krümmt dann seinen Hinterleib so ein, daß es das Weibchen mit den Greifzangen an seinem Hinterende am Brustpanzer fassen kann, fliegt dann auf und streckt das Weibchen festhaltend seinen Hinterleib wieder, setzt sich nun vor das Weibchen und hebt es durch Aufrichten seines Hinterleibs ein wenig hoch. Dabei rollt die Partnerin ihren Leib nach vorn ein, hält sich am Leib des Männchens fest und legt seinen Hinterleib an den des Männchens. Sie bilden ein Rad und schwirren nun gemeinsam im Paarungsflug über das Wasser. Solche Libellenräder habt ihr sicher schon oft gesehen. Wenige Minuten dauert der Hochzeitsflug, dann lassen beide Partner einander los, und das Weibchen sucht sich einen geeigneten aus dem Wasser ragenden Pflanzenstengel, an dem es seine Eier ablegen kann. Dazu kriecht es rückwärts an dem Stengel hinab und taucht mit dem Leib, ja zuweilen mit dem ganzen Körper ins Wasser ein, um unter der Wasseroberfläche seine Eier mit dem spitzen Legestachel in das Gewebe der Pflanze einzustechen.

Binsenjungfer (Lestes sponsa) bei der Paarung. Weibchen und Männchen bilden ein Rad. Die Binsenjungfern sind mit den Pracht- und Azurjungfern (Calopteryx und Agrion) verwandt. Wie gut passen diese Namen zu den eleganten Tieren!

Der Ameisenlöwe, ein Fallensteller am Wegrand

Am Wegrand, an der sandigen Uferböschung oder einem trockenen sonnigen Sandplatz in der Bachbiegung fallen uns überall im Erdboden kleine Trichter auf. Als wir mit der Hand in das lockere Erdreich fahren und den Sand zwischen den Fingern hindurchrieseln lassen, bleibt ein kleines Tier in unserer Hand zurück, etwas weniger als 1 cm lang, graubraun mit einem dicken, borstenbesetzten Hinterleib, etwas an eine vollgesogene Zecke erinnernd – wenn nicht die riesigen, drohend geöffneten Beißzangen am Kopf wären. Mit der Lupe erkennen wir mehr: ein flacher breiter, geringelter Hinterleib, sechs Beine an dem kurzen Brustsegment und ein kleiner Kopf. Sechs Beine, ohne Flügel, das spricht für eine Insektenlarve. Die gewaltigen Greifzangen (Mandibeln) weisen auf ihr räuberisches Leben hin. Wir haben einen Ameisenlöwen gefangen, die Larve der Ameisenjungfer *(Myrmeleon formicarius)*, eines sehr libellenähnlichen Insekts mit schlankem braunem Leib und vier glasklaren, schmalen, geäderten Flügeln. So häufig die Fangtrichter der Ameisenlöwen zu sehen sind, das erwachsene Insekt habt ihr sicherlich noch nie gesehen, denn es ist ein ausgesprochenes Nachttier und zudem ein Einzelgänger. Ameisenjungfern treten nie in Schwärmen auf.

Aber wenn jemand von euch neugierig ist, zu sehen, was aus dem kleinen Ameisenlöwen wird, so kann er die Larve daheim in einem kleinen Terrarium halten und ihre Verwandlung, ihre Metamorphose, zum erwachsenen Insekt abwarten. Du darfst dann nur ein wenig Mühe nicht scheuen. Zu Haus nimmst du eine kleine Schale, etwa eine Kühlschrankschale aus Plastik, füllst sie mit sehr feinem trockenem Sand und setzt die Larve dahinein. Sofort beginnt sie, sich rückwärts mit dem Hinterleib voran in den Sand einzuwühlen. Wegen der starken Beborstung des Hinterleibs und der nach vorn gerichteten Beine kann die Larve sich nämlich nur rückwärts fortbewegen. Sich ständig im Kreise drehend, schnellt das Tier seinen Hinterleib in kurzen Abständen hoch und schleudert durch diese Bewegung die immer wieder nachrutschenden Sandkörnchen bis zu 10 cm weit fort. Dabei sinkt die Larve immer tiefer in den Sand ein, und um sie herum entsteht ein Fangtrichter, wie ihr ihn draußen gesehen habt. Am tiefsten Punkt des Trichters lauert die Larve dann, bis auf einen Teil des Kopfes und die weit geöffneten Zangen im Sand vergraben, auf Beute, denn diese Wohntrichter sind in Wirklichkeit Insektenfallen.

Der Trichter einer großen Larve kann fingertief werden und 8 cm Durchmesser erreichen.

Wenn man ein kleines flügelloses Insekt, etwa eine Ameise, auf den Rand des Trichters setzt, so rutscht sie in dem feinen

Sand in die Tiefe ab. Versucht sie, wieder aufwärts zu kriechen, so gibt der lockere Sand der steilen Trichterwand immer wieder unter ihr nach. Zudem beginnt jetzt der Ameisenlöwe, durch die auf seinem Kopf rollenden Sandkörnchen angeregt, wie beim Bau seines Trichters pausenlos Sandladungen nach oben zu schießen. Dadurch rutscht die Ameise nun endgültig in den Trichtergrund, geradewegs in die Zangen des Ameisenlöwen, der sie packt, mit dem giftigen Biß seiner Mandibeln lähmt und aussaugt. Etwa eine Stunde dauert die Mahlzeit, dann wird die leere Hülle der Ameise aus dem Trichter geschleudert.

Im Spätherbst gräbt sich die Larve tiefer in den Boden ein, um im folgenden Frühjahr ihr Räuberleben fortzusetzen. Etwa im Mai stellt sie ihre Nahrungsaufnahme ein, spinnt sich in ein dichtes Seidengespinst, einen Kokon, ein und verpuppt sich darin. Nach etwa drei weiteren Wochen befreit sich die Puppe aus dem Kokon und dann, etwa Ende Juni, schlüpft aus der Puppe die erwachsene Ameisenjungfer, um ihr kurzes, nur wenige Wochen währendes freies Leben als erwachsenes Insekt zu beginnen. Wenn ihr draußen eine Stelle, wo ihr im Vorjahr einen Fangtrichter beobachtet habt, mit einer Glocke aus feinem Drahtgewebe abdeckt oder aber die Plastikdose mit der Larve daheim im Winter schön kühl und nicht zu trocken haltet und im kommenden Jahr mit feiner Gaze abdeckt, werdet ihr das Schlüpfen der Ameisenjungfer beobachten können.

Die Ameisenjungfern sind verhältnismäßig träge. Sie fliegen langsam, flatternd, etwa wie die hübschen grünen Florfliegen (Chrysopa vulgaris), die ihr im Spätherbst so häufig in eurer Wohnung antrefft, und sie ruhen sich oft aus.

Ganz nahe verwandt mit den Ameisenjungfern ist ein mehr schmetterlingsähnliches Insekt mit schönen, zitronengelb geäderten und schwarz gemusterten Flügeln und langen Fühlern, der Schmetterlingshaft (Ascalaphus macaronius). Im Gegensatz zur Ameisenjungfer ist er tagsüber aktiv. Er ist ein Nektarsauger wie die Schmetterlinge und ein gewandter Flieger, der sonnenüberstrahlte blühende Wiesen liebt.

Eigentlich ist er ein Tier der Mittelmeerländer, aber in einzelnen wärmeren Gegenden Deutschlands kommt er auch recht häufig vor, so im Oberrheintal und am Kaiserstuhl. Seine Larve ähnelt dem Ameisenlöwen, ist auch ein ebensolcher Räuber, aber sie baut keine Trichter, sondern lauert flach im Sand auf ihre Beute und ergreift diese, wenn sie ihr nahe genug kommt.

Erwachsene Ameisenjungfer (Myrmeleon formicarius)

Ameisenlöwe, Larve der Ameisenjungfer

Schöne Amerikanerinnen

Viele Pflanzen sind durch den Menschen über ihren angestammten Lebensraum hinaus über die ganze Welt verbreitet worden, häufig, indem sie in Gärten angepflanzt wurden und von dort aus verwilderten, wenn sie auf günstige Lebensbedingungen trafen. Einem solchen sehr erfolgreichen Einwanderer begegnet ihr allenthalben an Bahndämmen, Schuttplätzen und an trockenen sonnigen Wegrainen: Es ist die Nachtkerze (Oenothera biennis) mit ihren großen, hellgelben Blüten, die nur des Nachts mit ihrem betäubenden Duft zahlreiche Nachtschmetterlinge anlocken und ihrem langen Saugrüssel reichen Nektar im tiefen Blütengrund bieten. Erst Anfang des 17. Jahrhunderts, genau 1619 gelangten die ersten Samen dieser Pflanze aus Nordamerika nach Europa. Aus Botanischen Gärten hat sie rasch den Weg in die freie Natur gefunden und ist schnell in ganz Europa heimisch geworden.

Wie die Nachtkerze stammt auch die hübsche Gauklerblume (Mimulus guttatus) aus Nordamerika. Sie gehört zu den Scrophulariaceen, den Braunwurzgewächsen, die ihr bereits bei unserem Sommerspaziergang am Fluß kennengelernt habt. Ihr erinnert euch an die hübschen kleinen Blütchen der Braunwurz? Nur, unsere Gauklerblume hat viel auffälligere große, orangegelbe Blüten. Die vierkantigen Stiele mit ihren lang, herzförmigen und grob gezähnten Blättern kriechen flach auf dem Boden, und nur die blühenden Triebe erheben sich aufrecht. Bis zu 30 cm hoch werden die Blütentriebe. Sie besitzen größere, gegenständige ungestielte Blätter, die den Stengel umfassen, und überall aus den Blattachseln hängen an dünnen Stielchen die bis zu 4 cm großen schönen Blüten, zweilappige orangegelbe Glocken. Bis zu 15 Blüten stehen an einem Stengel. Den ganzen Sommer über, von Juni bis Anfang Oktober, trefft ihr diese Pflanze im Halbschatten feuchter Gebüschraine und Bachufer an. Sie hat allerdings wegen ihrer ausgeprägten Standortansprüche nicht solch allgemeine Verbreitung gefunden wie die Nachtkerze. Im Herbst reifen die Früchte, noch von den Kelchblättern umhüllt, eiförmige Kapseln voller winziger kugelrunder Samen, deren Verbreitung vor allem durch das Wasser erfolgt.

LAUTER HAHNENFÜSSE

Jeder von euch kennt doch die schönen goldgelben Butterblumen mit ihren handförmigen zerschlitzten Blättern, die auf allen Wiesen und an jedem Chausseerand blühen.

Sie gehören der großen Familie der Hahnenfußgewächse oder *Ranunculaceen* an, deren Vertreter man in jedem Lebensraum findet, im Tiefland wie im Hochgebirge, an Ufern und in Sumpf und Moor und sogar im Wasser. Sie haben beileibe nicht allesamt gelbe Blüten. Denkt einmal an die weißen Buschwindröschen *(Anemone nemorosa)*, die Frühlingsboten der lichten Wälder, an die hohen kräftigen Stauden des Eisenhuts *(Aconitum napellus)* in den engen Schluchten und Quellbachtälern der Gebirge, mit ihren tief blauvioletten oder weißen helmförmigen Blüten, oder hoch oben auf feuchten Gebirgswiesen das Berghähnlein *(Anemone narcissiflora)* mit seinen weißen Blütendolden. Allen gemein sind gewöhnlich die zerschlitzten, handförmigen Blätter.

Der Wasserhahnenfuß

(Ranunculus aquatilis) findet ihr in Gräben und schwach strömenden oder ruhigen Gewässern. Auf der Wasseroberfläche breitet er rundliche, drei bis fünf lappige Schwimmblätter aus, während unter Wasser nur feine, in lange dünne Fäden zerteilte Blätter in der Strömung fluten. Von den schwimmenden Trieben heben sich auf dünnen aufrechten Stielen die weißen Blüten über die Wasseroberfläche und spiegeln sich im dunklen Wasser. Wenn einer von euch ein Aquarium daheim hat, kann er ja mal einige Zweige pflücken und ins Aquarium pflanzen. Auch dort sehen die Blüten schön aus, und er wächst dort gut.

Der Flutende Hahnenfuß

(Ranunculus fluitans) bevorzugt mehr die tiefen, stärker strömenden klaren Gießen und Flüßchen. Aus der Wassertiefe wachsen die langen zerbrechlichen Stiele mit ihren fadenfein zerfiederten Blättern empor, und man sieht sie unter Wasser im Sonnenlicht fluten wie wallende Haarsträhnen, und zwischen ihnen an langen Stielen die großen weißen Blüten; bis zu 2 cm groß werden sie und wirken fremdartig in diesem in der Strömung sich wiegenden Grün der Tiefe.

Andere wasserbewohnende Hahnenfußarten sind seltener, der efeublättrige Hahnenfuß *(Ranunculus hederaceus)* mit rundlichen Schwimmblättern, der zuweilen in Quellbächen wächst, der Spreizende Hahnenfuß *(Ranunculus circinatus)* mit fächerartig feinzerteilten Blättchen, der am gleichen Standort wie der Wasserhahnenfuß aber sehr selten zu finden ist, und der Stumpfblütige Hahnenfuß *(Ranunculus obtusiflora)*, der selbst noch an der Meeresküste im Brackwasser wächst. Sie alle haben leuchtend weiße Blütenblätter, die zur Mitte hin gelb überlaufen sind.

Der Brennende Hahnenfuß

(Ranunculus flammula) liebt Sumpf und feuchte Böden. Bis zu 50 cm hoch werden die dichten Stauden mit langen, lanzettlichen und ungeteilten Blättern. Er ist sehr anpassungsfähig. Wächst er im stehenden Wasser, so schießt er hoch auf, und die kleinen gelben Blüten schaukeln auf dünnen, zerbrechlichen Stielen. Aber im strömenden Bach wächst er gedrungen, mit derberen gewundenen Stengeln und breiteren fast flammenförmigen Blättern. Man trifft ihn überall dort an, wo er genug Feuchtigkeit findet. Wie den Ackerhahnenfuß *(Ranunculus arvensis)* und den kriechenden Hahnenfuß *(Ranunculus reptans)*, beides Arten, die uns als Butterblumen vertraut sind, verwünschen ihn die Bauern aus ganzem Herzen, weil all diese Arten zahlreiche unterirdische Ausläufer bilden und so in Wiesen und Äckern als schwer auszurottendes Unkraut wuchern. Zudem sieht der Bauer sie sehr ungern im Viehfutter, da alle Hahnenfußarten in stärkerem oder geringerten Maße einen sehr bitteren und in höheren Konzentrationen auch giftigen Stoff, ein Alkaloid, enthalten, das die Schleimhäute des Viehs angreift. So sind auch für uns alle Hahnenfußarten mehr oder weniger giftig.

Der Zungen-Hahnenfuß

(Ranunculus lingua) bevorzugt ausgesprochenes Sumpfgelände. In kräftigen Stauden von 60–100 cm Höhe, mit langen zungenförmigen etwas gezähnten Blättern und bis zu 4 cm großen goldgelben Blüten ist er eine der stattlichsten Hahnenfußarten. An sumpfig-schlammigen Gewässerrändern wurzelnd kann eine solche Staude kahle oft mehrere Meter lange Wurzelausläufer bis weit ins Wasser hinaus treiben. An ihnen wachsen kleine Tochterpflanzen, die zur Verbreitung und ausgedehnten Besiedlung seines Lebensraums beitragen.

Der Gifthahnenfuß

(Ranunculus sceleratus) schließlich ist wieder eine Pflanze feuchter Bergwiesen und überhaupt nasser Wiesen und Uferränder, die noch nicht sumpfig sind. Seine Stauden werden etwa so hoch wie die des Brennenden Hahnenfuß. Die oberen Blätter sind ebenfalls ungeteilt, lang, lanzettlich mit gekerbten Rändern, aber im unteren Staudenbereich erkennen wir wieder die echten Hahnenfußblätter, handförmig und mehrlappig. Die Stiele sind hohl und die Blüten blasser gelb als die der vertrauten Butterblumen. Er ist hochgiftig, und dort, wo er vorkommt, müßt ihr sehr darauf achten, daß eure kleinen Geschwister die Blüten nicht in den Mund stecken.

Wo Winden und Ranken häkeln...

Wo dichte Hecken und verfiltztes Ufergebüsch Feuchtigkeit halten und Schatten bieten, da weben die verschiedensten Kletterpflanzen lianengleich ihre undurchdringlichen Netzwerke. Immer rechts herum, im Uhrzeigersinn winden sich die kräftigen Triebe des Hopfens *(Humulus lupulus)* um die Stämme und Zweige von Weiden und Erlen, Hasel und Schlehen, überziehen deren Gezweig wie Spinnweben und ersticken die Büsche und Bäume, die ihnen Halt geben auf ihrem Weg zum Licht fast im Schatten ihrer großen wie Weinblätter aussehenden Blätter. Ein dichter Besatz mit feinen, widerhakigen Borsten gibt den Trieben Halt. Fahrt mal mit dem Finger an einem Hopfentrieb entlang, dann spürt ihr das deutlich. Aus den Blattachseln streckt die Pflanze allenthalben an langen Stielen die weiblichen Blütenähren der Sonne entgegen, Ähren, voller grüner lockerer Zapfen. Im September, wenn die Fruchtzapfen reifen, sind ihre Schuppen bestäubt mit einen goldgelben klebrigen Staub, der von zahllosen kleinen Drüsen abgeschieden wird. Er schmeckt deutlich bitter. Der Hopfen ist eine alte Kulturpflanze. Schon im Mittelalter, im 13. Jahrhundert wurde er angepflanzt und in der Bierbrauerei benutzt. Die Bitterstoffe der Hopfenfrüchte, darunter das Lupulin, werden benutzt, das Bier haltbar zu machen und verleihen manchen Bierarten, so den hopfenreichen Pilsner-Bieren, ihren bitteren Geschmack. Zugleich wirken diese Bitterstoffe auch als Schlaf- und Beruhigungsmittel. Das wußte man schon sehr früh, und so war es in der Volksmedizin üblich, gegen Schlaflosigkeit reife und getrocknete Hopfenzapfen ins Kopfkissen zu füllen.

Ein wenig hopfenähnlich sind die Blätter der Roten Zaunrübe *(Bryonia dioica)*, aber viel kleiner, rauher und tiefer gelappt, wie Weißdornblätter. Auch sie bildet dicht verwobene Rankengespinste, die aber nicht als so undurchdringliche Dickichte alles überwuchern wie der Hopfen. Ihre hellgrünen rauhhaarigen Triebe sind auch nur einjährig; sie verholzen nicht, winden sich auch nicht um die Äste der Wirtspflanzen, sondern sie bilden in Abständen lange Rankenfäden aus, die zuerst gestreckt auswachsen und – sobald sie einen Halt gefunden haben – sich um diesen herum schlingen und dann wie ein gezwirbelter Faden zusammenschnurren. Das geht sehr rasch, etwa in 1 Tag, und

man kann diesen Vorgang gut beobachten, wenn man einer „suchend" ausgestreckten Ranke einen Halt bietet. Zuerst ringelt sich die Rankenspitze um den sich bietenden Zweig, und dann beginnt die ganze Ranke, sich von der Mitte her zu den Enden hin spiralig aufzudrehen, zur einen Seite linksherum, zur anderen Seite rechts herum. Dabei verkürzt sie sich und zieht den Zaunrübenstengel an den Halteast heran.

Die kleinen Rispen mit grünlich-weißen, fünfblättrigen Blütensternchen wachsen aus den Blattachseln. Die Zaunrübe ist getrennt-geschlechtlich; es gibt weibliche und männliche Pflanzen, die einen mit Stempelblüten, die anderen mit stempellosen Blütchen, die nur Staubgefäße ausbilden. Die Früchte der Zaunrübe, wie Johannis-

Hopfen *(Humulus lupulus)*

Rote Zaunrübe *(Bryonia dioica)*

Schmerwurz
(Tamus communis)

beeren so rot, sind giftig, so appetitlich sie auch aussehen.

Die Form und Farbe ihrer Früchte hat die Zaunrübe mit der Schmerwurz *(Tamus communis)* gemein, auch sie eine Schlingpflanze mit scharlachroten fast kirschgroßen Beeren als Früchten. Aber beide Pflanzen sind unverwechselbar. Kriecht die Zaunrübe meist in den unteren Gebüschregionen, selten über Mannshöhe, so schlingen sich die drahtigen Stengel der Schmerwurz bis hoch ins Geäst der Bäume aber, anders als der Hopfen, linksherum windend. Die Blätter sind spitz herzförmig glänzend und von frischem Gelbgrün;

Zaunwinde (Convolvulus sepium)

Gelbe Blatterbse
(Lathyrus laevigatus)

die Blüten, gelblich grün und unscheinbar, stehen in kleinen Trauben in den Blattachseln. Früher benutzte man einen Brei aus zerstoßenen frischen Schmerwurzblättern als Heil„salbe" gegen Quetschungen und Blutergüsse.

Auch die Winden haben drahtige rankende Stengel und spitze herzförmige Blätter. Aber sie bleiben niedrig, ranken nicht höher als 1–2 m über dem Erdboden. Ihr kennt sie alle, ihre großen weißen, manchmal rosa oder blaugestreiften Trichterblüten, die Ackerwinde *(Convolvulus arvensis)* und die größerblütige Zaunwinde *(Convolvulus sepium)*. In der Form seiner weichen sattgrünen Blätter ähnelt der Heckenknöterich *(Polygonum dumetorum)* den Winden ein wenig, aber im Unterschied zu ihnen bildet er laubreiche üppige Vorhänge, und ihr erkennt ihn auch gleich an seinen aufrechten kleinen Blütenrispen mit rotweißen kleinen Blütchen. Schließlich sind da noch die zahlreichen Wickenarten und Platterbsen. Allesamt bleiben sie niedrig, dreißig, vierzig cm, selten über ein Meter hoch. Wie kleine bunte Schmetterlinge lugen ihre gelben, violetten roten und weißen Blüten überall aus Gras und Gebüschrand. Die Farben wechseln oft innerhalb einer Art, oft auch mit dem Alter der Blüte. Sie alle gehören zu den Schmetterlingsblütern, den *Papilionaceen* oder *Fabaceen*. Ihre Blätter sind aufgeteilt in lauter einzelne Fiederblättchen, die paarweise am Blattstiel entlang stehen, während das letzte, unpaare Fiederblättchen zu einer langen Ranke umgewandelt ist. Bei manchen Arten kann auch das gesamte Blatt zu einer Ranke umgeformt sein. Die Aufgabe der Blätter, aus Sonnenlicht, Kohlensäure und Wasser die Nährstoffe der Pflanze die Kohlenhydrate aufzubauen, übernehmen dann flügelartige Anhänge oder Verbreiterungen der ehemaligen Blattstiele und Stengel, oder kleine Nebenblättchen am Grunde des Blattstiels, sog. Stipulae. Vor allem die Platterbsen, z. B. die Sumpf-Platterbse *(Lathyrus paluster)* mit ihren violetten Blüten, haben solche „geflügelten" Stiele.

Sie alle sind Verwandte der vielen Kleearten, die das ganze Jahr über auf allen Wiesen blühen.

Erinnert ihr euch noch, wie ihr im letzten Frühjahr auf den blühenden Wiesen dicke Sträuße von Wiesenschaumkraut *(Cardamine pratensis)* gepflückt habt? Habt ihr euch die Blumen auch einmal genau angesehen? Ein vierzipfeliger grüner Kelch und vier kreuzförmig angeordnete Blütenblätter, die je nach Standort der Pflanze dunkler oder blaß violett gefärbt sind, sechs Staubfäden, zwei davon etwas kürzer als die übrigen: Dieser Blütenbau ist typisch für alle Mitglieder der großen Familie der Kreuzblütler oder *Cruciferen*, deren ihr zahlreiche Arten an Bächen, Teich- und Flußufern antrefft.

Vielleicht habt ihr daheim in einem getrockneten Strauß in der Vase auch einige Stengel des Garten-Silberblatts, dessen fünfmarkstückgroße, runde silbrig weiße Fruchtkapseln an Geldstücke erinnern. Es sind die Stengel der Mondviole *(Lunaria annua)*. Mit ihren auffälligen sattvioletten Kreuzblüten ist sie eigentlich eine schmucke Gartenblume; aber ebenso häufig findet ihr sie verwildert im schattig feuchten Ufergebüsch, zusammen mit ihrer etwas kleineren einheimischen Schwester, der wilden Mondviole *(Lunaria rediviva)*. Beide Pflanzen haben große, nahezu dreieckige Blätter.

Und dann die vielen Kressen. Ihr kennt sie doch vom Mittagstisch und mögt gewiß auch gern den würzigen, etwas rettichartig scharfen Kressesalat aus den frischen Keimpflanzen der Gartenkresse *(Lepidium sativum)* und der noch kräftiger schmeckenden, etwas bitteren Brunnenkresse *(Nasturtium officinale)*. Beide könnt ihr auf

Wilde Mondviole (Lunaria rediviva)

Reise durch die Welt
der Kreuzblütler

dem Markt kaufen, im Frühling auch an feuchten Ufern sauberer Bäche finden oder selbst in Blumenkästen aussäen. Sie schmecken nicht nur gut sondern sind auch wertvolle Nahrungsmittel wegen ihres hohen Gehalts an den Vitaminen A, B₂, C und E, und ebenso an Mineralien wie Eisen, Jod, Phosphor und Calzium. In unserem Nachbarland Frankreich wird gerade die Brunnenkresse – dort noch viel beliebter als bei uns – auch landwirtschaftlich angebaut in sogenannten „Cressonnieres", in Kressegärten; das sind lange etwa 50 cm tiefe und drei Meter breite Gräben oder Wasserbeete, die ständig mit fließendem Wasser gespeist werden. In diesen Beeten wird die Kresse ausgesät, und die jungen Pflänzchen vermehren sich bald sehr stark durch Wurzelausläufer, wie ihr sie von Himbeeren kennt. Aus diesem Geflecht von unterirdischen Sprossen keimt sie dann auch jedes Frühjahr wieder aus.

Vor der Blüte kann man die niedrigen jungen Triebe ernten, wenn sie gerade ihre Spitzen mit 3–5 Blättchen aus dem Wasser strecken. Später, zu ihrer Blütezeit, wächst die Kresse zu etwa 80 cm hohen Pflanzen mit kräftigen, hohlen Stielen und großen, fleischigen grünglänzenden Blättern heran. Die weißen Blüten stehen in lockeren Dolden. Nach dem Verblühen reifen die kleinen runden Samen. Jeweils in 4 Reihen stehen sie in den braunen Schötchen.

Wenn ihr wilde Kresse an Bachrändern pflückt, müßt ihr darauf achten, daß ihr nur solche Pflanzen sammelt, die in wirklich klarem, sauberem Wasser gewachsen sind; denn mit dem Salat, der ja ungekocht gegessen wird, kann man allerlei unerwünschte oder gar gefährliche Keime aufnehmen: Eier und Infektionsstadien von gefährlichen Parasiten, von Band- und Spulwürmern, von Leberegeln, ebenso auch Bakterien. Aus diesem Grund sollte man solche in freier Natur, namentlich in der Nähe von Viehweiden gesammelten Frischgemüse auch vor der Zubereitung ganz gründlich unter fließendem Leitungswasser waschen und dem letzten Waschwasser einige Löffel Essig zugeben.

Eine ganze Anzahl anderer Kressen ist nicht genießbar, so die große, gelbblütige Wasserkresse *(Nasturtium amphibium)*, deren Blätter an unseren Löwenzahn erinnern. Der große Bachbungen-Ehrenpreis *(Veronicka beccabunga)* wiederum, der Brunnenkresse im Wuchs sehr ähnlich, wächst zwar an gleichen Standorten, ist aber gar keine Kresse, auch kein Kreuz-

blütler sondern eine *Scrophulariacee*, ein Rachenblütler; an den Blüten könnt ihr's leicht erkennen. Auch diese Pflanze ist wieder eßbar und ergibt einen guten Salat.

Es gibt auch einige Doldengewächse, Umbelliferen, die als ganz junge Pflanzen der Kresse ein wenig ähnlich sehen, so der wilde Sellerie oder Eppich *(Apium graveolens)*.

Aber seine Blätter sind dünner, stumpfer grün, dreieckig und stark gezähnt. Die Stiele sind kantig und gerillt, und der aromatische Geruch der zerriebenen Blätter ist typisch. Die winzigen Blütchen stehen in großen dichten Dolden. Diese Pflanze wurde früher als Heilpflanze geschätzt. Ihre frischen, zerstoßenen Blätter wurden zur Wundbehandlung gebraucht, und die getrocknete Pflanze, Wurzeln ebenso wie Blätter, soll appetitanregend und harntreibend wirken.

Vor einigen weißblühenden Doldengewächsen, die ihr häufig am Wasser antrefft, und die ihr vielleicht mit Kressepflanzen verwechseln könntet, wenn ihr nicht aufpaßt, müßt ihr euch allerdings hüten, so in erster Linie vor dem Wasserschierling *(Cicuta virosa)*. Er ist sehr giftig. Man kann ihn aber an den schmalen, gefiederten und langgestielten Blättern sicher erkennen. Die Blattstiele sind am Grunde häufig verbreitert; der sehr dicke, hohle Stengel der Pflanze ist hellgrün und deutlich gerippt.

*Brunnenkresse
(Nasturtium officinale)*

STORCH, STORCH STEINE MIT DE LANGE BEINE!

so heißt es in einem alten Abzählreim, und so riefen früher die Kinder den Störchen nach, wenn sie heimkehrten. Habt ihr schon einmal Störche gesehen? Hinter dem Dorf wo sich ein Bächlein durch sumpfige Wiesen windet oder draußen am Stadtrand auf den Rieselfeldern sieht man im Vorbeifahren aus dem Auto oder aus dem Zugfenster zuweilen Störche und ist eigentlich ein wenig erstaunt, daß es diese großen Vögel wirklich noch bei uns in freier Natur gibt. Sicher, im Zoo hattet ihr sie öfter gesehen, aber hier, so frei? Langsam und bedächtig schreiten sie die Wiese ab, jeder für sich, als wären sie in tiefes Nachdenken versunken; und plötzlich, blitzschnell, stößt einer mit dem langen roten Schnabel zu, fährt dann wieder hoch, wirft irgendetwas in die Luft, fängt es wieder auf, verschluckt es, und so, als sei nichts gewesen, stackst er auf seinen dünnen roten Beinen weiter. Die Störche sind auf der Nahrungsjagd. Anders als es ihnen oft nachgesagt wird, sind es am allerwenigsten Frösche, und Kröten, die ihnen zum Opfer fallen. Namentlich aus Regenwürmern, großen Insekten wie Heuschrecken, Maikäfern und Maulwurfsgrillen besteht ihre Nahrung. Aber sie verschmähen auch nicht kleinere Wirbeltiere, vor allem Mäuse. Hier und da erwischen sie einen Maulwurf oder gar ein Maus-Wiesel, Eidechsen und in nahen Bach einen kranken oder toten Fisch.

Leider nimmt die Anzahl der Storchenpaare in Deutschland immer mehr ab. Am ehesten begegnet ihr ihnen noch in Holstein, in Oldenburg und in den weiten Wiesen des Oberrheintals. Aber selbst im einst als Storchenland so sehr berühmten Elsaß sind die Störche heute seltener geworden, was weniger auf die Verringerung ihrer Jagdgebiete zurückzuführen ist als auf schlechte Witterungsbedingungen, auf die Abnahme des Nachwuchses und Verluste an Alttieren durch die ausgedehnte Verwendung von Giften in der Landwirtschaft, ebenso auf immer größer werdende

Verluste auf ihren langen Wanderungen zwischen ihren Brutgebieten bei uns und ihren Überwinterungsgebieten in Afrika. Aber es werden allenthalben große Anstrengungen unternommen, diese schönen Vögel, die sich dem Zusammenleben mit dem Menschen so gut angepaßt hatten, daß sie selbst in Großstädten wie Freiburg noch nisteten, bei uns wieder mehr einzubürgern. Gerade in dem großen belgischen Schutzgebiet Zwin ist das bisher gut gelungen, während in Spanien, England und der Schweiz der Storch bereits als Brutvogel ausgestorben ist. In Südosteuropa dagegen, in Niederösterreich, in Ungarn, Jugoslawien und Bulgarien ist der Storch auch heute noch keine Seltenheit. Schon frührzeitig, im August wenn die Jungtiere flügge und selbständig sind, verlassen die Störche uns und machen sich auf zur großen Winterwanderung bis nach Mittelafrika, zuerst die Jungtiere, dann später auch die älteren, und bereits im März kehren sie zurück, um bei uns wieder zu brüten. Neben dem Weißstorch *(Ciconia ciconia)* gibt es im Osten und Nordosten Europas, in Ostpreußen noch den etwas kleineren, scheueren Schwarzstorch *(Ci-*

conia nigra), der im Gegensatz zu seinem Vetter eher ein Tier der Wälder ist.

Unsere Störche werden 0,8–1 m hoch bei einer Flügelspannweite von 2 m und erreichen ein Gewicht von 3–4 kg. Nach etwa 3 oder 4 Jahren werden sie geschlechtsreif. Ein Storchengelege besteht aus 4 bis 5 Eiern, die 30 Tage bebrütet werden.

Schon die gerade geschlüpften Jungen machen dem Namen „Klapperstorch" alle Ehre, denn mit lebhaften Schnabelklappern begrüßen sie jweils ihre Eltern, wenn diese mit Nahrung im Schnabel anfliegen um ihre Jungen zu füttern, indem sie in ihrem Kropf gespeicherte Beute hervorwürgen. Storchennester – wenn auch meist unbewohnte – habt ihr sicherlich schon gesehen, große Radnester auf Hausgiebeln und Kirchtürmen. Sie werden aus Zweigen und Reisig gebaut, gern auf Wagenräder, die freundliche Menschen auf ihr Dach montiert haben, und haben 0,8–1 m Durchmesser bei etwa 35 cm Höhe. Da ein Nest aber Jahr für Jahr immer wieder benützt und immer weiter mit Papier, Tüten, Plastikabfällen und Gras ausgebaut wird, kann es schließlich bis zu 2 m breit werden und mehrere Zentner wiegen.

An der Grenze von Wasser und Land:
Kampfläufer und Regenpfeifer

Am Spülsaum des Meeres, im weiten Watt, in sumpfigen Flußniederungen – überall an der Grenze von Wasser und Land ist eine eigene Vogelwelt zu Hause, die Limicolen oder Watvögel: Becassine *(Capella gallinago)* und Steinwälzer *(Arenaria interpres),* auch der Sandregenpfeifer *(Charadrius hiaticula)* fühlen sich am wohlsten im unmittelbaren Küstenland, aber den Alpenstrandläufer *(Calidris alpina),* den Zwergstrandläufer *(Calidris minuta)* und den Kiebitzregenpfeifer *(Pluvialis squatarola)* trefft ihr häufiger auch tief im Binnenland an, in den Sumpfniederungen entlang der Flüsse, ja vielleicht auch auf einem frisch gepflügten Acker, wo Würmer und Insektenlarven in den frisch umgebrochenen Schollen einen reich gedeckten Tisch darstellen. Aber sobald die Saat keimt, und die Nahrung knapper wird, verlassen sie das Binnenland, und nur solche Watvögel bleiben länger, die mit ihrem langen Schnabel auch noch tief in der Erde nach Nahrung stochern können, der Rotschenkel *(Tringa totanus),* der Grünschenkel *(Tringa nebularia),* vielleicht auch einmal auf dem Durchzug der Gelbschenkel *(Tringa flavipes).* Als gute Schwimmer wagen sie sich auch auf das Wasser hinaus, aber am meisten werdet ihr sie mit raschen trippelnden Schritten am Wasserrand hin und herhuschen sehen, oft in großen Scharen gerade dort, wo in der Deltamündung eines Flusses weite immer durchfeuchtete Sandbänke einen stets reich gedeckten Tisch verheißen. Ein besonders fesselndes Bild wird sich euch bieten, wenn ihr einmal – vielleicht in einer einsamen, menschenfernen, sumpfigen Flußniederung oder auf einer Moorwiese Kampfläufer *(Philomachus pugnax)* zur Balzzeit zu Gesicht bekommen solltet. Die schmucken Männchen – ein Dutzend oder mehr – kämpfen um Weibchen und stellen um die Wette ihr schön gefärbtes Gefieder, ihre aufgeplusterten und drohend gespreizten grellweißen, braunen, orangeroten oder tief lackschwarzen Halskrausen zur Schau. Unter zierlichen Verbeugungen nach strengen Tournierregeln rennen sie in heftigen Schnabelgefechten gegeneinander an, bewundert von den Weibchen, die am Rande der Kampfbahn auf den Sieger warten.

Überall in der Nähe des Wassers, dort wo Sumpfland gute Nistmöglichkeiten bietet, könnt ihr vielen Wat- und Stelzvögeln begegnen; allerdings sind sie alle sehr scheu, und ihr müßt schon erfahrene Pirschgänger sein, um sie zu belauschen. – An einem Waldbach in sumpfigem Gelände fliegt plötzlich mit hellem Schreckruf thui-titit, thui-titit ein etwa amselgroßer Vogel auf, mit dunklen Flügeln und leuchtendweißem Schwanz, ein wenig weiter fällt er auf einer Kiesbank ein, trippelt rasch, nach Würmern suchend, hin und her; wie eine Bachstelze wippt er dabei mit dem Schwanz. Aber schon seid ihr wieder zu nah, und mit raschem Schlag seiner spitzen Flügel streicht er über das Wasser ab: ein Waldwasserläufer *(Tringa ochropus).* Irgendwo hoch oben in den Bäumen, in einem vorjährigen verlassenen Vogelnest  hat er sein Gelege.

Waldwasserläufer (Tringa ochropus)

Flußuferläufer (Actitis hypoleucos)

*Kampfläufer (Philomachus pugnax);
zwei Männchen in typischer Kampfpose.*

*Weibchen eines Seeregenpfeifers (Charadrius alexandrinus)
auf seinem Gelege. Er brütet vor allem im Küstenland.*

Weit weniger scheu und kleiner als der Waldwasserläufer ist der Flußuferläufer *(Actitis hypoleucos)*. An steinigen Flußufern seht ihr ihn nicht selten, wenn ihr die Augen aufsperrt, wie er flink unter ständigem Schwanzwippen und Kopfnicken, als wolle er fortwährend artige Verbeugungen machen, zwischen den Steinen hin und her huscht. Er läßt euch recht nahe herankommen, so daß ihr gut die leuchtendweiße Unterseite und den olivbraunen Rücken erkennen könnt, sucht dann Deckung hinter einem Binsenbüschel, um quicklebendig, wie er ist, sogleich wieder aufzutauchen und dann mit einem hellen schrillen Schrei und einigen raschen Flügelschlägen aufzufliegen. Mit starren, leicht nach unten gebogenen Flügeln streicht er ganz flach über das Wasser ab – nur wenige Meter, dann nimmt er seine emsige Nahrungssuche wieder auf, als gäbe es euch gar nicht. Irgendwoher hört ihr auch seinen hellen etwas monotonen Gesang der dem des Eisvogels ähnelt, aber etwas leiser, weniger hart klingt: Titi-hidi-titi-hidi. In einem Binsenbüschel, das sich gegen die Strömung stemmt oder auf einem Inselchen mitten im Bach, hat er sein anspruchsloses Nest gebaut, eine flache Mulde ausgepolstert mit dürren Zweiglein und trockenen Blättern. Das Weibchen hat bereits seine vier fast birnenförmigen Eier gelegt und brütet. Nach drei Wochen werden die Jungen schlüpfen, und nach weiteren drei Wochen sind sie flügge.

Ebenso quicklebendig wie die Wasserläufer, aber weit kleiner, rundlicher und mit kürzerem Schnabel könnt ihr hier und dort im gleichen Lebensraum auch den einen oder anderen Halsbandregenpfeifer beobachten, vielleicht den Flußregenpfeifer *(Charadrius dubius)* oder zuweilen wohl auch den Seeregenpfeifer *(Charadrius alexandrinus)*. Immer in Bewegung, immer emsig nach Nahrung pirschend, fallen vor allem die Männchen durch ihre prächtige Gefiederzeichnung auf: ein weißer Bauch, darüber ein schwarzer Kehllatz, der in ein hübsches schwarzes Halsband übergeht, darüber ein weißer Halsring. Schwarze Augenflecken und ein schwarzer Streifen quer über die weiße Stirn wirken wie eine Maske. Die Weibchen allerdings sind weniger bunt, verhaltener in warmen Brauntönen gefärbt.

Gerade der Flußregenpfeifer ist an keinem Flußlauf oder See im Flachland selten, sofern die Ufer sandig sind. Ihr erkennt ihn an seinem hell trillernden Gesang, findet vielleicht gar sein einfaches Nest, das nichts weiter ist als eine flache Mulde im Sand oder besser noch im Kies einer geschützten Kiesbank mitten im Fluß. Gerade an solchen günstigen Stellen kann er in Scharen auftreten, zumal wenn die Brutzeit vorbei ist und der Herbst naht. Dann bekommt man auch den Seeregenpfeifer häufiger zu Gesicht, der als Brutrevier das Küstenland bevorzugt. Sein melodischer Ruf, ein weiches püit püit, ist dem seines binnenländischen Vetters sehr ähnlich. Im tiefen Winter, wenn überall die Nahrung knapp wird, fallen die Regenpfeifer oft in riesigen Trupps von mehreren hundert Tieren an Fluß- und Seeufern ein und kündigen die Enten an, die bald auch aus dem Norden bei uns eintreffen, um an den nicht zufrierenden Gewässern zu überwintern.

Fischen im Wildwasser

Wo packt einem beim Angeln wohl noch solches Jagdfieber wie beim Fischen im Wildbach? Allerdings erfordert das einiges an Vorbereitung. Zuerst müssen wir einmal die Fische an einer günstigen Stelle, etwa einem kleinen Kolk, anködern, denn der Fischbestand im Bach ist natürlich nicht überall dicht genug, daß sich das Angeln lohnt. Schon Tage vorher haben wir uns einige gute Stellen ausgesucht und regelmäßig Köder ausgelegt, um möglichst viele Fische anzulocken und zum Bleiben zu verführen: Fliegenmaden, Regenwürmer, auch Kartoffelbrei, gekochte Getreidekörner oder mit etwas Blut gewürzter Pferdemist – solchen Leckerbissen können die meisten Raubfische nicht widerstehen. Damit die Köder nicht gleich von der Strömung fortgeführt werden, haben wir sie mit Ton oder Lehm zu Fladen geknetet; so sinken sie gleich auf den Grund. Nachdem wir die Wassertiefe an unserer

Angelstelle gemessen haben, um die Vorfachlänge so bemessen zu können, daß der mit einem Gewicht beschwerte Angelhaken auch wirklich gerade über dem Grund hängt, lassen wir den Schwimmer unserer Angelschnur von unserem Standplatz aus ruhig treiben.

Je tiefer und klarer das Wasser, je stärker die Strömung, desto besser. Der Köcher muß gut am Haken sitzen und das Vorfach möglichst weit von uns, am besten am andern Ufer, im Wasser hängen. Dann heißt es, ruhig stehen! Der Schwimmer tanzt auf den Wellen. Achten wir darauf, daß er sich nicht irgendwo im Pflanzengewirr verfängt. Dort, wo ein Rasen von Wasserpest auf dem Grund wächst oder einige Schilfbüschel aus dem Wasser ragen, ist ein guter Platz, denn im Strömungsschutz, den sie bieten, stehen die Fische gern. Als Köder nehmen wir kleine Bällchen aus aufgeweichtem Zwiebackmehl oder gekoch-

Steckbriefe einiger Fische ☞

tem Reis, die wir fest um den Angelhaken kneten. Eine Handvoll von der Ködermasse, ins Wasser gestreut, hilft unserem Angelglück ein wenig nach, denn in dieser schmackhaften Wassertrübung werden die Fische nicht so leicht auf die Angelschnur aufmerksam. Ab und zu solltet ihr ein paarmal kurz an der Angel rucken, damit der Köder vor den beutegierigen Augen der Fische auf und abtanzt. Dort wo eine sehr starke Strömung herrscht, fischt ihr am besten in Ufernähe; und je wärmer das Wasser ist, desto flacher unter der Wasseroberfläche sollte der Haken hängen.

An einem kleinen Haken werdet ihr den Uklei fangen. Er spricht übrigens gut auf Regenwürmer als Köder an. Auch das Rotauge beißt dann gern an; es kann aber auch der Verlockung einer Stubenfliege schwer widerstehen; vor allem, wenn ihr sie eine Weile knapp über dem Wasserspiegel pendeln laßt. Rotaugen stehen nämlich gern im Strom flach unter der Wasseroberfläche und lauern, namentlich bei heißem Wetter oder kurz vor einem Gewitter. Vielfach könnt ihr sie dann schon vom Ufer aus sehen und braucht nicht einmal mit dem Schwimmer zu angeln sondern könnt den Köder nur in ihrer Reichweite über der Wasserfläche tanzen lassen.

Auch größere Insekten, Heuschrecken z. B., eignen sich für diese Fliegenfischerei. Ihr müßt sie aber immer mit dem Kopf zuerst auf den Haken stecken. Wenn ihr das geschickt macht, erwischt ihr vielleicht auch Hasel oder gar Forellen, während der Döbel anspruchsloser ist und sich auch mit Brot, Würmern oder kleinen Fischchen ködern läßt, ja sogar mit Früchten. Ja, dort, wo Holunderbüsche oder Brombeeren über die Wasserfläche hängen, könnt ihr zuweilen die Döbel stehen und auf abfallende Beeren warten sehen. Das ist natürlich ein besonders guter Angelplatz. Die Fische merken's nicht, wenn eine abfallende Beere auf einem Angelhaken steckt und an einer Schnur hängt. Nur dürft ihr auch hier natürlich keinen Schwimmer benützen. Er würde die Fische warnen. Wenn ihr so aus dem Gebüsch heraus angelt, müßt ihr achtgeben, daß sich Schnur und Haken nicht im Gezweig verfangen.

Der Uklei
(Alburnus alburnus) 10–15 cm lang; selten 20 cm lang; zuweilen im Schwarm schwimmend. *Lebensraum:* sehr variabel, in stehenden Gewässern, Seen und Teichen, ebenso wie in fließenden; gewöhnlich im freien Wasser. *Laichzeit:* April–Mai.

Die Rotfeder
(Scardinius erythrophthalmus) Bis 30 cm lang. *Lebensraum:* Bäche, Kanäle und Seen mit reichem Pflanzenwuchs; hält sich meist nahe der Oberfläche auf. *Laichzeit:* April–Mai.

Die Groppe
(Cottus gobio) Bis 12 cm lang. Sie ist kein typischer Angelfisch und wird allenfalls als Aquarienfisch gefangen. Sie gehört zur Hauptnahrung der Forelle. *Lebensraum:* sauerstoffreiche, klare, rasch fließende Gewässer (Forellengewässer); meist unter Steinen. *Laichzeit:* März–Mai.

55

Die Flußbarbe
(*Barbus barbus*)
Erkennbar an ihren Bartfäden und
roten Flossen, 30–40, in einzelnen
Fällen bis zu 85 cm lang.
Lebensraum: saubere,
sauerstoffreiche und stark
strömende Gewässer, Grundfisch.
Laichzeit: Ende Mai bis Juli.

Der Hasel
(*Leuciscus leuciscus*)
Bis 30 cm lang. *Lebensraum:*
Mittellauf sauberer Flüsse, zuweilen
auch in Stromrinnen von Seen und
Teichen, zumeist oberflächennah und
über Geröll- und Kiesgründen.
Laichzeit: März bis Mai.

Der Aland und Döbel
(*Leuciscus idus* u. *Leuciscus cephalus*)
30–60 cm lang. Auch „Müller" genannt,
weil sie in Mühlenbächen besonders
häufig anzutreffen sind. Sie paaren
sich leicht mit Uklei und Hasel.
Lebensraum: Meist in stark strömenden, sauerstoffreichen Gewässern,
seltener in klaren Seen und Teichen,
vor allem Quellteichen; meist in den
oberen Wasserschichten knapp unter
der Oberfläche, bevorzugt über
Kies und Sandgründen. Wegen der
Verschmutzung und Erwärmung
vieler Gewässer werden beide
Fische bei uns zusehends seltener.
Laichzeit: um Ostern.

Wie man ohne Angelrute angelt

Eine ordentliche Angelrute ist sehr teuer. Wahrscheinlich reicht euer Taschengeld nicht aus, sie zu bezahlen. Versucht ruhig mal, nur mit einer Nylonschnur mit Schwimmer und Haken zu angeln. Zu eurer Ausrüstung braucht ihr zusätzlich nun noch einen Gardinenring aus Holz oder Kunststoff und einen langen Stock mit einer schönen Astgabel am Ende – und natürlich ein paar Regenwürmer als Köder.

Den Stock bohrt ihr am Ufer fest in den Boden und bindet den Gardinenring mit einem dünnen Bindfaden in die Astgabel. Dann zieht ihr die Angelschnur mit Haken, Köder und Schwimmer durch den Ring, werft sie weit ins Wasser und setzt euch schön ruhig am Ufer nieder und haltet das andere Ende der Schnur in der Hand. Am besten schlingt ihr es ein paar mal um die Hand, damit es euch nicht entgleitet. Haltet die Schnur zwischen Daumen und Zeigefingerspitze. An einem feinen Zerren werdet ihr gleich merken, wenn ein Fisch anbeißt. Dann müßt ihr kurz und kräftig an der Leine ziehen.

Das erste Mal glückts sicher nicht, aber es ist spannend so auf den Anbiß zu warten; und ihr lernt Geduld. Geduld nämlich ist die Tugend des guten Anglers. Und siehe da, jetzt hat's geklappt. Nun müßt ihr ganz langsam und vorsichtig die Leine einholen, damit ihr den Fisch nicht mehr als nötig verletzt, damit er sich nicht losreißt, und damit die Schnur nicht reißt, denn ihr wißt ja nicht, wie groß und kräftig der Fisch ist.

Eine Libelle aus Gerstenähren

Am Wegrand und Feldrainen findet ihr häufig unter all den anderen Gräsern die zierlichen Ähren der Mäusegerste *(Hordeum murinun)* mit ihren langen Grannen. Aus drei solcher Ähren kann man leicht eine Libelle basteln. Dazu braucht ihr noch einen dickeren langen Getreidehalm oder Strohhalm. Eine Ähre steckt ihr mit einem kurzen Stielstück in ein Stück Strohhalm, das etwas kürzer ist als die Ähre, und fertig ist der Libellenkörper. Als Flügel klebt ihr – wie unten im Bild – zwei weitere mit ihren Stielen zusammengesteckte Ähren quer an den Strohhalm und befestigt diese Verbindung noch mit einem roten oder blauen Zwirnfaden, den ihr mehrfach in einer Achtertour um die gekreuzten Halme schlingt (vgl. Skizze unten) und dann am Ende gut verknotet. Ein weiterer Tropfen Leim macht die Verbindung haltbar. Nun fehlt nur noch der Kopf. Zwei bunte Stecknadelköpfe oder zwei farbige Glasperlen, beidseits an das freie Strohhalmende geklebt, sollen die Augen sein. Nun könnt ihr die Strohlibelle an einem Faden in eurem Zimmer an der Decke aufhängen und zusehen, wie sie im Luftzug schaukelt, oder ihr könnt aus vielen solcher Libellen ein Mobile basteln.

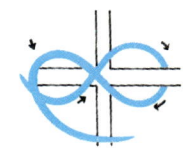

WIR BAUEN EINEN STAUDAMM

Habt ihr schon mal einen Stausee angelegt, so einen ganz privaten eigenen Stausee? Das ist so eine richtige Beschäftigung für einen heißen Sommernachmittag. Zuerst sucht ihr euch eine geeignete schmale Stelle am Bachlauf, möglichst mit steilen Uferböschungen. Dort tragt ihr euer Baumaterial für den Dammbau zusammen: Dicke Steine aus dem Bachbett, Kies, einige Eimer lehmige Erde, Gras und Reisig. Aus den dicksten Steinen baut ihr quer durch den Bach vom Ufer zu Ufer eine Mauer, die ein Stück über den Wasserspiegel hinausragt. Die spätere Abdichtung eures Stauwehrs könnt ihr euch erleichtern, wenn ihr gleich Reisig zwischen die Steine mit einflechtet. Die Lücken in der Staumauer füllt ihr mit kleineren Steinen aus, stopft Grasbüschel dazwischen und schüttet schließlich Erde an. Der Erddamm muß zur Strömungsseite hin flach in das Wasser abfallen. Die Gegenseite, die Talseite könnt ihr am Schluß mit weiteren Steinen befestigen. Der kleine aufgestaute See wird bald klar, ihr könnt darin baden, und könnt Fische an anderen Stellen fangen, sie in euren See einsetzen und beobachten.

Wer kommt am schnellsten durch den Bach?

Trockenen Fußes natürlich! Wenn ihr am Dorfbach irgendwo eine flache Stelle, eine Furt, wißt, könnt ihr um die Wette versuchen, dort hinüberzukommen, ohne ins Wasser zu treten. Ihr stellt euch am Ufer auf, jeder mit zwei dicken Steinen bewaffnet. Auf ein Kommando werft ihr den ersten Stein vor euch ins Wasser – wenn der Nachbar dabei etwas naß gespritzt wird, schadet's nichts – springt darauf, werft den nächsten Stein vor euch, springt auf diesen und nehmt für den nächsten Schritt wieder den ersten Stein und – plumps, da liegt schon der erste von euch im Bach. Er muß ausscheiden. Ob wohl einer von euch trocken drüben ankommt? Ihr dürft euch allerdings nicht mit den Händen im Wasser aufstützen! Wer's schafft ist Sieger, und den andern hat's auch großen Spaß gemacht, denn: gibt es etwas Schöneres, als in der Sommerhitze im Wasser zu planschen. Naß werden gehört dazu!

HERBST

Seifenkraut (Saponaria officinalis). Auf dem langen unbehaarten und röhrenförmigen Kelch stehen die fünf tiefrosaroten Blütenblätter.

Septembersonne scheint auf vergilbendes Laub und rotbackige Äpfel. Vergessen sind längst die übermütigen Flugspiele der Schwalben, ihr Gezwitscher, das die Ruhe der Sommerabende füllte. Nur die gelben, verblühenden Blütensterne des Jakobskrauts *(Senecio jacobaea)* leuchten noch aus dem dürren Stoppelgras am Wegrain.

Träge strömt der Fluß in weiten Windungen durchs Flachland, schwarz seine Wasser hier unter den überhängenden Kronen dunkler Erlen, hell den blauen Septemberhimmel spiegelnd dort zwischen den lichten Reihen spitzblättriger Uferweiden. Schwer liegt über dem Wasser der herbwürzige Duft der flauschig-weißen Blütenrispen

im Flachland

des Geißbarts *(Aruncus dioicus)* und lockt Schwärme kleiner Fliegen. Aus dem Schatten eines knorrig alten Holunderbusches leuchtet uns die sattrosafarbene und weiße Blütenpracht des Seifenkrauts *(Saponaria officinalis)* entgegen. Wir pflücken ein paar Blüten, zerreiben sie in der Hand zu wohlriechendem Schaum und waschen uns mit dieser Seife, die am Wege wuchs. Am Schilfrand trotzen die üppig grünen Stauden des Gilbweiderich *(Lysimachia vulgaris)* mit ihren Rispen voller tiefgoldgelber Blütensterne noch dem herbstlichen Verblühen rundum. Unser Pfad taucht nun unter in einen Wald meterhohen Wasserdosts *(Eupatorium cannabinum)*, stattliche Pflanzen mit violettüberlaufenen Stengeln und großen fünfspitzigen Blättern, die an die Blätter des Hanfs erinnern. Verblühend noch bietet er den Bienen letzten Nektar. Seine dichten Blütendolden aus zahllosen feinen hellrotvioletten Blütchen sehen weißlich wollig behaart aus durch die langen grauweißen Staubfäden, die weit aus den einzelnen Blütchen hervorschauen. – Eine kleine Bucht. Ein winziges Pflänzchen mit runden Blättern wie kleine Regenschirmchen auf aufrechten Stielen treibt seine Ausläufer vom sumpfigen Ufer in das flache Wasser hinaus. Es sieht fast aus wie eine kleine Kapuzinerkresse *(Tropaeolum maius)*, aber aus den Blattachseln stehen nicht deren große Blütenglocken, sondern kleine weiße Blütendolden auf kurzen Stielen, die uns verraten, daß diese kleine hübsche Pflanze zu den Doldengewächsen, den Umbelliferen gehört. Sie heißt Wassernabel *(Hydroctyle vulgaris)*. Zwischen den hochaufgeschossenen Halmen der Schmielen *(Deschampsia caespitosa)*, des Rohrschwingels *(Festuca arundinacea)* und der großen Seggen *(Carex acutiformis)* ragen dort, wo es trockener wird, die weißen Dolden und lichtgrünen Fiederblätter der Engelwurz *(Angelica archangelica)* hervor. Der Stengel ist hohl, außen fein geriffelt, und die Blattstiele setzen mit breiten, aufgeblähten kantigen Scheiden am Stengel an. Wie ihre nahe Verwandte, die etwas kleinere Wald-Engelwurz *(Angelica silvestris)* mit ihren rosaüberhauchten Blütendolden, ist sie eine alte Arzneipflanze, die in der Volksmedizin früher vielfache Verwendung fand. Blätter, Samen und Wurzel dienten gleichermaßen zur Bereitung von Heiltränken, die schweiß- und harntreibend, appetitanregend und krampflösend wirken. Auch heute noch hat die Pflanze in der Arzneimittelherstellung eine gewisse Bedeutung; ihr Hauptwert liegt aber in ihrem Reichtum an stark riechenden ätherischen Ölen. Zerreibt nur einmal ein Blatt in der Hand und schnuppert den angenehm herb-würzigen Ge-

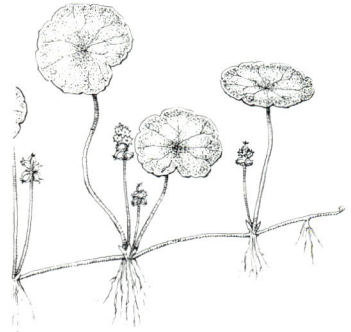

Der Wassernabel (Hydrocotyle vulgaris). Wie eine Erdbeerpflanze wächst er mit langen kriechenden Stengelausläufern, die in kurzen Abständen Wurzeln schlagen.

Ein Laubfrosch (Hyla arborea)

Der Wasserdost oder Wasserhanf (Eupatorium cannabinum)

ruch. Wenn ihr sie pflückt oder gar kostet – verwechselt sie nicht mit dem giftigen Schierling, der allerdings selten ist!

Vogellaute lassen uns aufsehen. Ein großer Flug kleiner Finken streicht flatternden Flugs über die Wiesen südwestwärts. Sie sammeln sich zur großen Winterwanderung. Ein Ringeltaubenpaar fliegt mit klatschenden Flügelschlägen aus den Uferweiden auf, dem Waldrand zu; von einem abgeweideten Getreidefeld schallt das Lärmen eines Schwarms von Saatkrähen *(Corvus frugilegus)* zu uns herüber, und ein paar Dohlen *(Corvus monedula)* führen hoch über uns ihre Flugkunststücke vor. Immer wieder stoßen sie im Sturzflug auf ein kreisendes Turmfalkenpaar *(Falco tinnunculus)* herab und machen ihm das Leben schwer, bis es abstreicht, irgendwoanders sein Jagdglück zu versuchen. Ein Flug zierlicher Reiherenten – schwarze Flügel, weißer Bauch und ein lustig wippender Federschopf am Kopf – fliegt mit pfeifenden Flügelschlägen in Keilformation über uns weg und fällt platschend auf dem Wasser ein. Unbeweglich wie ein Denkmal, den schlanken Hals in graziösem Bogen gekrümmt, lugt drüben am anderen Ufer ein Reiher aus dem Schilf. Ist er ein Gast aus dem Norden auf der Reise in sein Überwinterungsgebiet in Spanien oder Italien, oder wird er den Winter über bei uns bleiben? Nahrung bieten die flachen Buchten des Flusses wahrlich genug, Libellenlarven und fette Gelbrandkäfer *(Dytiscus marginalis)*, Schnecken und die kleinen Dreikantmuscheln *(Draissena polymorpha)*, die im seichten Wasser in dicken Klumpen an den Uferböschungen und Steinen sitzen.

Für die Welt unter dem Wasserspiegel gibt es noch keine Wintervorbereitungen. An Nahrung mangelt es nicht, und die kühleren Wassertemperaturen bringen sauerstoffreicheres Wasser. Sicher, der Algenwuchs hat etwas nachgelassen, das Wasser ist klarer, und nun sehen wir gar die Muscheln auf dem Grund. Mit weit geöffneten Schalen gucken sie aus dem Sand und Schlick, strudeln einen steten Strom von Atemwasser durch ihre Kiemen und filtrieren zugleich mit dem netzartig feinen Maschenwerk ihrer Kiemenlappen all das winzige Geschwebe aus dem Wasser, was sich als Nahrung eignet: einzellige Algen und Wimperntierchen, Bakterien und zersetzte Pflanzenteilchen. Im flachen Wasser einer Bucht sehen wir die bräunlich-mattgrünen Schalen der Teichmuschel *(Anodonta cygnea)* zwischen den welkenden Stengeln des Teichschachtelhalms *(Equisetum fluviatile)*. Etwas weiter draußen im Fluß, im tieferen fließenden Wasser schauen die schwarzen schmaleren Schalen der Flußmuschel *(Unio crassus)* und gelben mit braunen Ringen hübsch gemusterten Malermuscheln *(Unio pictorum)* aus dem Sand. In der Hand könnt ihr ihre Schalen gleich an den kräftigen ineinandergreifenden Zähnen erkennen, die das Scharnier zwischen den Schalenklappen bilden. Bei der Teichmuschel sind die Schalen durch ein elastisches Band verbunden. Anders als die Dreikantmuschel, die sich mit einem Gewirr

Wie man eine

Herbstzeit ist Bastelzeit. Wenn die Herbstnebel und Novemberregen uns das Spielen draußen verleiden, kann man sich so schön mit allerlei Basteleien beschäftigen. Wollen wir einmal versuchen, Holzschnitte zu machen und zu drucken?

Dazu brauchen wir allerdings einiges Werkzeug: zwei, oder besser drei Hohlmeißel verschiedener Breite, einen ganz schmalen, einen mittleren und einen etwa 15 mm breiten, ein Stecheisen mit gerader Schneide, vielleicht noch ein Schnitzmesserchen und einige astfreie, dünne glattgehobelte Holzplatten von etwa 15 × 20 cm Größe aus geeignetem, weichem Holz, z.B. Linden- oder Birnenholz, wie man als Abfallholz in einer Schreinerei billig bekommen kann. Das Holz sollte gut trocken und abgelagert sein da es sonst später reißt. Die Werkzeuge könnt ihr in jedem Bastelgeschäft kaufen.

Mit einem feinen und weichen Bleistift entwerft ihr zuerst ein einfaches Bildmuster auf einer der Holztafeln, etwa so, wie es die Abbildung rechts zeigt. Dann stecht

ihr mit dem breiten Hohlmeißel den Hintergrund aus und hebt sorgfältig Span für Span ab. Achtet darauf, daß ihr nicht in die Konturen eurer Zeichnung hineinschneidet, denn sie sollen auf dem vertieften Hintergrund in der Höhe der Holzoberfläche stehen bleiben. Für die schmaleren und feineren Lücken muß man natürlich den feinen Hohlmeißel benützen. Wenn die Konturen der Zeichnung gut herausgearbeitet sind, – einzelne schmale Querlinien könnten in dem Bild oben zur Andeutung des Wassers ruhig auf den Hintergrund stehen bleiben – schneidet man mit dem feinen Hohlmeißel bzw. dem Schnitzmesser ganz flach die feineren Muster in das Bild ein, auf unserem Probebild etwa Augen, Kiemendeckel und Schuppenzeichnung des Fischkörpers, Blattrippen und Muscheln im Boden. Bei runden Konturen wie den Augen muß man rundum von außen nach innen arbeiten, während ihr bei den Luftblasen, die auf dem Hintergrund stehen, umgekehrt von innen nach außen arbeitet, also immer von der stehenbleibenden Fläche her in die Tiefe schneidet. Dünne an beiden Seiten fein auslaufende Linien beginnt man von beiden Enden her, während man bei breiten Furchen immer nur einen kurzen Span abhebt und ihn quer mit dem senkrecht angesetzten Stecheisen absticht. Ist die Schnitzarbeit sauber ausgeführt, so können wir an den Druck gehen. Man bestreicht den Druckstock mit einem in Druckfarbe (die man in jedem Zeichenbedarfsgeschäft bekommt) getauchten Stoffbausch, macht einen ersten Abdruck auf Zeitungspapier, um überschüssige Farbe zu entfernen, breitet dann einen Bogen weißen, saugfähigen Papiers auf eine weiche Unterlage, etwa einige Zeitungen, legt vorsichtig, ohne daß er verrutscht und das Bild verschmutzt, den hölzernen Druckstock auf das Papier und preßt diesen kräftig an, z. B., indem man mit einer Teigrolle einige Male darüberfährt. Nimmt man den Druckstock nun hoch – Vorsicht! Nichts verwischen! – So hat man je nach Geschick einen hübschen sauberen Druck des geschnitzten Bildes, einen Holzschnitt. Die Bildkonturen stehen schwarz auf weißem Untergrund. Man kann beim Schnitzen des Druckstocks auch den Hintergrund stehen lassen und die Bildkonturen ganz flach und fein in das Holz einschneiden; dann erhaltet ihr beim Druck weiße Bildkonturen auf schwarzem Untergrund. Wenn euch die Arbeit mit Holz zu schwer erscheint, könnt ihr es mit Linolschnitten versuchen. Linoleumplatten und Linolschnittwerkzeuge findet ihr in jedem Bastelgeschäft. Wenn euch der Linol- oder Holzdruck gut gelingt, könnt ihr euch eure Weihnachtskarten selbst drucken. Das ist sicher schöner und macht mehr Freude als vorgedruckte gekaufte Karten.

selbstgesponnener zäher Fäden an ihrer Unterlage festheftet, können die Teich- und Flußmuscheln durch rasche Schalenbewegungen langsam im Schlamm fortkriechen. Dabei wirbeln sie gleichzeitig Sinkstoffe auf, die sie mit dem Atemwasser einsaugen und als Nahrung verwerten.

Die kleinen, nur etwa 3–5 cm großen Dreikantmuscheln vermöchten sich, ortsfest wie sie leben, nicht weiter in einem Gewässer auszubreiten, wenn sie nicht im Unterschied zu echten Süßwassermuscheln, freilebende Larven bildeten. Dies haben sie mit den Meeresmuscheln gemein, und aus dem Meer sind sie auch in unsere Flüsse eingewandert. Sie leben überwiegend an Ufern und Steinen nahe der Wasseroberfläche und sind so den Wasservögeln und manchen Fischen eine willkommene Nahrung, ebenso wie die Vielzahl von Schnecken im Schilf und im Dickicht der Wasserpflanzen, die kleine Blasenschnecke *(Physa fontinalis)* und die Posthornschnecke *(Planorbis planorbis)* mit ihrem flachen spiraligen Gehäuse, die Schlammschnecke *(Limnaea palustris)* mit ihrem spitz-kegelförmigen Haus und die Mützenschnecke *(Ancylus fluviatilis),* deren Haus wie eine breite Zipfelmütze aussieht. Wenn schließlich der Oktober die ersten kalten Tage bringt und später die Novembernebelschwaden über den Fluß treiben und wie weiße Tücher in den Uferweiden hängen, beginnt ein Festmahl für die Aale. Die Meerforellen *(Salmo trutta)* haben ihre Laichgebiete im Mittel- und Oberlauf der Flüsse erreicht, und die Aale *(Anguilla anguilla)* mästen sich an frischem Forellenlaich, ehe sie ihre weite Reise meerwärts beginnen, die sie um die halbe Welt führen wird, bis einige von ihnen die Sargassosee erreichen, um dort, ihre Hochzeit zu feiern, weit weg von ihren heimatlichen Flüssen, in denen sie über 10 Jahre ihres Lebens verbrachten. Ihr Wandertrieb ist so groß, daß sie aus Seen und Teichen, in die sie einmal eingesetzt wurden, ausbrechen und sich in feuchten Nächten sogar über Land schlängeln, um Fließgewässer zu erreichen, und so ihre Reise zum Meer fortsetzen zu können.

Nicht die Aale allein räumen unter der Forellenbrut auf. Eine Ringelnatter *(Natrix natrix)* beteiligt sich gierig daran, ehe auch sie in den letzten mittaglichen Sonnenstrahlen ihr Winterquartier aufsucht, irgendwo nahe dem Flußufer in einem Geröllhaufen oder dem Mulm eines hohlen Baumes, und vielleicht fällt ihr dort noch eine Blindschleiche *(Anguis fragilis)* zum Opfer, die dummerweise den gleichen Platz zum Winterquartier auserkor.

In allen Jahreszeiten herrscht Leben am Fluß. Selbst wenn die letzten gelben Pappelblätter im Herbststurm zu Boden wirbeln – gibt es etwas Schöneres, als dann am Ufer zu hocken, im Ohr den rauhen Schrei der Lachmöven *(Larus ridibundus),* den Wassern in ihrem nie versiegenden Strom nachzuträumen und dem reißenden Flug der Flußseeschwalbe *(Sterna hirundo)* zuzusehen, die dem Flußlauf gefolgt ist, um unsere Träume mit sich fortzutragen.

Ein Herbststrauß

Von der Vogelmiere *(Stellaria media)* und der Sternmiere *(Stellaria holostea)*, die auch dort am trockenen Wegrand und in feuchten Schatten des Niedergebüsches den ganzen Sommer über in unerschöpflich scheinendem Überfluß ihre hinfälligen weißen Blütensternchen getrieben hatten, wo der karge Boden fast nichts mehr hergab, sind nur noch dichte grüne Polster zurückgeblieben. Vom sommerlichen Blütenflor der Wiesen und Wegränder zaubern nur noch vereinzelte kümmerlich-kleine Margueriten *(Chrysanthemum leucanthemum)* mit dem weißen Strahlenkranz ihrer Zungenblüten weiße Tupfer in das grau grüne herbstliche Gras. Unter den verbliebenen Blüten herrschen herbstliche Farben, Gelb, Rot und Violett vor, vor allem die gelben Blütenköpfchen vieler Korbblütler *(Compositen)*.

Die Gänsedisteln begegnen uns gleich in mehreren Arten in der Ufervegetation. Ihr kennt sie mit ihren hohen, kahlen und verzweigten Stielen, an deren Ende in falschen Dolden die gelben, hinfälligen goldgelben Blüten sitzen. Klebriger Milchsaft tritt aus, wenn ihr den Stengel brecht. Er enthält Naturgummi, Latex, wie der Saft des Kautschukbaums. Die überall an Flußufern häufige Sumpfgänsedistel *(Sonchus paluster)* erkennt ihr daran, daß die Stiele der einzelnen Blütenköpfchen sich klebrig

anfühlen und dicht besetzt sind mit feinen schwarzen Drüsenhaaren. Die Blätter umfassen an ihrem Grund den Stengel wie die Enden einer Pfeilspitze. Auch die Kreuzkräuter, ebenfalls Korbblütler, findet ihr noch in voller Blüte, das Sumpfkreuzkraut *(Senecio paludosus)* und das Jakobskreuzkraut *(Senecio jacobaea)*, die beide mehr als meterhohe Stauden bilden; ebenso das Flußkreuzkraut *(Senecio fluviatilis)*. Die einzelnen Arten sind für euch schwer zu unterscheiden. Die kräftig gelben kleinen Blütenköpfchen stehen in dichten Dolden. Obwohl die Pflanzen noch in voller Blüte stehen, beginnen die unteren Blätter allmählich schon zu verdorren.

Hier und dort blüht auch noch ein Johanniskraut, das Sumpfjohanniskraut *(Hypericum elodes)* oder das Tüpfel-Johanniskraut *(Hypericum perforatum)*, vielleicht auch das an allen Ufern häufige Flügeljohanniskraut *(Hypericum tetrapterum)*, das ihr gleich an seinem vierkantigen Stengel erkennt, dessen Kanten zu häutigen Flügeln verbreitet sind. Die Blätter umfassen den Stengel am Grunde. Eigentlich sind Johanniskräuter echte Sommerblumen, aber einige Pflanzen blühen noch bis in den späten Herbst hinein. Die Blüten sind hübsche goldgelbe glänzende Sterne mit fünf Kronenblättern und einem Pinsel langer Staubfäden. Auf Blüten wie auf Stiel-

blättern bemerkt ihr bei genauem Hinsehen zahlreiche feine Punkte, wie Poren oder Nadelstiche. Das sind lauter feine Drüsen, die ein rötliches Harz ausscheiden. Preßt ihr die Blütenblätter zwischen den Fingern, so färbt es eure Fingerspitzen wie mit Blutstropfen. Johannisblut – so werden die Johanniskräuter darum auch im Volksmund genannt.

In den Gräben am Weg entlang steht auch noch der Baldrian *(Valeriana officinalis)* in Blüte, dichte Dolden winzig kleiner fünfzipfeliger Blütenglöckchen, die innen weiß, außen tiefrosarot sind. Darum sind die Dolden vor dem Aufblühen rötlich, später fast weiß. Die Baldrianblüten verströmen einen intensiven Duft, der im Freien angenehm, in der Wohnung allerdings, wenn man Baldrianblüten in einem Herbststrauß in der Vase stehen hat, sehr aufdringlich ist. Katzen lieben diesen Geruch und lassen sich dadurch anlocken, was von „bösen Buben" zuweilen genutzt wird, Nachbarn einen Streich zu spielen. Ihr könnt euch schon denken, wie; oder etwa nicht?

In unserem Herbststrauß darf auch der Blutweiderich *(Lythrum salicaria)* nicht fehlen. Überall am Bachrand, in Gräben und versumpften Wiesen zwischen Binsen und Seggen fallen schon von weitem seine meterhohen tiefrotvioletten Blütenkerzen auf. Aus der Nähe besehen sind die zarten, durchscheinenden Blütenblättchen dunkler genervt. Auch der Blutweiderich ist ein später, reicher Nektarspender für Bienen und Hummeln, die von Blüte zu Blüte fliegend beim Saugen des Nektars aus der Tiefe der Blütenkelche auch gleich für deren Bestäubung sorgen. Später, wenn ihre Samen reif sind nehmen diese Pflanzen die Vögel in ihren Dienst. Die mit feinen Klebhaaren besetzten Samen bleiben an deren Gefieder und deren Schnäbeln hängen, wenn Zugvögel auf den hohen Stengeln zu kurzer Rast einfallen und werden so verbreitet. Auf dem Bild sieht man im Vordergrund vor den Ähren des Blutweiderichs den gelb blühenden Gilbweiderich *(Lysimachia nemorum)* und links die Ähren der schlanken Segge *(Carex gracilis)*. Am trockeneren Wegrain, im ungemähten, schon herbstlich dürren Gras mögen auch noch

Labkraut (Galium verum)

Baldrian (Valeriana officinalis)

Flügeljohanniskraut (Hypericum tetrapterum)

Sumpfkreuzkraut (Senecio paludosus)

Sumpfgänsedistel (Sonchus paluster)

Blutweiderich (Lythrum salicaria)

die dichten gelblich-weißen Rispen des Labkrauts *(Galium verum)* bis in den Oktober hinein blühen. Die einzelnen Rispen, ein Filigran unscheinbarer, vierblättriger Blütchen, erheben sich auf dünnen Stielen aus dem verfilzten Stengelgewirr der dicht verzweigten, etwa 30–70 cm hohen Pflanzen. Die schmalen Blätter stehen in kurzen Abständen zu 10–12 quirlig um den Sproß. Die Labkrautblüten – auch sie als später Nektarspender umschwärmt von allerlei Insekten – tragen mit ihrem leicht süßlichen Duft zu dem typischen Geruch herbstlicher Wiesen und Wege bei. Neben dem reichblütigen echten Labkraut gibt es noch eine Fülle von anderen Labkräutern, oder – wie man biologisch ausdrücken würde – von anderen Arten, der Gattung *Galium*, Labkraut. Ihr kennt sie aus Wiesen und Wäldern, aus Gebüsch und Sumpf. Sie alle sind – wie der Waldmeister, der euch ja allen vertraut ist – an den quirlig um den Stengel stehenden Blättern zu erkennen. Die kleinen runden Früchte mancher Labkrautarten besitzen feine Borsten mit Widerhaken; und wenn ihr in Wiesen und Gebüsch umhergestreift seid, hängen eure Kleider und Strümpfe voll von diesen „klebrigen" grünen Bällchen. Das dient natürlich der Verbreitung der Samen. Der Name Labkraut weist darauf hin, daß der Saft dieser Pflanzen Milch gerinnen läßt, wie es das Lab-Ferment im Magensaft von Säuglingen tut.

Allenthalben findet ihr die Fruchtstände des Schlangenknöterich *(Polygonum bistorta)*, und hier und dort leuchten aus Ufergebüsch und dem hohen Gras am Wegrand die großen roten Blüten der Nachtnelke *(Melandrium rubrum)*. Ihre Stengel und Blätter fühlen sich pelzig behaart an, und die Blütenblätter sind tief zweilappig.

Übrigens ist diese Pflanze zweihäusig, d. h. weibliche Blüten mit Stempel und männliche Blüten mit Staubgefäßen stehen auf verschiedenen Pflanzen. Vielleicht entdeckt ihr außerdem auch noch blühende Storchschnabelarten. Geranium heißen sie mit wissenschaftlichem Namen und sind Verwandte der Geranien, die ihr zu Haus im Blumenkasten als Zierpflanzen zieht. Wie diese verströmen die ganzen Pflanzen einen herb-würzigen Geruch. Der Name Storchschnabel stammt von der seltsamen Form der Früchte, die lang und spitz wie ein Reiher- oder Storchschnabel aussehen. Ihre Blüten sind meist rosarot bis rotviolett. Da gibt es in der Uferregion von Gewässern den Sumpf-Storchenschnabel *(Geranium palustre)* mit karminroten Blüten und handförmigen, tiefgeschlitzten Blättern, den Wiesenstorchschnabel *(Geranium pratense)* mit blauvioletten Blüten und pelzig behaarten Stielen und Blättern, an trockenen Wegrändern auch den Reiherschnabel *(Erodium cicutarium)*, wieder mit großen roten Blüten, und noch eine ganze Reihe von anderen Arten. Auch einige Gräser gehören noch in unseren bunten Herbststrauß, die rötlich überlaufenen lockeren Rispen des Honiggrases *(Holcus lanatus)* und die blaugrünen oder graugrünen Stengel des Englischen Raygrases *(Lolium perenne)* ebenso des Italienischen Raygrases *(Lolium multiflorum)* mit ihren vielen kurzen Blütenährchen, die in zwei Reihen beiderseits an dem gewellten Stengel stehen.

Nach Süden nun sie lenken...

... die Vöglein allzumal. Alljährlich erleben wir im Herbst den großen Aufbruch der Winterwanderer unter den Vögeln. Gerade an Fluß und Seen ist der Wandel in der Vogelwelt besonders augenfällig: viele Vögel verlassen uns, manche erscheinen nun als Wintergäste. Die Lachmöven *(Larus ridibundus)* sind uns nie so aufgefallen wie jetzt im Spätherbst. Überall in Gewässernähe tauchen sie nun tief im Binnenland auf, wo wir sie im Sommer nicht sahen. Auf dem Müllplatz streiten sie sich um eine Wurstpelle, und auf dem Acker trippeln sie hinter dem Pflug her, und machen den Krähen die ersehnte Beute streitig, hier einen Engerling, dort einen Regenwurm. Ihren hübschen Sommerschmuck, das schokoladenbraune Kopfgefieder und die tiefrote Färbung des Schnabels, haben sie allerdings abgelegt. Übrigens hat ihr Name, Lachmöve nichts mit „lachen" zu tun, sondern stammt von der älteren Bezeichnung „Lachen-Möve", weil sie gern auch an kleinen Binnenseen, an „Lachen" lebt. Von ihren graziösen Schwestern, den Seeschwalben, müssen wir jetzt im Herbst aber Abschied nehmen. In feuchten Flußniederungen, überall, wo im Flachland entlang der Wasserläufe unbewirtschaftetes feuchtes Wiesenland Brutmöglichkeiten bot, haben sie ihre Bruten aufgezogen, die Flußseeschwalbe *(Sterna hirundo)*, im Norden und Osten Deutschlands auch die Trauerseeschwalbe *(Chlidonias niger)*, in

Lachmöwe (Larus ridibundus)

Nest der Lachmöwe mit Gelege

der Umgebung der Flußmündungen entlang der Nordseeküste auch die Küstenseeschwalbe *(Sterna paradisea)* und die Zwergseeschwalbe *(Sterna albifrons)*. Sie alle ziehen nun an die nordafrikanischen Küsten, um dort den Winter zu verbringen. Einige von ihnen umfliegen den halben Erdball, die Küstenseeschwalbe z. B. wandert zwischen den Sommern der Nord- und Südhalbkugel hin und her, im extrem zwischen Arktis und Antarktis, und legt Entfernungen von über 36 000 km zurück. Den Sommer über hatten sie uns ihre anmutigen Flugspiele erfreut, wie sie mit gleichmäßig ruhigem Flügelschlag flach über das Wasser streichen konnten, so daß ihre Flügelspitzen die ruhige Spiegelfläche leicht kräuselten, wie sie steil aufsteigen konnten und aus dem scheinbar schwerelosen Dahinsegeln plötzlich den tiefgegabelten Schwanz spreizten, mit einigen flatternden Flügelschlägen in der Luft anhielten, um sich dann in reißendem Sturzflug wie ein Pfeil in das aufspritzende Wasser fallen zu lassen, um einen erspähten Fisch zu erhaschen. Ehe noch die Wellenringe auf dem Wasser wieder verebbt waren, stiegen sie schon wieder in elegantem Bogen auf, die Beute im Schnabel. Dabei übertönte ihr schrilles Geschrei noch das rauhe Gekreisch der Möven. – Einige der Seeschwalben, bei uns im Binnenland die Trauer- und die Lachseeschwalbe, konnten auch ihren Namensvettern, den Schwalben, gleich Insekten in der Luft jagen oder in den Wiesen nach Beute stoßen; nach Heuschrecken, Eidechsen oder gar einer kleinen Maus. – Erst im April – Mai werden sie nun in ihre Brutgebiete bei uns zurückkehren, werden oft in ganzen Kolonien ihre einfachen Nester im Röhricht, Binsen und Dünensand bauen, um dort ihr 2–3 graubraunen, häufig dunkel gefleckten Eier auszubrüten.

Auch die Rallen, die den Sommer über meist unbemerkt ihr verborgenes Leben in Ried und Rohr führen, an den Flanken

*Stelzenläufer
(Himantopus himantopus)*

hübsch schwarz-weiß gescheckt und mit langem spitzem Schnabel die taubengroße Wasserralle *(Rallus aquaticus)* und das kleinere, kurzschnäblige Tüpfelsumpfhuhn *(Porzana porzana)*, zogen es früher vor, die unwirtliche Winterzeit an den Mittelmeerküsten zu verbringen; aber wie auch der Graureiher *(Ardea cinerea)* gehen sie zunehmend dazu über, im Winter bei uns zu bleiben. Zu dieser Zeit werden wir sie am ehesten einmal zu Gesicht bekommen, obwohl die olivbraune Färbung ihres Rückengefieders mit vielen schwarzen Tupfen sie im dürren Schilf vorzüglich tarnt. Die Zwergrohrdommel *(Ixobrychus minutus)* dagegen, die sich im Sommer so trefflich im Schilf zu verbergen weiß, daß nur an warmen Frühsommerabenden ihr dumpfer, unheimlicher Ruf, ein hohles weiches und anschwellendes „whuug, whuug" ihre Anwesenheit verrät, hat Ost- und Südostafrika als Überwinterungsquartier ausgewählt, ebenso wie sie den sehr seltenen aber in Südfrankreich häufigeren Stelzenläufer *(Himantopus himantopus)*. Ihnen werdet ihr vielleicht auf einer Ferienreise in die Camargue, einem sumpfigen Vogelparadies im Rhonedelta, einmal begegnen. Schwarzweiß gefiedert, auf viel zu langen roten Beinen waten sie wie zu klein geratene Störche im Wasser versumpfter Wiesen und picken dort nach Nahrung, Schnecken, Kaulquappen und kleinen Krebschen.

Es ist schon lange her, daß sich die Störche, die Mauersegler *(Apus apus)* und die Alpensegler *(Apus melba)* auf die Winterreise machten. Schon Ende August verließen sie uns. Jetzt folgen ihnen die Mehlschwalben *(Delichon urbica)*, die Uferschwalben *(Riparia riparia)* und die Rauchschwalben *(Hirundo rustica)*, auch einige unserer Greifvögel, wie die Wiesenweihe *(Circus pygargus)*, während sogar, wie der rote und schwarze Milan *(Milvus milvus* und *Milvus migrans)* und die Rohr- und Kornweihe *(Circus aeruginosus* und *Circus cyaneus)* es dem Graureiher nachtun und mehr und mehr auf ihre Winterreise verzichten.

Wenn ihr in klaren Septembernächten einmal hinaushorcht in die Stille, werdet ihr hin und wieder auch zu dieser ungewöhnlichen Zeit noch hoch aus dem Dunkel Vogellaute hören, manchmal im Mondlicht wohl auch große Vogelschwärme in geringerer Höhe über euch wegziehen sehen, unter ihnen jetzt auch unsere Freunde aus dem Röhricht, die Schilfrohrsänger *(Acrocephalus Schoenabaenus)* und der Drosselrohrsänger *(Acrocephalus arundinaceus)*, ebenso Teich- und Sumpfrohrsänger *(Acrocephalus scirpaceus* und *Acrocephalus palustris)*.

Wer verspürte nicht die Schwermut dieser grauen Herbstabende, wenn Stille an Fluß und Teich einkehrt, wenn Enten Flug um Flug auf den noch eisfreien Wasserflächen einfallen und nur noch ihr Quäken und dann und wann das Pfeifen eines Tauchers oder der rauhe Schrei eines Bläßhuhns *(Fulica atra)* die dämpfenden Schleier der aufziehenden Herbstnebel zerreißt. Aber all jene Wanderer, deren nicht endender Gesang uns noch von den lauen Sommerabenden in den Ohren klingt, werden wiederkehren, wenn sie den vielfältig lauernden Gefahren und Feinden auf ihrer Reise glücklich entgangen sind.

Taucher

Wo immer Ried und Röhricht ein Gewässer säumt, sei es Fluß, Kanal oder besser noch ein See, da fühlen sich Taucher und Teichhühnchen, Bläßhühner und zahlreiche Entenarten zu Haus.

Zwergtaucher (Podiceps ruficollis)

Wahrlich zu Recht tragen die Taucher ihren Namen, denn keiner der Vögel unserer Süßgewässer vermag so gewandt und ausdauernd zu tauchen wie sie. Wenn ihr mit offenen Augen durch die Natur geht, kennt ihr gewiß den Haubentaucher *(Podiceps cristatus)*, den am meisten verbreiteten Taucher. So unbeholfen er sich auf dem Land bewegt, so schwerfällig er fliegt, so graziös wirkt er auf dem Wasser. Stromlinienförmig und schwanzlos wie es sich für einen guten Taucher gehört, ragt sein Körper nur wenig über die Wasseroberfläche. Den dünnen Hals kerzengerade aufgerichtet schaukelt der Haubentaucher leicht auf den Wellen. Der spitze Schnabel, die hübsche kastanienbraune Halskrause des Männchens, die sich beidseits wie ein Backenbart scharf von den weißen Wangen absetzt, und die schwarzen Federbüschel hinter den Ohren sind unverkennbar. Anders als bei Enten, Teichhühnern, Möven oder anderen Schwimmvögeln, sind die Beine weit nach hinten gerichtet, und die Füße besitzen keine Schwimmhäute sondern lappenartige Verbreiterungen entlang der Zehen. Sie bieten so wenig Wasserwiderstand und treiben im Gleichtakt schlagend den Körper beim Schwimmen wie eine Schiffsschraube an. Wie ein U-Boot kann er, ohne viel Wasserbewegung

und Schwimmer in Ried und Rohr

Wasserralle (Rallus aquaticus)

zu erzeugen, unversehens vornüber abtauchen. Nur die Pinguine tun es ihm an Ausdauer beim Tauchen gleich. Er erreicht Tauchtiefen bis zu 20 m. Weit entfernt von der Stelle, wo er verschwand, taucht er plötzlich wieder auf, einen gefangenen Fisch zu verspeisen oder Luft zu schnappen für den nächsten Tauchgang. Auch sein Gefieder ist diesem Wasserleben angepaßt: es ist seidenweich, pelzartig verfilzt und verhindert so ebenso das Eindringen von Wasser, wie es auch einen guten Kälteschutz bietet. An Land watscheln die Taucher wegen ihrer weit auf den Hinterkörper verlagerten Beine hochaufgerichtet und unbeholfen. Das Wasser ist ihr Lebensraum. Tauchend entfliehen sie jeder Gefahr und auf dem Wasser bauen sie auch – an einzelnen Schilfhalmen verankert – ihre Heimstätte als schwimmende Burg aus feuchten, abgestorbenen Schilfhalmen, Algen und sonstigen Wasserpflanzen – unerreichbar für alle Feinde wie Fuchs, Wiesel und Iltis. Beim Verlassen des Nests wird das Gelege mit Pflanzen zugedeckt, und gleich nach dem Schlüpfen tragen die Eltern die Jungen in ihrem Rückengefieder mit sich. Im Herbst, wenn die Taucher ihr farbenprächtiges Sommerkleid gegen ein weniger schmuckes Winterkleid tauschen, sind sie eine Weile unfähig zu fliegen, da sie – wie auch die meisten Enten, und anders als die auf dem Land lebenden, auf ihr Flugvermögen angewiesenen Vögel – all ihre Schwungfedern in der Mauser gleichzeitig verlieren. Ihre Tauchkünste bieten ihnen genug Schutz. Da bei einem Vogel die einzelnen Federn nicht ständig nachwachsen – wie etwa die Haare bei Säugetieren – ist der Federwechsel, d.h. die Mauser, notwendig, um namentlich die stark verschleißenden Flugfedern durch neue zu ersetzen. Jährlich können die Taucher mehrere Bruten hochbringen. Während der ersten kalten Tage im Oktober verlassen sie gewöhnlich die Binnenseen und ziehen zu den Meeresküsten, wo sich auch zu Winterszeiten immer reichlich Nahrung findet und wo sie kein Einfrieren zu befürchten haben.

Ebenso häufig wie der Haubentaucher ist auf unseren Binnengewässern sein kleinerer Vetter, der Zwergtaucher (*Pochiceps ruficollis*). Allerdings lebt er verborgener, ist weniger auffällig und nur sein typischer heller Pfiff, ein weiches „biep, biep" verrät uns oft seine Anwesenheit im Röhricht. Er ist viel kleiner als der Haubentaucher, hat einen kürzeren Schnabel und einen rundlichen Kopf ohne die typischen Federohren der anderen Taucher. Klein und rundlich wirkt er wie ein Küken, aber in seinem Hochzeitskleid aus der Nähe oder mit einem guten Fernglas betrachtet zeigt er sich doch als ein hübscher Vogel: dunkelbraun die Oberseite, heller der Bauch und kastanienbraune Wangen. Am Schnabelwinkel trägt er beidseits einen hellgrünen Fleck. Sein Wintergefieder ist insgesamt heller, die Kehle dann weiß. Er bevorzugt stillere Gewässer, stille Winkel im Schilf, wo ihn nicht das zänkische Treiben der Bläßhühner vergrämt oder Hecht und Barsch seine Jungen gefährden.

Weitere Verwandte der beiden sind der Rothalstaucher (*Podiceps grinseigena*), der Ohrentaucher (*Podiceps auritus*) und der Schwarzhalstaucher (*Podiceps nigricollis*), alle aber weit seltener als Hauben- und Zwergtaucher und mehr im Küstenhinterland bzw. im Osten Deutschlands anzutreffen. Im Winter allerdings tauchen auch sie auf unseren Gewässern als Gäste auf. Herbstzeit ist auf unseren Seen und Flüssen auch Entenzeit. In Mengen sammeln sie sich jetzt auf allen Gewässern, die im Winter eisfrei bleiben. Große Flüge von Stockenten (*Anas platyrhynchos*) fallen schon vor Morgengrauen ein. Später gesellen sich ihnen Reiherenten (*Aythya fuligula*) zu und hübsch gefärbte Krickenten, (*Anas crecca*) ebenso die zierlichen Knäkenten (*Anas querquedula*). Sie bleiben, so lang der Lebensunterhalt reicht, Würmer, Schnecken, Krebschen, im flachen Uferwasser, wo es sich so prächtig im Schlick gründeln läßt. Bereits im Sommer hatten die Enten in der Mauser ihr Hochzeitskleid anzulegen begonnen, und den ganzen Herbst und Winter über kann man nun ihre Partnersuche und ihre Balz beobachten. Ihr Gefieder wird in dieser Zeit immer farbenprächtiger. Der Stockentenerpel bekommt sein grün schillerndes Kopfgefieder. Der Krickerpel schmückt sich mit metallisch blaugrün schillernden Augenstreifen, die sich nach hinten bis tief in den Nacken hineinziehen und – gelbumrandet – wunderschön mit dem kastanienbraunen Kopf kontrastieren. Die Flanken erscheinen in einem zarten Wellenmuster braunweiß marmoriert und beidseits des Schwanzes leuchten ein paar zitronengelbe Federn. Nur die Männchen zeigen bei den Enten solche Farbenpracht; die Weibchen der verschiedenen Arten ähneln sich in ihren überwiegend braungrau und schwarzgemusterten Kleid viel mehr.

Sind die Enten an Land schon viel geschickter als die Taucher – wenngleich ihr Hauptlebensraum und ihre Zuflucht vor Feinden auch das freie Wasser ist – so sind die Rallen, die Teich- und Bläßhühner auf dem Land ebenso behende wie im Wasser. Das Schilfdickicht, die Verlandungszone der Gewässer sind ihr eigentliches Reich; in die Deckung des Röhrichts flüchten sie bei Gefahr und dort können sie – halb auf dem Land, halb im flachen Wasser – gewandt umherschlüpfen und ihre Nahrung suchen. Das heißt nicht, daß sie nicht auch gute Schwimmer wären. Gerade die Bläßhühner findet man, namentlich außerhalb der Brutzeit, im Herbst oft in Scharen weit auf dem freien Wasser, während die Teichhühnchen sich nie allzuweit vom bergenden Schilfgürtel entfernen. Selten und ungern – und nur dann, wenn sie schwimmend die grüne Deckung nicht mehr erreichen können – fliegen sie vor einer drohenden Gefahr auf. Mit schwerfällig flatternden Flügelschlägen hebt ein Teichhühnchen oder Bläßhuhn sich halb aus dem Wasser und läuft eine Strecke weit mit den Füßen platschend auf dem Wasser dahin, ehe es sich vom Wasser abzuheben vermag; und nach kurzem Flug läßt es sich wieder planschend auf das Wasser fallen. Beim Schwimmen bewegen Bläßhühner ihren Kopf mit der weißen Blässe vor der Stirn ständig ruckartig vor und zurück, geradeso wie es unsere Haushühner beim Laufen tun. Ist das Teichhühnchen schon ein geschickter Taucher, so tun's die Bläßhühner fast den Tauchern gleich; dabei kommen ihnen die Schwimmlappen an den Zehen sehr zustatten, die den anderen Rallen, den Teich-, Sumpf- und Wasserhühnchen fehlen. ☞

Bläßhuhn (*Fulica atra*) und Grünfüßiges

Bläßhuhn (Fulica atra)

Teichhühnchen *(Gallinula chloropus)*, haben sich dem Menschen sehr angepaßt und sind heute wohl die häufigsten Wasservögel auf all unseren Gewässern, von kleinen Teichen bis zu den großen Binnenseen und ruhigen Buchten unserer Flüsse. Aber während das Teichhühnchen auch in nächster Nähe des Menschen ein stilleres, verborgeneres Leben führt, allenfalls einmal sein spitzes „kittik, kittik" oder ein leiseres Gurren hören läßt, erkennt man die Anwesenheit der entengroßen, schwarzen Bläßhühner schon von weitem an ihrem durchdringenden, fast trompetenden rauhen Schrei. „Köw, köw" tönt es weithin, dazwischen zuweilen ein kurzes, sehr helles „Pix, Pix." Teichhuhn und Bläßhuhn bauen ihr Nest im dichten Schilf auf umgeknickten Rohrhalmen, oder freischwimmend aus Binsen und trockenen Riedblättern. Wenn ihr es schafft, zur Brutzeit einmal eine Weile mucksmäuschenstill am Ufer zu hocken und zu beobachten, was im Rohr vor sich geht, könnt ihr sicher zusehen, wie eine Teich- oder Bläßhuhnmutter sich, gefolgt von ihrer Kinderschar wie von einer Flottille kleiner Wollknäuel, aus dem schützenden Schilf hervorwagt zur Nahrungssuche: Insektenlarven, Würmer, Schnecken, auch Krebschen und Früchte von Wasserpflanzen, die sie vor allem im flachen Uferwasser findet.

Im Gegensatz zum Teichhühnchen sind Bläßhühner gesellig; sie brüten zuweilen in Scharen nahe beieinander. Dennoch bewacht und verteidigt jedes Paar eifersüchtig sein Brutrevier. Deshalb geht es dort gewöhnlich lärmend und zänkisch zu. Es ist ein Jagen und Kämpfen, ein Planschen und Schreien, das kein Ende nehmen will. Flügelschlagend und hocherhoben gehen sie auf jeden Eindringling los, bis der Angreifer das Feld räumt. Durch dieses lärmende Verhalten vergrämen sie die meisten anderen Wasservögel.

Gegen Ende Oktober verlassen Teich- und Bläßhühner die kleineren Gewässer. Teils ziehen sie gen Süden, teils versammeln sie sich zu vielen hunderten auf größeren Seen, die im Winter eisfrei bleiben, namentlich auf dem Bodensee.

Auch die kleinere Wasserralle *(Rallus aquaticus)* und das Tüpfelsumpfhuhn *(Porzana porzana)* sind eigentlich keine seltenen Vögel, aber man kann doch von Glück reden, wenn man sie einmal zu Gesicht bekommt. Olivbraun gefärbt, beide mit zebraartig schwarz-weiß gestreiften Flanken sind sie vorzüglich getarnt im Röhricht, das sie fast nie verlassen und in dem sie gewandt und lautlos wie Mäuse hin- und herschlüpfen. Beide verraten ihre Anwesenheit allenfalls durch ihre typischen Lautäußerungen, ein leises Quieken, Grunzen und Brummen, das an junge Ferkel erinnert, zuweilen auch harte, scharf klingende und oft wiederholte Rufstrophen, die sich anhören wie „gip – gip – gip ...". Könnt ihr euch wohl vorstellen, welche Freude es macht, im Schilf zu sitzen und mit viel Geduld eines dieser heimlichen Wesen zu überlisten und in seinem heimlichen Treiben zu beobachten?

Dort, wo im feuchten Uferklima am Fluß und Bach in Rot und Violett noch ein paar Herbstblumen blühen, sieht man an den letzten warmen Sonnentagen des Jahres immer noch zahlreiche Schmetterlinge im Gaukelflug von Blüte zu Blüte fliegen oder sich auf den herbstlich gefärbten Blättern sonnen.

Schon im Juni begegnete uns dieser kleine 9–11 mm große grünflügelige Schmetterling. Er flog um die alten Ufer-

Weideneule
(Earias chlorana)

Zimteule
(Scolioptera libatrix)

weiden unten am Fluß. Nun sehen wir ihn so spät im Jahr noch einmal – natürlich nicht das gleiche Tier, nur die gleiche Art: die kleine Weideneule *(Earias chloranus)*. Es ist schon die zweite, die Spätsommergeneration, die jetzt noch fliegt. Das Weibchen legt seine Eier auf die Blattknospen junger Weidenzweige. Die schlüpfenden Raupen bauen sich später ein Gehäuse, indem sie mehrere junge Blättchen mit feinen Seidenfäden umspinnen. Diese Wiege verlassen sie erst kurz vor ihrer Verpuppung. Die Puppe überwintert geschützt in der rissigen Weidenrinde, und erst im nächsten Frühjahr schlüpft der neue Schmetterling.

Bis Ende Oktober fliegt, namentlich des Abends und in Wassernähe, auch die Zimteule *(Scolioptera libatrix)*, ehe sie sich in einem Astloch oder einem hohlen Baum einen geschützten Ort für die Winterruhe sucht. Im späten Frühling wird sie aus ihrer Kältestarre erwachen, und erst im Juni kommt es zur Paarung und zur Eiablage. Bis zu ihrer Verpuppung, im August etwa, lebt die bald schlüpfende Raupe an Weiden- und Pappelblättern.

Spät im Jahr seht ihr des Abends auch noch das Blaue Ordensband *(Catocala fraxini)* fliegen. Wenn ihr nahe dem Wald und dem Wasser wohnt, mag es sich wohl auch, durch die beleuchteten Fenster angelockt, in eurer Wohnung verirren. Dieser Nachtfalter liebt die feuchte, schattige Atmosphäre bewaldeter Bachtäler. Er ist mit einer Spannweite von 40–48 mm einer der größten deutschen Schmetterlinge. Seine Raupe findet ihr im Juli – August vor allem an Pappeln.

An Holunderbüschen ebenso an Geißblatthecken, Linden, Schlehen und Erlen und vielen anderen Pflanzen findet ihr die

Blaues Ordensband
(Catocala fraxini)

Holunderspanner
(Urapteryx sambucaria)

Gespinstmotte
(Yponomeuta evonymella)

Zitronenfalter
(Gonepteryx rhamni)

Admiral
(Vanessa atalanta)

nal Schmetterlinge!

schmucklose Raupe des Holunderspanners *(Urapteryx sambucaria).* Als Raupe überwintert sie auch, um sich erst im folgenden Juni zu verpuppen. Gegen Ende Juni, Juli fliegt dann der schön elfenbeinweiße und zartgemusterte Schmetterling. Er liebt die Nähe von Gewässern.

Im Weißdorn vornehmlich leben die Raupen der Gespinstmotte *(Yponomeuta evonymella).* Jetzt, im Oktober, kurz vor dem Blätterfall, spinnen sie sich in einen schützenden Seidenkokon ein und überwintern darin. Im Frühling befreien sich die Raupen aus dem Kokon und fressen die frisch knospenden Weißdornblätter. Dabei spinnen sich gewöhnlich viele Raupen gemeinsam, ein wirres Schutzgespinst um ganze Zweige. Als Spinner bezeichnet man darum die Schmetterlingsgruppe, der sie angehören. In diesem gemeinsamen Gespinst verpuppen sich die Raupen auch.

Den Zitronenfalter *(Gonepteryx rhamni)* kennt ihr alle. Seine Raupen leben von Juni bis Juli vor allem an Traubenkirschen *(Prunus padus),* die ihr häufig an Bachufern, Gräben und am Rande feuchter Bruchwälder findet. Die Schmetterlinge schlüpfen früh im Sommer, halten dann aber eine Sommerruhe, bis sie im Herbst noch eine Weile aktiv werden, bevor sie überwintern. Der Zitronenfalter ist noch recht häufig bei uns. Er kommt an vielen Orten vor, liebt aber besonders die Uferregion aller Arten von Gewässern und feuchte Waldränder.

Wie der Zitronenfalter so gehört auch der kleine Fuchs *(Vanessa urticae)* zu den Schmetterlingen, die ihr zu jeder Jahreszeit seht und die euch wohl vertraut sind. Bis tief in den Herbst hinein sieht man ihn fliegen, jeden Sonnentag nutzend. Seine Raupen leben vor allem an Brennnesseln. Gegen Ende Oktober sucht er sich einen geschützten Platz zum Überwintern. Viel weniger häufig als er ist sein Vetter, der große Fuchs *(Vanessa polychloros).* Schon zeitig im Frühling erscheint dieser Schmetterling. Auf Pappeln und Weiden ebenso wie auf Ulmen, Kirschen- und Apfelbäumen findet ihr schon früh im Jahr seine Raupen, und bereits ab Juli fliegt schon die nächste Generation frisch geschlüpfter Falter, um erst im folgenden Jahr ihre Eier abzulegen.

Die meisten unserer großen bunten Tagfalter gehören der Gattung Vanessa an. So auch der prächtige große Trauermantel *(Vanessa antiopa),* mit seinen samtig schwarzbraunen, gelbgeränderten Flügeln. Viel leuchtender noch als auf der Abbildung erscheinen die Reihen himmelblauer Flecken auf dem dunklen Flügeluntergrund. Leider wird dieser schöne Falter immer seltener. Früher sah man ihn im Spätsommer und im sonnigen Herbst sehr häufig an feuchten schattigen Gebüschrainen und in Waldschneisen, wo auf Espen, Weiden und Ulmen auch seine Raupe lebt.

Sein naher Verwandter, der Distelfalter *(Vanessa cardii),* ist dagegen wanderlustiger. Im Gegensatz zu seinen Raupen, die eher feuchtes Gelände bevorzugen, auf

Huflattich, Kletten und Disteln an Wegrainen und Bachufern leben, liebt er trockene sonnenbeschienene Wiesen. Er flieht vor der Winterkälte unserer Heimat, und die

**Kleiner Fuchs
*(Vanessa urticae)***

**Großer Fuchs
*(Vanessa polychloros)***

**Trauermantel
*(Vanessa antiopa)***

**Distelfalter
*(Vanessa cardui)***

**Brombeerspinner
*(Makrothylacia rubi)***

**Abendpfauenauge
*(Smerinthus ocellatus)***

schmucken Falter wandern im Spätsommer und Herbst nach Süden über die Alpen, um erst im Frühjahr zur Eiablage zurückzukehren. Tiere, die bei uns zu überwintern versuchen, gehen meist zugrunde.

Ähnliche Lebensgewohnheiten hat der mit seinen roten Flügelbändern auf tief schwarzbraunem Grund recht farbenprächtig aussehende Admiral *(Vanessa atalanta).* Ihr seht ihn im Herbst gar nicht selten, wie er auf faulendem Fallobst den

austretenden gärenden Saft saugt. Die Futterpflanze seiner Raupen ist die Brennnessel.

All diese Vannessa-Arten machen den größten Teil unserer auffällig bunten Tagschmetterlinge aus. Aber auch unter den in der Ruhe meist unscheinbar rindenfarbenen Nachtfaltern gibt es prächtig gefärbte Arten.

An Flußufern könnt ihr an warmen Sommerabenden den Brombeerspinner *(Makrothylacia rubi)* fliegen sehen, einen schön rostbraun gefärbten Falter von 20–30 mm Spannweite. Seine Raupe hat in einer grauen Gespinströhre irgendwo im dürren Laub auf dem Erdboden überwintert, und im Sommer ist der Falter geschlüpft.

Ein Erlebnis ist es, wenn man das Abendpfauenauge *(Smerinthus ocellatus)* einmal hat fliegen sehen. Allerdings wird er erst spät in der Nacht aktiv, und dann kann man den großen Falter entdecken, wie er in Sommernächten vom Licht angelockt vielleicht um eine Laterne umschwirrt. Er liebt vor allem Flußtäler mit dichten Weidengebüschen, flußnahe Garten- und Parkanlagen. Tagsüber ruht er und ist mit seinen zusammengelegten rindenfarbenen Vorderflügeln so gut getarnt, daß selbst insektensuchende Vögel ihn kaum entdecken. Nur wenn man ihn stört, zeigt er die ziegelrotorangefarbenen Hinterflügel mit den großen Augenflecken, ein Warnverhalten, das viele Feinde abschreckt, weil sie glauben, plötzlich von zwei starren großen Augen beobachtet zu werden. Seine Raupe ist auf einer Vielzahl von Bäumen zu finden, auf Obstbäumen ebenso wie auf Weiden und Traubenkirschen, sofern diese nur in Gewässernähe stehen. Im Spätherbst bohrt die Raupe sich ins Erdreich, um sich dort zu verpuppen und als Puppe zu überwintern.

67

Einiges über den Flußkrebs

Die Flußkrebse sind schon recht urweltlich ausschauende Gesellen. Mit ihrem starren Panzer, ihren vielen Beinen und den kräftigen Scheren, wirken sie fast wie kleine Roboter und können einen in ihrer Wehrhaftigkeit schon ein wenig das Fürchten lehren ... Wenn es euch einmal irgendwo gelingt, Flußkrebse zu beobachten, solltet ihr sie nicht zu fangen versuchen. Laßt sie ruhig in ihrem Lebensraum, denn der Flußkrebs ist heute in unseren Gewässern selten geworden, und zudem kann er recht scharf mit seinen Scheren zupacken, wenn ihr mit den Händen in ihre Reichweite geratet, und euch schmerzhaft zwacken, ja verletzen.

Früher einmal war der europäische Flußkrebs oder Edelkrebs *(Astacus astacus)* in all unseren Gewässern, in Bächen, Flüssen und Teichen sehr verbreitet.

Die Ansprüche an seinen Lebensraum sind nicht sehr hoch: Er liebt saubere, frische möglichst mäßig strömende Gewässer, die im Winter nicht bis auf den Grund gefrieren. Das Wasser sollte nicht zu weich sein, sondern genügend Kalk enthalten, den der Krebs zum Aufbau seines Panzers dringend braucht. So wird man also in Bächen auf Urgestein, auf Granit oder Basalt keine Krebse finden, wohl aber auf kalkigem Untergrund. Schließlich ist der Flußkrebs empfindlich gegen höhere Temperaturen. Das Wasser sollte also kalt sein, die Ufer lehmig-tonig, so daß die Krebse sich dort eingraben können. Die Nahrung ist vielfältig: neben Schnecken, Muscheln, Würmern, auch Aas, verendeten Fischen verschmäht der Flußkrebs durchaus nicht reiche Pflanzenkost, die sowohl aus Wasserpflanzen wie auch in das Wasser hängenden zarten Wurzeln oder ins Wasser gefallenen Früchten bestehen kann. Größere Nahrungsbrocken werden hauptsächlich mit den kräftigen Scheren gehalten, während die kleinen Scheren an den beiden folgenden Beinpaaren kleine Stückchen abzwacken und zum Munde führen.

Flußkrebse führen vornehmlich ein nächtliches Leben. Den Tag verschlafen sie im Schutze überhängender Uferböschungen, im Wurzelwerk von Uferbäumen oder in selbstgegrabenen Wohnhöhlen, die sie dann des Nachts zur Nahrungssuche verlassen. Diese Wohnhöhlen liegen immer unter dem Grundwasserspiegel und werden zur Überwinterung zuweilen mit den Scheren mehrere Meter weit ins Erdreich eingegraben. Auf diese Weise konnten die Flußkrebse dort, wo sie in Massen vorkamen, unter Umständen sogar Schäden an Flußdeichen anrichten. Durch ihren äußeren gegliederten Panzer und ihre mehrgliedrigen Beine haben die Krebse sehr viel mit den Insekten gemein, allerdings besitzen sie – anders als jene – 2 Fühler- oder Antennenpaare und 10 Beinpaare, die gruppenweise sehr verschieden gestaltet sind. Der gesamte Vorderkörper ist von einem derben Kopf-Brustpanzer starr umschlossen, während der muskulöse Hinterkörper aus einzelnen, gegeneinander beweglichen Ringen besteht und in einem breiten Schwanzfächer endet. An beiden Körperabschnitten sitzen je 5 Beinpaare. Die des Hinterkörpers sind klein und verkümmert und dienen nur noch beim Weibchen zum Festhalten der Eier, während die Beinpaare des Vorderkörpers – zu ihnen gehören auch die mächtigen Scherenbeine – sowohl als Laufbeine der Fortbewegung dienen (so vor allem das 3.–5. Beinpaar) wie auch dem Nahrungsfang, der Nahrungszerkleinerung und der Feindabwehr. Das letztere gilt natürlich vor allem für das erste Beinpaar, das mit seinen Scheren nicht mehr als Laufbeine benutzt werden kann. Wenn ihr im Aquarium oder einer Fischhandlung einen Krebs genau betrachtet, werdet ihr sehen, daß auch

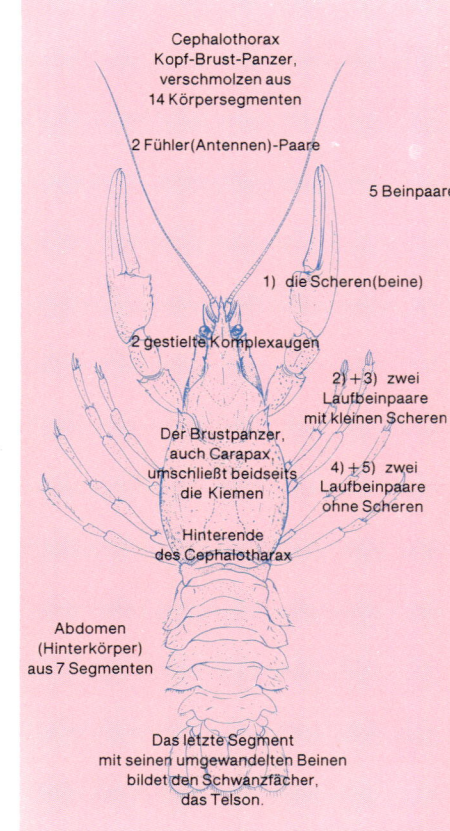

Der Flußkrebs (Astacus astacus)

das zweite und dritte Beinpaar je noch kleine Scheren an ihren Enden besitzen, also wahlweise zum Laufen oder als „Eßbesteck" eingesetzt werden können. Die Krebse leben als ungesellige Einzelgänger. Nur im Spätherbst, etwa gegen Ende Oktober, beginnen die Männchen die Gesellschaft eines Weibchens zu suchen, allerdings nur zu einem kurzen Paarungsspiel, nach dessen Ende sie sich wieder in ihr Revier zurückziehen. Gegen Mitte November dann legen die Weibchen eine große Anzahl von Eiern ab, die sie, mit Hilfe eines klebrigen Schleims in einzelnen Paketen an die verkümmerten Hinterleibsbeine geklebt, bis zum Schlüpfen bei sich tragen. Schützend klappen sie während dieser Brutzeit ihren Unterleibsfächer über die kostbare Eierlast und verlassen nur selten ihre Wohnhöhle. Erst etwa nach sechs Monaten, also in der Mitte des folgenden Jahres schlüpfen dann die winzigen jungen Krebse, etwas rundlicher noch in ihren Körperformen aber sonst getreue Ebenbilder ihrer Eltern und bereits mit winzigen Scherchen. Eine Weile klammern sie sich noch an die Beine der Mutter und werden von ihr mitgetragen, bis sie allmählich ihr selbständiges Leben beginnen, und sich ihr eigenes Lebensrevier suchen.

Das Wachstum dieser Tiere geht wegen des einengenden Panzers nur unter Schwierigkeiten vor sich. Der Panzer kann nicht mitwachsen, und so müssen die Tiere bis zum Erreichen ihrer endgültigen Größe von etwa 16–20 cm Körperlänge, in kurzen Abständen ihre Kleider wechseln und sich häuten, etwa 15 mal, ehe sie geschlechts-

reif werden. Nur an der Bauchseite platzt der Panzer jeweils bei der Häutung auf und wird ausgezogen wie ein Mantel. Ihr wißt sicher, aus eigener Erfahrung, wie schwer es sein kann, ein paar knapp sitzende Gummistiefel auszuziehen, und könnt euch vorstellen, mit welcher Mühe und welchem Kraftaufwand so ein Krebs sich Stück für Stück, Fühler für Fühler, Bein für Bein aus seinem alten Kleid quälen muß.

Hat der Krebs das geschafft, so macht er sich sogleich daran, sein altes Kleid aufzufressen, denn es ist nahrhaft und enthält wertvolle Kalkreserven, die zum Aushärten des neuen, größeren Panzers unentbehrlich sind. Eine Weile nach der Häutung allerdings bleibt das neue Kleid noch weich, dehnbar und farblos, eine Zeit, in der der Krebs wachsen kann, in der er aber auch völlig ungeschützt ist. Als „Butterkrebse" bezeichnet man im Volksmund solche Tiere. Für diese Zeit halten sich die Tiere in ihrer Wohnhöhle verborgen. Nach 1 Woche etwa sind sie dann in ihrer strahlend neuen Rüstung wieder wehrhaft wie zuvor. Erst im Alter von etwa 4 Jahren werden die jungen Flußkrebse geschlechtsreif.

Bis zum Ende des vorigen Jahrhunderts war der Edelkrebs in all unseren europäischen Flüssen, Bächen, Teichen und Seen ein so regelmäßiger Bewohner, daß die Krebsfischerei ein eigener und sehr ertragreicher Gewerbezweig war. Der kräftige Schwanzmuskel – mit dessen Hilfe so ein ungelenk erscheinendes Tier durch rasche Schwanzschläge sogar zu schwimmen vermag – und die Scherenmuskeln gelten nämlich als geschätzte Delikatesse. Daß der Edelkrebs heute in Europa so überaus selten geworden ist, ist allerdings nicht auf die starke Krebsfischerei oder die Verschmutzung unserer Gewässer zurückzuführen, sondern auf eine zu Ende des vorigen Jahrhunderts eingeschleppte Krankheit, die Krebspest, eine Pilzerkrankung, die sich rasch über alle Gewässer Mitteleuropas ausbreitete, und der mit wenigen Ausnahmen fast alle Krebse zum Opfer fielen. Alle Versuche, dieses seltsame Tier wieder wie früher in unseren Gewässern einzubürgern, sind bis heute fehlgeschlagen; und die Versuche, den Edelkrebs in Massen zu züchten, scheiterten an dessen langer Entwicklungsdauer und dem hohen Nahrungsaufwand. Aber gerade das gelang ohne Schwierigkeiten mit einem nahen Verwandten, dem etwas kleineren und dunkler gefärbten, vor allem aber gegen die Krebspest immunen amerikanischen Flußkrebs (Orconectes limosa), der wesentlich rascher geschlechtsreif wird und auch in stark verschmutztem Wasser noch recht gut gedeiht. Vor etwa 100 Jahren, 1890, hatte ein Besitzer einer Teichwirtschaft in der Mark Brandenburg eine Anzahl dieser Tiere zu Zuchtzwecken importiert, und das mit solchem Erfolg, daß diese Art nun in Windeseile ganz Europa eroberte, alle Gewässer besiedelte und nun, nach dem Abklingen der Krebspest, ein erfolgreicher Konkurrent unseres einheimischen Edelkrebses wurde. Namentlich in Frankreich wird er auch heute noch in größeren Mengen gezüchtet. Nur in klaren Bergbächen, in Flußoberläufen der Mittelgebirge Süd- und Westdeutschland werdet ihr zuweilen noch unseren Flußkrebs oder eine verwandte Art, den Steinkrebs (Astacus torrentium) antreffen.

DIE WOLLHANDKRABBE
ein unerwünschter Gast

Sie stammt eigentlich aus China, die Wollhandkrabbe (Eriocheir sinensis). Dort lebt sie in den großen Flüssen des Tieflandes, ist aber doch kein so rechter Süßwasserbewohner, denn, wie wir es ja schon von vielen Fischen gehört haben, muß auch sie alljährlich zur Laichzeit ins Meer hinabwandern, um dort ihre Eier abzulegen. In Ballastwassertanks von Schiffen wurden zu Anfang unseres Jahrhunderts wohl Larven dieser Tiere in die Elbe eingeschleppt. Dort fühlte sich die Krabbenart so wohl, daß sie sich rasch vermehrte und binnen weniger Jahre in alle Flußläufe Europas einwanderte. Die Larven wachsen in der Nordsee heran, halten sich ein Jahr in der Gezeitenzone der Flußmündungen auf und beginnen dann, die Flußläufe hinaufzusteigen, um fortan ein Süßwasserleben zu führen.

Unsere Meereskrabben oder Kurzschwanzkrebse kennt ihr ja sicher; die kleine Schwimmkrabbe oder Strandkrabbe habt ihr in den Ferien an der See oder in einem Aquarium schon selbst gesehen, diese Krebse, die aussehen, als habe man ihnen den Schwanz abgeschnitten, und die nur aus einem breiten Brustpanzer, zwei mächtigen Scheren daran und vier seitlich stehenden Beinpaaren zu bestehen scheinen. Der Hinterkörper fehlt natürlich nicht, er ist nur sehr verkleinert und wie ein Schwänzchen unter der Bauchseite nach vorn geklappt. „Dwarslöper" – Seitwärtsläufer – werden die Krabben in Norddeutschland auch genannt, weil sie ebenso rasch und geschickt seitwärts wie vorwärts und rückwärts laufen können. Ebenso sieht auch die Wollhandkrabbe aus, aber sie wird größer als unsere Küstenkrabben. Der Panzer eines erwachsenen Tieres erreicht eine Breite von etwa 10 cm. Die kräftigen Scheren der Männchens tragen einen dichten, wolligen Pelz. Der Panzer ist olivgrün gefärbt und, von oben gesehen, etwa trapezförmig.

In großen Zügen beginnen die etwa einjährigen Tiere ihre Flußwanderung. Bis zu drei Kilometer flußaufwärts legen sie am Tag zurück. Im Winter rasten sie gewöhnlich, um im zeitigen Frühjahr ihre Wanderung wieder aufzunehmen. So geht es mehrere Jahre lang. Dabei gelangen sie bis weit in die kleineren Flußläufe des Binnenlandes, Rhein, Elbe, Weser und Oder – aufwärts bis in die Havel, ja die Moldau, so daß man selbst in Prag zu manchen Zeiten tonnenweise Wollhandkrabben fangen konnte. Nach etwa 3 bis 5 Jahren sind die Tiere geschlechtsreif. Jetzt beginnt ihr

Rückweg, erheblich rascher als die Reise stromauf. Bis zu 10 km legen sie am Tag zurück und überwinden jedes Hindernis. Ja sie scheuen sich nicht, vor allem des Nachts auch Märsche über Land zu unternehmen – immer dem Meer, dem Laichplatz zu. Die kräftigeren Männchen erreichen die Flußmündungen gewöhnlich früher als die Weibchen und warten dort in Scharen auf deren Ankunft. Im Spätherbst findet dort die Paarung statt und die Weibchen legen im Wattenmeer ihre etwa 5000 Eier ab. In Ballen tragen sie sie bis zum Schlüpfen der jungen Larven unter ihrem eingekrümmten Hinterleib. Nach dem Schlüpfen sterben die Weibchen ab, und ein neuer Kreislauf beginnt.

Die Eroberung Europas schafften diese fremden und ungebetenen Gäste sehr rasch. Schon etwa 30 Jahre nach ihrem ersten Auftreten in der Elbe traf man sie bereits in den holländischen und flandrischen Flüssen, weitere 10 Jahre später waren sie bis Mittelfrankreich vorgedrungen und in den 50er Jahren machten sie bereits den größten Teil aller in Südfrankreich im Ästuar der Gironde gefangenen Krabben aus. Ihre Nahrung besteht aus wirbellosen Tieren wie Muscheln, die sie mit ihren Scheren zu knacken vermögen, aus Schnecken, vor allem auch aus Pflanzenkost. Fischbruten und lebende Fische sind vor den Krabben sicher, aber wo sich tote Fische bieten, seien es verendete oder aber im Netz gefangene Fische, greift die Wollhandkrabbe auch gern zu.

Warum ungebetene Eindringlinge, werdet ihr erstaunt fragen, sollte man sich nicht freuen, wenn unsere Tierwelt durch solche Gäste aus der Ferne bereichert wird? Ihr werdet euch die Antwort selbst geben können. Eine Tierart kann sich nur so erfolgreich vermehren, wenn sie keine Feinde hat. Dann aber stört sie das normale Gleichgewicht in der Natur und verdrängt einheimische Tiere durch Nahrungskonkurrenz. Zudem erwies sich die Wollhandkrabbe durch ihre ungehemmte Massenvermehrung auch für den Menschen als gewaltiger Schädling. Nicht nur daß sie Fischnetze und Fischreusen zerstört und Fischfänge anfrißt, sondern sie gräbt auch Wohngänge in Ufer und Deiche und unterwühlt sie. Auf diese Weise hat sie gerade in den Niederlanden unermeßliche Schäden durch Deichbrüche verursacht. In welchen Mengen die Tiere auftreten konnten, erseht ihr daraus, daß in Berlin in der Havel in manchen Jahren bis zu 88 Tonnen dieser Krabben, das sind etwa 8 Millionen Stück, gefangen wurden, in der Elbe in Hamburg sogar 125 Tonnen. Ihre Bekämpfung erwies sich als nahezu unmöglich. Erst jetzt nehmen diese schädlichen Gäste allmählich ab – allerdings aus noch viel unerwünschteren Gründen, nämlich durch die Verschmutzung unserer Flüsse.

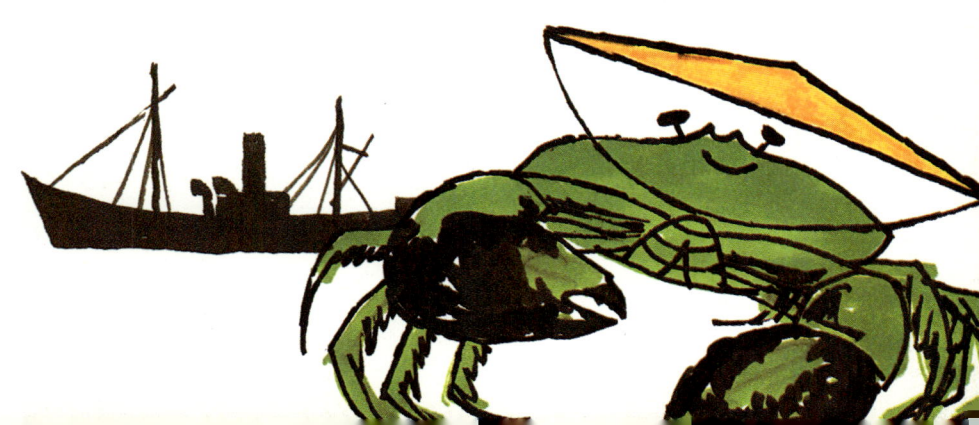

Kieferlose Fische - die Neunaugen

Auf den ersten Blick sehen sie aus wie Aale, schlangenartig mit einem Flossensaum, sehr hübsch gefärbt, braun, schwarz und gelb gebändert. Aber dort, wo andere Fische ein Maul mit zahnbewehrten Kiefern haben, besitzen sie eine runde, immer offene Mundöffnung, die nur mit der stempelartigen Zunge wie mit einem Korken verschlossen werden kann. Das sind die Neunaugen. Agnatha – Kieferlose heißt diese Fischgruppe in der Wissenschaft. Sie sind die ältesten und ursprünglichsten Wirbeltiere, die wir kennen; ihre nächsten Verwandten lebten schon vor 450 Millionen Jahren und etwa 300 Millionen Jahre alt sind die Neunaugen selbst. Zu jener Zeit – es gab damals noch nicht die echten Wirbeltiere – lebte eine viel größere Formenvielfalt dieser Rundmäuler oder Cyclostomen wie sie auch genannt werden; aber nur wenige von ihnen, eben die Neunaugen, sind bis auf den heutigen Tag erhalten geblieben, haben sich während der langen Erdgeschichte den immer neuen Bedingungen angepaßt, während ihre Verwandten ausstarben.

Der Schwanz dieser schlangenähnlichen Vorzeitfische ist seitlich abgeplattet und trägt einen umlaufenden Flossensaum. Paarige Brust- und Beckenflossen der höheren Fische fehlen ihnen ebenso wie ein Schuppenkleid. Sie besitzen eine weiche, schleimige Haut. Ihr dürftiges Skelett besteht nicht aus Knochen, sondern aus einzelnen Knorpelstücken, die eine feste Schädelkapsel, einen Kiemenkorb und einen knorpeligen Herzbeutel bilden, und aus einem langen Stab geldrollenartig hintereinanderliegender praller Zellen, umgeben von einzelnen Knorpelspangen, dem Vorläufer unserer Wirbelsäule: Der ganze Körper ist sehr muskulös – ein Grund dafür, daß die Neunaugen lange Zeit als vorzügliche Speisefische gefangen wurden, so daß sie heute zu den Seltenheiten in unseren Flüssen gehören. Am Kopf sitzt ein unpaares Nasenloch und ein Paar wohlausgebildeter Augen. Dahinter folgen beidseits je 7 runde Kiemenöffnungen – diese – mit dem Nasenloch – neun etwas augenartig ausschauenden Flecke am Vorderkörper haben den Tieren den falschen Namen „Neunaugen" eingetragen.

Das eigenartigste an diesen Rundmäulern ist der Bau ihres Mundes: eine runde, durch einen Knorpelring gestützte Öffnung am Vorderende, die sich nach innen trichterförmig verjüngt. An ihrem Rand sitzen mehrere Reihen spitzer Hornzähne. In der Tiefe ist die Mundöffnung durch eine derb muskulöse, ebenfalls mit scharfen Hornzähnen bewehrte Zunge verschlossen. Der Mund funktioniert wie ein Saugnapf. Mit ihm kann sich so ein Neunauge an einem Beutetier festsaugen. Die Zähne dringen in die Haut des Opfers ein und verhindern das Abrutschen. Dann wird die Zunge hin und her bewegt und raspelt mit ihren Zähnen ein Loch in die Haut des Opfers und raspelt Fetzen aus dessen Muskulatur. Gleichzeitig wirkt die Zunge wie ein Pumpenkolben und saugt die abgerissenen Gewebestücke ebenso wie das austretende Blut in die Mundöffnung ein. Ein Sekret der Speicheldrüsen verhindert dabei die Blutgerinnung. Alle Versuche der gepeinigten Opfer, diesen Quälgeist abzustreifen, sind gewöhnlich vergebens. Hat sich das Neunauge, oder die Lamprete, wie sie in Norddeutschland auch genannt wird, einmal festgesetzt, so läßt sie nicht so leicht von ihrem Opfer ab. Ihr Lebenslauf ähnelt in mancher Hinsicht dem der

Vorderende eines Neunauges. Man erkennt das linke Auge und die sieben Kiemenöffnungen, ebenso die Lippen des Saugmundes, der, durch scharfe Zähne bewehrt, dem Neunauge erlaubt, sich an seinem Opfer unabstreifbar festzusaugen. Diese Parasiten lassen gewöhnlich erst von ihrer Beute ab, wenn sie gestorben ist. So haben Neunaugen in den großen amerikanischen Seen binnen weniger Jahre den gesamten Lachsbestand vernichtet.

Lachse, denn eigentlich sind das Meer und die Küstengewässer ihr Lebensraum. Aber zum Laichen steigen sie die Flüsse hinauf, um auf Kies- und Sandgründen in deren Oberlauf ihre zahlreichen, dotterreichen Eier abzulegen. Bis zu ¼ Millionen können es sein. Während ihrer Wanderung schwimmen die Tiere entweder aktiv stromauf und überwinden dabei oft auch mit Hilfe ihres Saugmundes alle möglichen Hindernisse, oder sie saugen sich an anderen Wanderern, Lachsen z. B., fest und lassen sich tragen. Nahrung nehmen sie wie all die Laichwanderer während dieser Zeit nicht auf, da ihr Darm degeneriert. Im Laichgebiet wedeln die Partner durch kräftige Schwanzschläge bis zu 15 cm tiefe Nestmulden in Sand und Kies aus. Während der Eierablage umschlingt das Männchen das Weibchen, saugt sich an ihm fest und besamt die austretenden Eier. Die meisten Weibchen sterben nach der Ablage, während die Männchen die Rückwanderung beginnen, dort aber auch in ihrem geschwächten Zustand vielen Feinden eine leichte Beute werden.

Nach einigen Wochen schlüpfen Larven aus den Eiern, den erwachsenen Tieren noch sehr unähnlich. Darum wurden sie früher als eigene Tierart angesehen und erhielten einen eigenen Namen: Querder, nennen die Fischer sie, Ammocoetes heißen sie mit wissenschaftlichem Namen. Sie sehen aus wie Ringelwürmer, bauen sich Röhren in Sand und Schlamm und ernähren sich durch Einsaugen und Abfiltrieren von allerlei Plankton, absterbenden Pflanzenteilen, Einzellern, Kieselalgen usw. Sie wachsen sehr langsam und führen 2–5 Jahre lang solch ein Strudlerleben, ehe sie sich allmählich in die räuberisch lebenden Neunaugen verwandeln und zum Meer flußabwärts wandern. Dort verbringen sie dann bis zur Geschlechtsreife den Hauptteil ihres Lebens.

Drei Neunaugen-Arten kennen wir aus unseren Gewässern. Das Meer-Neunauge (Petromyzon marinus) ist die größte Art und wird 50–100 cm lang. Unser kleineres Flußneunauge (Lampetra fluviatilis) wird nur ca. 30–50 cm lang. Es parasitiert zuweilen an seinem größeren Vetter. Das Bachneunauge schließlich (Lampetra planeri) ist weit kleiner, nur etwa 15 cm lang. Im Gegensatz zu seinen Verwandten hat es sich ganz und ausschließlich an das

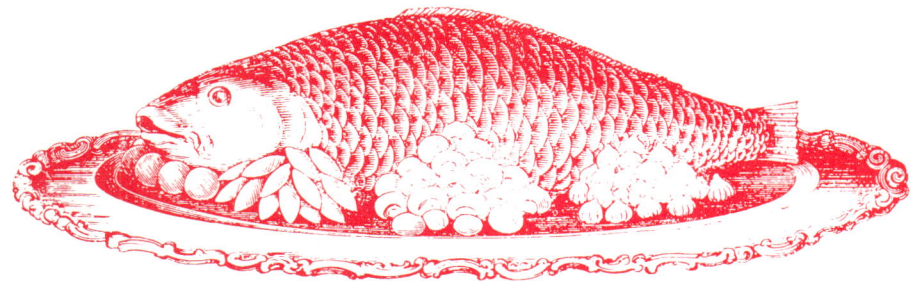

Süßwasserleben angepaßt. Seine Lebenszeit ist kürzer als die der anderen Neunaugen, und mit ihrer Umwandlung von der Larve zum erwachsenen Tier tritt bei ihnen bereits die Geschlechtsreife ein, und der Darm degeneriert.

Ihr hattet schon gelesen, daß die laichreifen fetten Neunaugen von Feinschmeckern als Delikatesse geschätzt werden. Besonders gut schmecken sie geräuchert oder sauer eingelegt, während sie frisch gekocht nicht genießbar sind. Bei uns werden fast keine Neunaugen mehr gefangen, aber in russischen und amerikanischen Seen gibt es sie noch tonnenweise, und dort gibt es auch eine ausgedehnte Neunaugenfischerei. Natürlich kann man sie nicht angeln, sondern sie werden in ausgestellten Reusen gefangen.

Wußtest du schon, daß

Rotfedern es im Winter schaffen, ihre Körpertemperatur einige Grad über der Wassertemperatur zu halten, indem sie an geschützter Stelle unter einem Uferüberhang im Schwarm dicht beieinander stehen. An sich sind Fische wie die Amphibien und Reptilien ja Kaltblüter, oder besser: wechselwarme Tiere, deren Körpertemperatur sich der Umgebungstemperatur anpaßt.

man aus den Gräten der Ukleis einen perlmutterartigen glänzenden Lack gewinnen kann, mit dem man hohle Glasperlen lackiert, um echte Perlen zu imitieren.

Wildenten wie Stockente, Krickente und andere bei einer Flügelspannweite von ungefähr 60 cm Fluggeschwindigkeiten von 100–120 km/h erreichen können, wenn sie in Keilformation fliegen. Bei längeren Flugstrecken wechselt das Leittier in kurzen Abständen.

du nie geangelte Fischchen in dein Aquarium einsetzen darfst. Die Verletzungen durch den Angelhaken verursachen nämlich meist Infektionen, und die Fische sterben sehr rasch. Wollt ihr Elritzen, Schlammpeitzger oder Gründlinge für's Aquarium fangen, so tut das mit einem Fischnetz.

in einem Aquarium mit passendem Fischbesatz, d.h. nicht mehr als einem Fisch der Größe einer Elritze pro 7–10 l Wasser, eine Fütterung mit wenigen Würmern, Fliegen oder etwas kleingehacktem Fleisch alle zwei Tage reicht. Vergiß nie, das Aquarium abzudecken und stell es nicht zu nahe an ein sonniges Fenster, da sich das Wasser sonst zu sehr erwärmt.

Stichlinge *(Gasterosteus aculeatus)*, wie du sie in jedem Bach und Tümpel fangen kannst, außerordentlich interessante Aquarienfische sind. Im Frühjahr baut das prächtig gefärbte Männchen ein kugelrundes Nest aus Pflanzenfasern, in das er ein Weibchen zur Eiablage lockt. Bis zum Schlüpfen der Jungen bewacht das Männchen dann das Nest und fächelt der Brut ständig frisches, sauerstoffreiches Wasser zu.

Gesotten und gebraten...

Hättet ihr nicht Lust, eure Eltern oder Freunde einmal zu einem richtig feinen Fischessen einzuladen, das ihr selbst zubereitet habt? Kochen ist nicht nur etwas für geplagte Mütter, die täglich viele hungrige Mäuler stopfen müssen. Dreht doch einfach mal den Spieß um. Ihr werdet schon sehen, es macht Spaß, wenn's den anderen – und uns selbst – schmeckt. Ihr könntet z. B. einen „Karpfen in Gelee" servieren. Dann müßt ihr allerdings früh genug, am besten einen Tag vor dem großen Festmahl, mit dem Kochen beginnen.

Zuerst müßt ihr den geschuppten und sauber ausgenommenen Karpfen in einer Kräuterbrühe gar kochen. Die Brühe bereitet ihr folgendermaßen: Gebt ein Glas nicht zu süßen Weißweins, einen Eßlöffel Essig und eine Tasse Bouillon in eine große Pfanne und fügt einige Stengel Petersilie, eine feingeschnittene Schalotte und zwei normale mittelgroße Zwiebeln, eine zerdrückte Knoblauchzehe, ein Lorbeerblatt, ein Zweiglein Thymian und zwei in feine Scheiben geschnittene Möhren hinzu, dann noch ein wenig Salz und Pfeffer, und laßt diese Brühe in der zugedeckten Pfanne eine halbe Stunde schwach kochen. In dieser Brühe laßt ihr den Karpfen, wieder in der zugedeckten Pfanne, allmählich gar dämpfen, nehmt ihn dann vorsichtig heraus und richtet ihn auf einer genügend großen Platte an. Nachdem ihr Kopf und Schwanz vorsichtig abgetrennt habt. Sie bleiben in der Brühe. Laßt diese nun auf kleiner Flamme auf etwa ⅓ einkochen und gießt sie nun über den Fisch. Dann stellt ihr die Platte über Nacht in den Kühlschrank. Am nächsten Tag könnt ihr den Karpfen in Gelee noch mit ein paar Petersiliezweiglein und Zitronenscheiben garnieren und zu eurem Festessen auftragen. Ihr werdet sehen, er schmeckt großartig und ist gar nicht so schwer zuzubereiten.

Eine Flußbarbe, ein Barsch oder Blei schmecken gebacken besser. Der sorgfältig geschuppte, und ausgenommene Fisch wird unter dem Wasserhahn kurz abgespült und mit einem Tuch abgetrocknet. Zum Backen richtet ihr den Fisch auf einer Platte an, nachdem ihr ihn innen gut gesalzen und rundum mit Butterflöckchen bestrichen und mit dünnen Schalottenscheiben dicht belegt habt. Macht noch ein paar Einschnitte an der Rückenseite, damit sich die Haut beim Braten nicht abhebt und schiebt ihn in den gut vorgeheizten Backofen. Wenn er fast gar ist – prüft das vorsichtig mit einer Gabel – fügt ihr ein Lorbeerblatt hinzu und übergießt ihn mit einem Glas Weißwein.

Bei manchen Fischen, z. B. beim Blei oder Barsch, auch beim Döbel kann man den Bauch vor dem Backen mit einer Handvoll Sauerampferblättern füllen. Dann werden die Gräten weich und stören beim Essen nicht so sehr.

Natürlich könnt ihr die Fische auch in der Pfanne braten. Aber bitte werft sie nicht einfach in heißes Fett und laßt sie braun braten wie an der Fischbude auf dem Markt. Ihr werdet sehen, mit ein bißchen mehr Liebe zubereitet schmecken sie besser. Nach dem Waschen und Salzen bestreut ihr sie mit ein wenig Mehl, wälzt sie in Mandelscheiben, und dann bratet ihr sie in etwas Öl und Butter kurz in der Pfanne an, so daß sie eben goldbraun werden. Sogar Forellen und Felchen schmecken so zubereitet vorzüglich. Beim Servieren gebt ihr etwas Petersilie und einige dünne Zitronenscheiben hinzu. Vor dem Braten könnt ihr sie auch in Milch tauchen oder gar mit etwas Sahne übergießen. Vor allem eines: das Fett darf nie zu heiß werden, vielleicht gar rauchen ... Auch solltet ihr vor jeder neuen Füllung die Pfanne mit einer Papierserviette sauber auswischen und neu fetten.

Ihr werdet sehen: Kochen macht Spaß.

71

Warum nur im Sommer angeln?

Oktober; blaßrosa leuchten überall die blattlosen Herbstzeitlosen *(Colchicum autumnale)* auf den Uferwiesen. Nebel hängt des morgens überm Fluß, und an den letzten sonnigen Tagen macht es Spaß, mit den Füßen durch das gelbe Herbstlaub auf den Uferwegen zu streifen. Auch jetzt noch trefft ihr hier und dort Angler. Seht einmal zu, was sie jetzt fangen!

In Schiffahrtskanälen

mit ihrer geringen Strömung, die die Fischwelt nicht durch ständige Bewegung des Bodengrundes stört, läßt es sich jetzt besonders gut angeln. Uklei, Karpfen und Gründling stehen jetzt dort an, auch Blei und Rotfeder. In Ufernähe oder an Ausweichstellen, wo der Schiffsverkehr die Angler und diese den Schiffsverkehr nicht behelligen, hat man am meisten Glück.

Seht mal, ein mächtiger Bursche: der Körper flach etwa 50 cm lang, mit hochgebuckeltem Rücken, blaugraue Flanken und weißer Bauch, ein unverhältnismäßig kleiner Kopf – das ist der Blei, zusammen mit Nase und Gründling ein typischer Grundfisch. Er ist nahe verwandt mit Rotfeder und Rotauge oder Plötze und kreuzt sich oft auch in freier Natur mit ihnen. Solche Kreuzungen, der große Kopf der Rotfeder am hochrückigen Körper des Blei – sind den Anglern wohlbekannt. Sie sind allerdings selbst nicht fortpflanzungsfähig. An langer Angelrute werden diese Fische mit Regenwurm oder kleinen Bällchen aus Weizenbrei als Köder vor allem in Grundnähe gefangen. Wenn das Wasser sauber ist, schmeckt der Blei recht gut, besitzt allerdings sehr viele Gräten, – gewiß keine Freude für Fischliebhaber.

Der Gründling – sonst meist auch ein Fisch des Tiefwassers – steht zu dieser Jahreszeit gewöhnlich mehr in Ufernähe. Er ist klein, nur 10–15 cm lang und an seinen zwei Bartfäden in den Lippenwinkeln zu erkennen. Man kann diese Fische anlocken, indem man ins flache Wasser steigt und – bei sandigem Grund geht das gut – leicht auf den Boden trampelt. Diese Erschütterungen und das Aufwirbeln des Bodengrundes üben eine unwiderstehliche Anziehungskraft auf den Gründling aus. Man kann auch einfach den Boden mit einem langen Stock ein wenig aufwühlen.

Die Raubfische

wie Hecht und Barsch fängt man mit der Wurfangel. Der Hecht greift sich mit Vorliebe schwache und kranke Fische. So kommt ihm in unseren Gewässern eine gewichtige Rolle als Jäger und Heger zu, weil er die am wenigsten widerstandsfähigen Fische wegfängt. Allerdings greift er durchaus auch gesunde Tiere an, wenn er keine leichtere Beute machen kann. Er lauert meist versteckt zwischen Schilfstengeln oder anderen Wasserpflanzen und stößt blitzschnell zu, wenn sich ein argloses Beutetier in seine Nähe wagt. Das müssen nicht unbedingt Fische sein; eine Wasserspitzmaus oder ein Teichhühnchen oder Entenküken ist ebensowenig vor ihm

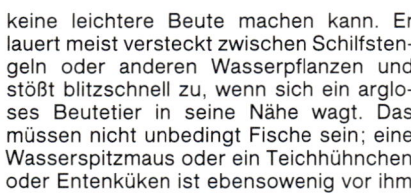

Mit seinem riesigen Maul verschluckt der Hecht (Esox lucius) seine Beute, den Kopf voran, mit einem Biß, und es kommt vor, daß er an einem größeren Beutefisch „erstickt", weil der ihm im Rachen steckenbleibt. Hechte nehmen wegen der starken Verschmutzung vieler Gewässer bei uns an Zahl ab.

Flußbarsch (Perca fluviatilis)

Ein großer Blei (Abramis bama). Dieser Fisch liebt klare, ruhige oder langsam fließende Gewässer mit schlickigem Grund. Er ist sehr scheu, lebt vor allem in Bodennähe und steigt nur nachts an die Oberfläche.

Zander (Lucioperca lucioperca)

sicher. Anders als z. B. der Aal, der nur seinem Geruchssinn folgt, orientiert sich der Hecht bei der Jagd ausschließlich mit den Augen. Man muß ihn mit einer kräftigen Nylonschnur angeln und benutzt am besten kleine Fischchen als Köder. Er läßt sich leicht zum Anbeißen verführen, wenn man zuweilen ein wenig an der Angelschnur ruckt, so daß der Köder verführerisch vor seinen Augen hin und her tanzt. Zudem spürt der geschickte Hechtangler dann auch eher, wenn seine Beute anbeißt.

Im Februar laichen die Hechte in dicht bewachsenen Gräben und ruhigen Bächen oder Flüßchen, wo immer das Wasser noch tief genug ist. Das Weibchen, das deutlich größer ist als der männliche Hecht, legt etwa 2000–3000 Eier von je 2–3 mm Durchmesser. Nach einem wilden Hochzeitstanz und nach dem Ablaichen werden die Weibchen oft zu Kannibalen und verspeisen ihre Ehepartner.

Ein anderer gieriger – und auch schädlicher – Raubfisch unserer Gewässer ist neuerdings auch der hübsch bunte Forellenbarsch *(Micropterus salmoides)*, der aus Amerika in unsere Flüsse eingeschleppt wurde. Er ist ein Konkurrent unseres Hechts geworden, bevorzugt allerdings warme Gewässer. Wie der Hecht spricht er auf Köderfischchen gern an, ebenso auf Regenwürmer und Heuschrecken. Mit seiner stacheligen großen zweilappigen Rückflosse ähnelt er unserem Flußbarsch. Seine Flanken sind hellgrün, schwarz gefleckt und gebändert, sein Bauch silbrig hell. Zur Laichzeit baut er eine Laichgrube und bewacht und befächelt dort seine Brut bis zum Schlüpfen.

Wie er, so ist auch unser einheimischer Flußbarsch *(Perca fluviatilis)* ein gewaltiger Räuber. Schwarze Querbänder auf dem Körper und rote Flossen sind sein Erkennungsmerkmal. Wie beim Forellenbarsch und beim Zander stehen Becken- und Brustflossen sehr nahe beieinander. Anders als der Hecht verfolgt der Barsch seine Beute in wilder Hetzjagd, und er kann zuweilen mit solcher Wucht auf seine Beute zuschießen, daß er über die Wasseroberfläche hinausschießt, ja sogar bis aufs Ufer springt. Vielfach sind die Gewässer mit Flußbarschen überbesetzt, so daß die

Nahrung nicht ausreicht. Dann bleiben die Tiere klein. Aber auch solche Barsche schmecken vorzüglich. Man muß sich nur vor den vielen spitzen Gräten in acht nehmen. Als Köder für die Barschangelei eignen sich lebende Fischchen, aber auch Blinker – kurz: alles, was wie ein Fischchen im Wasser blinkt und den Jagdtrieb anregt. Dem Barsch verwandt ist auch der Zander *(Lucioperca lucioperca)*, ebenfalls ein Räuber, der ein recht kräftiges Gebiß mit spitzen Zähnen hat. Ein gefangener Zander kann recht schmerzhaft beißen. Davor sollte man sich hüten. Er ist ein sehr stattli-

Der amerikanische Forellenbarsch *(Micropterus salmoides)* wurde zuerst in Fischzuchten und Teichwirtschaften bei uns eingeführt, hat sich dann aber schnell eingewöhnt und verbreitet.

cher und schöner Fisch von der Größe eines Hechts, mit schmalem Kopf und schlankem Körper und schwarzgestreiften Flossen. Er stammt eigentlich aus den Flüssen Osteuropas, wurde aber wegen seines ausgezeichnet schmeckenden, zarten und weißen Fleisches als begehrter Angelfisch auch bei uns eingebürgert.

Ein Blätterfisch

Geht es euch auch so, wenn ihr draußen das herbstlich bunte Laub seht, daß ihr all die besonders leuchtend gefärbten Blätter mit heimnehmen und aufbewahren möchtet? Versucht's doch einmal, Bilder daraus zu kleben. Der hübsche bunte Fisch links ist nur ein Beispiel, was man aus ein paar Blättern alles machen kann, vor allem die jüngeren unter euch, die mit dem Hohlmeißel und Schnitzmesser noch nicht so gut umgehen können. Als Kle-

beunterlage wirken Kunststoffolien mit einer Samtoberfläche gut. Ihr könnt sie in den Kaufhäusern in allen Farben bekommen. Bevor ihr eine Figur klebt, legt euch zuerst euer Bild auf einer anderen Unterlage zurecht, bis es euch gefällt. Erst dann solltet ihr es – mit wenig Leim – auf den endgültigen Untergrund aufkleben. Nun ans Werk – eurer Phantasie sind keine Grenzen gesetzt.

WINTER

*Die Brandgans oder Brandente
(Tadorna tadorna)*

    Den Jahreslauf hindurch waren wir dem Fluß auf seinem Weg gefolgt, hatten ihn in seiner Kindheit als ungebärdigen Wildbach erlebt, waren zwischen blühenden Sommerwiesen an seinen Ufern entlanggewandert, hatten uns in der wohlig warmen Herbstsonne im Boot auf seinen Wassern treiben lassen, wo er zum Strom angeschwollen sich gemächlich in weiten Windungen durch das flache Land schlängelt, hatten dem abendlichen Quäken der Enten gelauscht, als schon die ersten Herbstnebel-Schwaden wie nasse Tücher zwischen den dürren Halmen seiner schilfgesäumten Ufer hingen – und nun, da das Jahr sich

an der Mündung

neigt, haben wir mit ihm sein Ziel erreicht, dort wo er sich an der Grenze von Wasser und Land mit dem Meer vereint. Wären wir im Sommer hierhergelangt, die Landschaft hätte nicht viel anders ausgesehen. Sicher, wir hätten nicht fröstelnd im kalten Küstenwind gestanden, hätten vielleicht das in der Sonne blitzende Band des Flußlaufs noch weiter mit dem Auge verfolgen können – aber was bedeutet Weite, wo sich dem Blick kein Hindernis in den Weg stellt. Wenn im Dunst eines Frühwintertages Himmel, Erde und Wasser sich ineinander verlieren, – macht nicht gerade diese Grenzenlosigkeit die Schönheit dieser Landschaft aus?

Wir stehen im windgezausten Stoppelgras hoch oben auf dem Deich, atmen tangduftenden Seewind und schauen dem Wasser unseres Flusses nach. Im Polder- und Wattenland vor dem Deich zerteilt sich sein Strombett in eine Vielzahl von Flutrinnen und Armen. Brackwassertümpel glänzen hier und dort in den Marschen auf, die schüttere, dem Salzwasser trotzende Rasen von Queller *(Salicornia europaea)* und Strandsode *(Suaeda maritima)* für das Festland zu erobern versuchen. In den tiefen Rillen, die die Salzwiesen durchschneiden bis hinaus in das graue Schlickwatt – nicht mehr Festland, noch nicht Meer – eilt das einströmende Meerwasser der aufkommenden Flut voraus, die im Auf und Ab der Wellen immer weiter den flachen Wattenstrand hinaufleckt, als wollte sie ihn

Die feinsten Sinkstoffe aus abgestorbenen Pflanzenteilchen, anderem organischem Material und kleinsten Sandpartikeln, die der Fluß mit sich trägt, setzen sich in der Gezeitenzone ab und bilden graue Schlickbänke zwischen den Stromrinnen und Gezeitentümpeln.

für sich zurückgewinnen. Vor dem Schaumband der auflaufenden Wasser huschen graue Strandvögel hin und her und picken emsig im weiter und weiter aufgeschwemmten Spülgut, Strandläufer, Regenpfeifer, zwischen ihnen schwarz-weiß gefiedert und rotschnäbelig die Austernfischer *(Haematopus ostralegus)* und stelzbeinigen Säbelschnäbler *(Recurvirostra avosetta)*. Dort, wo schon das Meer über das Land gesiegt hat, schaukeln Enten auf den Wellen, Stockenten und prächtig gefärbte Brandenten *(Tadorna tadorna)*. Der aufgewühlte Schlick bietet ihnen reiche Nahrung, eine Vielzahl von Würmern und Krebsen, die aus ihren Wohnröhren gescheucht wurden. – Bis weit hinein in die Flußmündung steigt die Meeresflut, schichtet ihr salziges Wasser unter das leichtere Süßwasser des Flußlaufs und lagert im steten Wechsel der Gezeiten Meeresschlick im Flußbett ab, Schicht für Schicht. Eine Fauna,

Der Grau-Reiher (Ardea cinerea)

75

Ein Schwarm Ringelgänse (Branta
bernicla) auf dem Zug. Sie gehören
zu den regelmäßigen Wintergästen
an unseren Küsten.

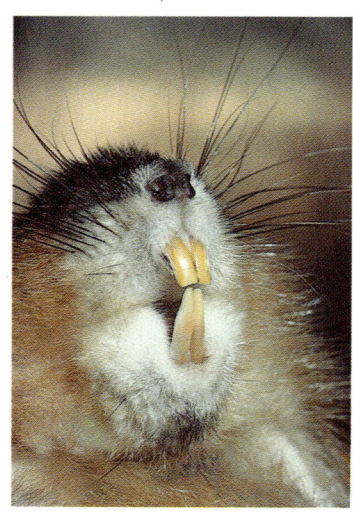

Die Nagezähne einer Bisamratte
(Ondatra zibethica). Wie bei allen
Nagern, bei Mäusen, Ratten,
Kaninchen und Hasen wachsen sie
zeitlebens weiter und müssen durch
Nagen ständig abgewetzt werden, um
funktionsfähig zu bleiben und nicht
zu lang zu werden.

wie wir sie sonst nirgendwo finden, entwickelt sich hier, Lebewesen, die die großen Salzgehaltsschwankungen überleben. Die Wollhandkrabbe tritt von hier aus ihre große Wanderung flußaufwärts an. Millionen kleiner Krebschen, Würmer und Muscheln filtrieren aus dem feinen, an Einzellern und Bakterien reichen Schlick ihre Nahrung heraus und werden selbst wieder eine leichte Beute der Fische. Auf den Uferbänken halten sich nur Pflanzen, die dem salzigen, kargen Boden Wasser und Nahrung abzuringen vermögen, Pflanzen, die uns draußen vor dem Deich in den weiten Salzmarschen begegneten, und die einzig an diese Lebensbedingungen angepaßt sind: Queller und Sode, Strandaster (Aster tripolium) und Salzbinse (Juncus gerardi), Strandhafer (Ammophila arenaria) und Strandflieder (Limonium vulgare). Dieses Grenzland zwischen Süßwasser und Meer bietet ungezählten Vögeln im Sommer Nistraum und im Winter eine Zufluchtsstätte, in der die Gezeiten Nahrung im Überfluß anspülen, mit der Nahrung allerdings heute auch immer mehr Gifte und schädliche Abfälle, von denen selbst das Meer nicht mehr frei ist.

Solche bis jetzt noch reichen Überwinterungsgebiete in der Gezeitenzone deutscher Flußästuare und in den angrenzenden Küstengebieten sind die Elbmarschen nördlich von Hamburg zwischen Pinn-au und Krück-au, der Knechtsand in den weiten Watten zwischen Elbe- und Wesermündung und Schleimünde, an der Mündung der Schlei in die Ostsee nördlich von Kiel. In riesigen Schwärmen finden sich zur Winterszeit dort Ringelgänse (Branta bernicla) aus den arktischen Bereichen Skandinaviens ein, Eiderenten (Somateria mollissima) und Nonnengänse (Branta leucopsis), das immer emsige Volk der Watvögel wie Alpenstrandläufer (Calidris alpina), Knutt (Calidris canutus), Pfuhlschnepfen (Limosa lapponica) und Brachvögel (Numenius arquata), vereinzelt sogar Zwerg- und Singschwärme (Cygnus bewickii und Cygnus cygnus) aus dem Nordosten Rußlands, Kampfläufer (Philomachus pugnax), Pfeifenten (Anas penelope), Stock- und Krickenten (Anas platyrhynchos und Anas crecca).

Kräftig durchgefroren fliehen wir hinter den Deich zurück und streifen noch durch die verschneiten Felder und Wiesen, wo Gebüschraine Schutz bieten vor dem eisigen Wind. Wie Reisigbesen ragen die braunen bereiften Rispen des Sauerampfers (Rumex acetosa) aus der Schneedecke.

Scharen von Wacholderdrosseln (Turdus pilaris) und Rotdrosseln (Turdus iliacus) treiben sich im dürren Schlehengebüsch der Feldraine herum. Als Wintergäste aus Skandinavien kommen sie zu uns. Von den Säugetieren, vor allem den vielen Nagern, die wir noch an Herbstabenden auf den Stoppelfeldern überall hatten umherhuschen sehen, namentlich von den Scher- oder Wühlmäusen (Arvicola sapidus) ist jetzt nichts mehr zu bemerken. Sie schlafen in einem alten Maulwurfsgang ihren Winterschlaf, von dem sie nur zuweilen aufwachen, um von ihren gesammelten Vorräten zu fressen. Nur wenn diese nicht ausreichen, verlassen sie ihr Winterquartier, graben sich flache Gänge unter dem Schnee, und irgendwo im Gebüsch, wo es noch Samen oder abzunagende Rinde gibt, finden wir dann auch ihre Fraßspuren. Fälschlicherweise wird diese große Wühlmaus auch als Wasserratte bezeichnet, da sie ihre flachen Sommerwohnhöhlen gern in Wassernähe an dicht bewachsenen Ufern baut. Sie kann zwar auch recht gewandt schwimmen, ist aber weder eine Ratte noch an das Wasserleben angepaßt und gräbt ihre Gänge nur in trockenem Erdreich, wo sie durch Abfressen der Pflanzenwurzeln dem Bauern großen Schaden bringt.

Ganz anders lebt ihr naher Verwandter, die Bisamratte *(Ondatra zebethica)*, die aus Amerika bei uns eingeschleppt wurde und sehr rasch an allen Wasserläufen in Europa heimisch wurde. Mit ihrem dichten braunen Fell und dem seitlich abgeplatteten Ruderschwanz ist sie ein ausgesprochenes Wassertier, das seine Wohnhöhlen vom Wasser aus in Deiche, Uferböschungen gräbt und dadurch großen Schaden anrichten kann. Auch diese Tiere hatten wir im Sommer hier im Küstenland vielfach in den Wasser-

Ein Iltis (Mustela putorius) legt im Winter auf Nahrungssuche weite Strecken zurück und taucht unter Umständen sogar in offenen Gewässern, um winterschlafende Frösche aus dem Bodenschlamm aufzuwühlen.

die zerriebenen Wurzeln des Beinwell oder wilden Borretsch *(Symphytum officinale)*, einer verbreiteten Pflanze der Ufervegetation, auf Brandwunden schmerzlindernd wirken.

das Gänsefingerkraut *(Potentilla anserina)*, das man häufig auf den stickstoffreichen Böden von Viehweiden und Flußufern findet, eine wertvolle Heilpflanze ist, die entzündungshemmende Wirkung hat. Aus den getrockneten und zerstoßenen Wurzeln und Blättern kann man einen Extrakt bereiten, mit dem man bei Zahnfleisch- oder Halsentzündungen gurgelt. Dazu kocht man ca. 50–100 g der Droge in 1 l Wasser kurz auf und filtriert den Extrakt durch ein sauberes Tuch.

Es gibt noch eine Reihe anderer Fingerkräuter, viele von ihnen mit niederliegendem Stengel auf dem Boden kriechend, die nicht als Heilpflanzen verwendet werden. Unser Gänsefingerkraut hat unregelmäßig gefiederte Blätter, deren einzelne grobgezähnte ovale Fiederblättchen beiderseits silbrig seidig behaart sind. Zwischen den einzelnen Fiedern stehen unregelmäßig kleinere rückgebildete Blättchen. Meist sind 10 und mehr Fiederpaare und ein unpaares Endblättchen vorhanden. Die Blüten sind tiefgelb und besitzen fünf Blütenblätter.

gräben zwischen den Feldern gesehen, wie sie, nur die Schnauzenspitze aus dem Wasser gestreckt, am Grabenrand im Schutz der überhängenden Ufervegetation entlangschwammen. Auch sie halten ihre nur zu Nahrungssuchgängen unterbrochene Winterruhe. Wenn allerdings der Hunger zu sehr quält, dann mögen sie wohl auch dort, wo der Boden nicht allzuhart gefroren ist, von ihrem Wohnbau aus nach Wurzeln wühlen oder gar unter dem Eis in den zugefrorenen Fluß, Graben oder See hinausschwimmen, um auf dem Grund nach pflanzlicher Nahrung zu suchen oder vielleicht die eine oder andere Fluß- oder Teichmuschel zu erbeuten. Feinde hat die Bisamratte in diesem Lebensbereich keine, denn das Raubwild, Iltis und Hermelin (*Mustela putorius* und *Mustela erminea*) vermag sie hier und zu dieser Zeit nicht zu verfolgen. Für sie beide bedeutet der Winter eine schwere Zeit. Das reiche Nahrungsangebot des Sommers, Mäuse jeder Art, Schermäuse und Bisamratten, Vogelgelege und Insekten, Frösche vor allem, ist jetzt unerreichbar. Sicher, der Iltis als guter Schwimmer vermag in einem noch offenen Gewässer zu tauchen und dort mit viel Glück einen überwinternden Frosch aus dem Schlamm zu wühlen; aber sobald sich eine Eisdecke vom Ufer her weit in den See hinaus gebildet hat, die Gräben und Teiche ganz zugefroren sind, bleibt diese Nahrungsquelle auch verschlossen, und es heißt, geduldig warten, bis man einmal einen fluglahmen Vogel erwischt oder eine Maus, die sich in den Schnee hinaus gewagt hat. Sonst wird die Zeit im Mulm einer hohlen Kopfweide oder tief im Höhlenwerk eines Steinhaufens verschlafen.

Dort, wo der feuchte Erlenbuschwald beginnt, der im Sommer so reich an allerlei Freßbarem war, finden wir die Wühlspuren von Wildschweinen (*Sus scrofa*). Auch sie haben jetzt eine schwere Zeit. Aber mit ihren Hauern können sie den harten Boden unter dem Schnee noch aufpflügen, schmackhafte Wurzeln freilegen, hier und dort wohl eine Maus oder eine Wühlmaus im Schlaf überraschen und als geschätzte Beikost verzehren oder am Ufer eine Wasserspitzmaus (*Neomys fodiens*) aus ihrem Bau graben.

Folgen wir doch unserem Fluß von der Mündung her wieder ein wenig landeinwärts und sehen zu, welche Tiere wir dort jetzt im Winter noch antreffen. Natürlich zuerst wieder die Möwen, ein paar große Silbermöwen (*Larus agentatus*), die sich von der Küste hierher verirrt haben, Lachmöwen (*Larus ridibundus*) in großer Zahl und selbstverständlich Krähen, Schwärme von Saatkrähen (*Corvus frugilegus*), die nun überall im Lande umhervagabundieren, wo es etwas Freßbares gibt, auf Feldern, an Flüssen und Seen, auf Müllkippen, wo sie sich mit den Möwen um so manchen erhaschten Leckerbissen streiten, eine Wurstpelle etwa oder eine tote Maus, vielleicht auch einen weggeworfenen Brotrest. Mit einem rauhen „Kroah-Kroah" fliegen die schwarzen Gesellen auf, wenn wir uns nähern, hocken wartend auf den verkrüppelten Eichen im Feld

Bekassine oder Sumpfschnepfe (Gallinago gallinago)

Wir baue

Vielleicht habt ihr irgendwo im Keller oder auf dem Speicher noch ein altes, undichtes Aquarium mit einem Eisen- oder Aluminiumrahmen. Das läßt sich leicht dichten, wenn ihr die Scheiben mit Silikonkautschuk neu einklebt. Diese Klebmasse könnt ihr in Tuben in jedem Kunststoffhandel zuweilen auch in Aquariengeschäften kaufen. Sie läßt sich leicht verarbeiten, haftet auf trockenem Glas, Holz, Metall und Kunststoffen sehr gut und bleibt nach dem Erstarren gummiartig elastisch.

Schöner als die Verwendung eines alten, rostanfälligen Metallrahmens ist es, ein Aquarium ganz aus Glas zu kleben. Auch das könnt ihr mit Silikonkautschuk. Und obendrein könnt ihr die Abmessungen des Aquariums dann selbst bestimmen. Merkt euch einige wichtige Maße: Ein Aquarium sollte immer tiefer als hoch sein, denn die Bodenfläche, die die Fische zur Verfügung haben, ist von Bedeutung für deren Wohlbefinden, Flächen, auf denen Pflanzen wachsen, auf denen es Unterschlupf gibt, auf denen man ein ausreichend großes Revier abgrenzen kann, wie es etwa ein Elritzenpaar, ein Stichlings- oder Gründlingspaar braucht, alles Fische, die in Aquarien gut zu halten, ja zu züchten sind. Pro Fisch von Stichlingsgröße sollte man mindestens 5, am besten 7–10 l Wasser rechnen.

Wenn ihr die Maße festgelegt habt, laßt ihr euch in einem Glashandel aus Abfallglas von Schaufenstern oder ähnlichem, das mindestens 5, besser 8 mm dick sein sollte, die Scheiben zuschneiden. Das ist nicht teuer. Vielleicht bekommt ihr auch irgendwo große Scherben von einem zerbrochenen Schaufenster, und euer Vater, eure Mutter oder der praktische nette Nachbar, den ihr immer zu Hilfe ruft, wenn der Wasserhahn tropft oder eine Sicherung durchgebrannt ist, schneidet sie euch

Eisvogel (Alcedo atthis)

in Aquarium

zurecht. Eine Bodenscheibe, zwei Längswände exakt der Länge der Bodenscheibe entsprechend, zwei Querwände, die genau die doppelte Dicke des Glases kürzer sein müssen als die Breite der Bodenscheibe. Selbstverständlich müssen alle Seitenscheiben rundum gleich hoch sein. Zunächst stumpft ihr die Kanten der Scheiben mit grobem Glaspapier etwas ab. Zuerst streicht ihr auf die saubere Bodenscheibe entlang einer Längskante dann einen schmalen ununterbrochenen Streifen Silikonkautschuk und setzt die erste Längswand fest auf. Außen und innen gegen die Scheibe gestellte, etwas beschwerte Buchständer halten die Wand senkrecht, bis nach etwa 30 Minuten die Klebverbindung erhärtet ist. Dann streicht ihr den Rand der benachbarten Querseite des Bodens ebenso mit Aquarienkitt ein und gleichfalls den Innenrand (nicht die Außenkante) der bereits geklebten Längswand, setzt dann die erste Querwand auf und drückt sie fest gegen die erste Wand. Mit Tesafilm könnt ihr den Scheibenwinkel oben fixieren und die Klebstellen erhärten lassen. Ebenso verfahrt ihr mit der nächsten Längs- und Querwand, bis das Bekken fertig ist. Nach frühestens zwei Stunden, besser am nächsten Tag macht ihr eine Probefüllung mit Wasser, das ihr einen Tag im Becken laßt. Ist das Becken undicht, so leert es, trocknet es sorgfältig aus und überzieht nun innen alle geklebten Winkel noch mit einer Klebstoffwurst. Ist sie erhärtet, so könnt ihr innen, oben an beiden Schmalseiten noch je einen schmalen Glasstreifen an die Querwand kleben, auf die ihr später die Abdeckplatte auflegt. Viel Spaß nun mit eurem Aquarium, aber Vorsicht, das Vollglasbecken zerbricht leicht. Es muß auf einer festen, sauberen und ebenen Unterlage stehen!

und am Ufer. Versuchen wir einmal ganz vorsichtig, uns näher an sie heranzupirschen. Dann erkennen wir, daß nicht alle Tiere in dem großen Schwarm gleich aussehen: Die meisten sind nicht vollkommen schwarz, sondern haben einen auffälligen hellgrauen federfreien Ring an der Schnabelwurzel; an den Schenkeln fallen die struppigen Federhosen auf. Manchmal erkennt man, daß über ihrem Gefieder ein leicht bläulicher Glanz liegt. Saatkrähen sind es, die im Sommer ebenso gesellig in riesigen Kolonien in den Bäumen kleiner Feldgehölze überall im Land brüten. Aber unter ihnen fallen auch, meist etwas abgesondert, einzelne Tiere durch ihr mattschwarzes Gefieder auf. Sie haben einen derberen Schnabel ohne hellen Ring an der Wurzel; ihnen fehlt das struppige Schenkelgefieder, und sie wirken insgesamt etwas kräftiger. Das sind einzelne Rabenkrähen *(Corvus corone)* die sich jetzt im Winter dem Schwarm zugesellt haben, die aber im Sommer mehr im waldigen Gelände ein Einzelgängerdasein führen. Ihr dürft sie nicht verwechseln mit dem Raben *(Corvus corax)*, der viel mächtiger erscheint als die Krähen, ja mit einer Spannweite von über 60 cm einer der größten Singvögel unserer Heimat ist. – Ja, auch die Raben- oder Krähenvögel gehören zu unseren Singvögeln. – Der Kolkrabe ist ein Einzelgänger, der abgelegene menschenferne Gebiete und stille Wälder als Lebensraum liebt. In Deutschland ist er bis auf wenige Paare ausgestorben.

Ein weiterer, etwas kleinerer Krähenvogel fällt euch in den schwarz gefiederten Schwärmen sicher noch auf, etwas zierlicher gebaut und im Gefieder heller wirkend durch seine graue Hinterkopf- und Nackenpartie, die sich deutlich von der mattschwarzen Haube auf dem Kopf abhebt. Dohlen *(Corvus monedula)* sind es, die ihr gewiß vom Sommer her auch als Brutvögel in Kirchtürmen und höheren Gebäuden eurer Heimat kennt und deren gewandte Flugspiele ihr vielleicht oft mit Freude beobachtet habt. Jetzt zur Winterszeit gesellen sich als Wintergäste unseren Saatkrähenschwärmen oftmals auch Dohlenschwärme aus den skandinavischen Ländern und aus Nordrußland zu. Ein riesiger Starenschwarm *(Sturnus vulgaris)*, eine Wolke von Tausenden von Vögeln, fällt im Schilf am Ufer ein, um dort geschützt vor dem eisigen Wind zu übernachten. Im Sommer hatten wir hier die akrobatischen Sturzflüge der Kiebitze *(Vanellus vanellus)* bewundert. Sie haben uns längst verlassen. Sie verbringen den Winter teils in den Mittelmeerländern, teils an den Küsten Englands. Aber da, wo inmitten des Schilfs in einer windgeschützten Bucht der sumpfige Boden noch nicht hart gefroren ist, geht eine kleine Gruppe Sumpfschnepfen *(Gallinago gallinago)* nieder. Mit ihren unproportioniert langen, pinzettenartigen Schnäbeln stochern sie im weichen Morast nach Würmern. Bekassinen heißen sie auch, oder mit volkstümlichem Namen „Himmelsziegen", weil die Männchen beim Balzflug mit ihren weit gespreizten Schwanzfedern ein surrendes

Rabenkrähe (Corvus corone)

Saatkrähe (Corvus frugilegus)

oder meckerndes Geräusch erzeugen, das wie das Meckern einer Ziege klingt. Jetzt, im Winter, treiben sie sich überall dort in den Sumpfniederungen des Flachlandes und Küstenvorlandes herum, wo eisfreie Sumpf- und Moorböden noch das Nahrungsstochern erlauben. Diese Bekassinen sind von Jägern geschätztes, aber leider zu seltenes Wildbret.

Von all der Ufervogelwelt ist der blau und orange schillernde Eisvogel *(Alcedo atthis)* auch im Winter seinem Revier treu geblieben. Wie im Sommer sieht man ihn an eisfreien Stellen an Seen und an Flußufern, gern auch an Fischzuchtteichen, auf einem dürren Ast oder Pfahl sitzen und auf Beute lauern, kleine Fischchen, die sich zu weit an die Oberfläche wagen. Aber schlimme Zeiten beginnen für ihn, wenn die Uferstreifen aller Gewässer eine Eisdecke haben, so daß er von seinem Ausguck das freie Wasser nicht mehr beobachten kann. 80–90% aller Eisvögel gehen in solchen Wintern jämmerlich zugrunde. In einem solchen harten Winter, wenn überall die Nahrung knapp wird, verirren sich wohl auch einmal kleinere Flüge von Nebelkrähen *(Corvus corone cornix)* zu uns in die Flußniederungen des norddeutschen Flachlandes. Sie sind die östlichen Schwestern unserer Rabenkrähen und treten im Osten unseres Vaterlandes, östlich der Elbe an deren Stelle. Sie sind schmucker als die Rabenkrähe und sehen mit ihrem silbergrauen Brust- und Bauchgefieder aus, als trügen sie eine graue Weste.

Auch in dieser Zeit, da das weite Küstenhinterland ganz in Eis und Schnee erstarrt zu sein scheint, zeigt sich dieses Flachland, um die Mündungen der großen Ströme mit seinen Heiden, Seen und Mooren dem, der die Augen offen hält, doch noch voller Leben, als Winterherberge für eine Vielzahl von Gästen. In den Mündungszonen der Ströme durchleben so manche Fische unserer Süßgewässer wesentliche Phasen ihrer Entwicklung. Die Flußmündungen sind für heimkehrende große Wanderer wie Lachs, Aal und Neunauge das Tor zu ihren Laichgewässern.

Aber diese Landschaft mit all ihren Brutgebieten, diese Landschaft, die bei jetzt noch einer so reichen Wasservogelwelt Nahrung und Lebenraum bietet, ist heute auch überaus gefährdet. Die Heidelandschaft fällt dem Pflug zum Opfer, Moore werden trockengelegt, riesige Küstenzonen mit ihren unersetzlichen Salzwiesen, Schlick- und Sandwatten werden eingedeicht und in lebensfeindliches Kulturland verwandelt. In den Flußmündungen reichern sich die Gifte an, die unüberlegt oder verantwortungslos in die Abwässer von Städten, der Industrie und Landwirtschaft eingeleitet werden. Versuchen wir doch, wo immer wir können, dazu beizutragen, daß uns wenigstens der verbliebene Teil dieser reichen Küstenlandschaft erhalten bleibt und nicht völlig dem Gewinnstreben und dem Wunsch nach immer weiter steigendem Lebensstandard zum Opfer fällt.

Die Küste im Frost

Wenn der eisige Nordwind die letzten trockenen Blätter aus dem winterdürren Geäst der Bäume fegt und die zerzausten Vogelnester hier und dort im Gezweig wehmütige Frühlingserinnerungen bleiben, wenn harter, harschiger Schnee die verdorrten Blätter des Huflattich am Ufer zudeckt, wenn der Wind an den bizarren Gerippen der Doldengewächse weiße Reifnadeln wachsen läßt und ihnen so eine neue leblos starre Schönheit verleiht, wenn nur noch das erschreckte Schnicken eines Rotkehlchens im Ufergebüsch das Gezeter einer Amsel oder der heisere Schrei von Krähen und Möwen die winterliche Stille erst so recht bewußt macht – dann fürchtet man wohl, bald werde auch diese letzte Lebensäußerung in der frostigen Starre der Landschaft verstummen.

Aber seht nur zu, die Stille täuscht. Eine Vielzahl von Spuren im Schnee verrät uns, welches geschäftige Treiben in der Stille überall herrscht: Unter den Erlen am Ufer zahllose Tritte kleiner Vogelfüße, dazwischen ein Zick-Zack von Mäusepfoten – die herabfallenden Erlensamen locken all diese Gäste an. Die Mäusespur endet dort, wo sie mit der eines Wiesels zusammentrifft. Etwas aufgekratzter Schnee, ein paar weiße und graue Flocken aus dem Mäusepelz erzählen von dem Drama, das sich hier abspielte. Die Fährte eines Fuchses führt am Schilfsaum des zugefrorenen Tümpels hinterm Deich entlang, kreuzt die Hoppelspur eines Wildkaninchens, wendet sich dann über den Deich und schnurge-

Reif und Eis überziehen die verdorrten Gräser am Ufer.

rade in das verschneite Watt hinaus bis an das offene Wasser und verliert sich zwischen den Tritten von Möwen, Enten und Gänsen und den zierlichen Trippelspuren von allerlei Strandvögeln. Sie konnten sich vor ihm wie vor uns auf das Wasser flüchten. Dort draußen wimmelt es von Vögeln, von Bläßhühnern und Enten, Gänsen und Schwänen, die sich hier eingefunden haben, wo das Meer ihnen in seinem Spülsaum den ganzen Winter über Nahrung im Überfluß bietet, Tang und angeschwemmte, irgendwo vom Ufer losgerissene Pflanzen, dazwischen Krebse, Muscheln und Schnecken, hier und dort einen toten Fisch. Nicht nur die Küste, auch die Süßwasserseen hinter dem Deich, die noch nicht zugefroren sind, bieten vielen Vögeln aus dem Binnenland nun Kost und Zuflucht. Eine Schar Moorenten *(Aythya nyroca)* taucht dort, eine nach der anderen, um auf dem Seegrund noch grüne Wasserpflanzen zu finden; 25–30 Sekunden bleiben sie unter Wasser, Zeit genug um bis zu 4 m tief zu tauchen. Platschend landet ein Flug neuer Gäste, hübsch schwarzweiße Reiherentenerpel *(Aythya fuligula)*, denen ein Federschopf lustig am Hinterkopf wippt, und Tafelenten *(Aythya ferina)* mit schön rostrotem Kopfgefieder, die Weibchen schmucklos braun. An Buntheit können sie allerdings nicht mit den schmucken Gänsesägern *(Mergus merganser)* wetteifern, die weiter draußen auf dem Meer oder am See nach Fischen tauchen. In Ufernähe, wo es sich am Eisrand noch gründeln läßt, schaukelt ein Pfeifentenpaar *(Anas penelope)* auf dem Wasser. Man erkennt deutlich ihren goldgelben Kopfstreif. Ihre hochstehenden Schwanzfedern weisen sie als Schwimmenten aus, wie unsere Stockenten, die nicht zu tauchen, sondern nur kopfabwärts im Flachwasser zu gründeln vermögen.

In einem besonders harten Winter tauchen vielleicht auch Schellenten *(Bucephalus clangula)* bei uns auf, weiß und mit schwarzem Kopf, oder gar die kleinen weißen Zwergsäger *(Mergus albellus)*, beides seltene Gäste aus dem hohen Norden.

Zwei Spießenten *(Anas acuta)* mit langen spitzen Schwanzfedern und ein Flug Stockenten streichen klingelnden Flugs in Keilformation über uns hin und fliegen dem Fluß zu. Hoch über uns ziehen Zwergschwäne *(Cygnus bewickii)*, beschreiben einen großen Bogen, ehe sie zu kurzer Rast auf ihrem Winterwanderflug draußen

auf dem See einfallen und ihren trompetenden Ruf hören lassen. Sie kommen von weither, aus dem Norden Rußlands, und ziehen weiter bis zum Bodensee und in die Mittelmeerländer.

Tag für Tag treffen neue Wanderer ein. Saatgänse *(Anser fabalis)* wandern zusammen mit Nonnengänsen *(Branta leucopsis)*; Ringelgänse *(Branta bernicla)* schließen sich an. Sie weiden die Seegraswiesen im Watt ab und fallen, wenn sie dort nicht genug finden, auch auf den bereits bestellten Feldern ein, wo die Wintersaat lockt. Für die prächtig bunten Brandenten oder Brandgänse *(Tadorna tadorna)* bietet der Spülsaum wieder einen immer reichgedeckten Tisch. Sie sind hier wie an allen Küsten zu Hause. Im Frühsommer hatten sie in verlassenen Kaninchen-Höhlen in den Dünen und weiter im Hinterland der Küste ihre Jungen aufgezogen und streifen nun an den Küsten umher, bleiben dort, wo immer sich genügend Nahrung findet, den kargen Winter zu überstehen, und offene See, auf die man bei Gefahr flüchten kann.

Den weitgefächerten Schwanz wie die Füße nach vorn gespreizt, den Körper aufgerichtet und mit den Flügeln nach vorn schlagend, so bremst die Stockente ihren raschen Flug vor dem Wassern ab.

Wo bleiben Frösche und Schlangen im Winter?

Die braungefärbten Grasfrösche *(Rana temporaria)* haben den Sommer über ausschließlich an Land gelebt, auf feuchten Wiesen, in Schilf und Binsen an Gewässerufern. Sobald die kälteren Spätherbsttage kommen, suchen sie sich einen Überwinterungsplatz, wo sie sich tief in weichen Schlamm eingraben können. Nicht selten suchen sie dazu ganz gegen ihre sonstige Gewohnheit Teiche oder Seen auf und wühlen sich dort, an tieferen Stellen, bis wohin auch bei starkem Frost das Eis nicht reicht, in den schlickigen Bodengrund ein. Ihre Körpertemperatur sinkt bis fast auf die Temperatur der Umgebung, und in dieser Kältestarre, in der ihr Sauerstoffverbrauch auf ein ganz geringes Maß erniedrigt ist, verbleiben sie, bis die erste Frühlingssonne das Eis abschmilzt und sie aufweckt. Die Sauerstoffaufnahme während der Kältestarre erfolgt nicht durch Lungenatmung, sondern durch Hautatmung, die auch im Sommer bei normaler Aktivität für die Frösche eine große Rolle spielt. Ähnlich wie sie überwintert auch der grüne Wasserfrosch *(Rana esculenta)*. Erstaunlicherweise verhalten sich unsere mehr wasserlebenden Molche, der Teichmolch *(Triturus vulgaris)*, der Kammolch *(Triturus cristatus)*, der im Gebirge häufigere Fadenmolch *(Triturus helveticus)* und der in dieser Hinsicht ihm ähnelnde Bergmolch *(Triturus alpestris)* genau umgekehrt: Sie suchen zum Überwintern das Land auf, um dort unter Laub, Steinen oder in einem Erdloch die Zeit ihrer Winterstarre zu verbringen. Ebenso tut's der Salamander, der schön schwarzgelbe Feuersalamander *(Salamandra salamandra)* und der ganz schwarze Alpensalamander *(Salamandra atra)*, die sich im Winter unter feuchtes Moos zurückziehen.

Unter den Reptilien, den Kriechtieren, sind es bei uns ausschließlich einige Schlangen, nämlich die allesamt ungiftigen Nattern, die das Wasser lieben und als vorzügliche Schwimmer auch an ein Leben im Wasser angepaßt sind, während unsere Eidechsen durchweg sonnig trockene oder – wie die zu den Eidechsen, nicht zu den Schlangen gehörige Blindschleiche *(Anguis fragilis)* in ihrem metallisch glänzenden Schuppenkleid – den feuchten Schatten von Waldrändern und Gebüschen beanspruchen, niemals aber das Wasser aufsuchen. Die Ringelnatter *(Natrix natrix)* ist sicherlich bei uns die häufigste Schlange. Wie ihre nahe, in Süddeutschland zuweilen vorkommende Verwandte, die Würfelnatter *(Natrix tessellata)*, lebt sie immer in der Nähe von Gewässern, schwimmt und taucht gewandt und ausdauernd und ernährt sich fast ausschließlich von Fröschen, Molchen und Fischen, die sie, obwohl weit größer als ihr eigener Kopf, ungetötet und mit Kopf und Knochen ganz verschlingen, wie es auf dem Bild rechts zu sehen ist. Allerdings zeigt das Bild den Kopf einer weiteren ihrer Verwandten, der Vipernatter *(Natrix maura)*, die nur in Südeuropa, im Süden der Schweiz, in Italien und Frankreich vorkommt. Man erkennt wie das Maul wegen des Fehlens eines festen Kiefergelenks weit gedehnt werden kann.

Sonnenhungrig, wie alle Schlangen sind, überstehen auch sie die kalte Jahreszeit in einer Winterstarre. Dazu suchen sie sich allerdings gern Orte aus, wo ihnen die

Ringelnatter (Natrix natrix)

Grasfrosch (Rana temporaria)

Würfelnatter (Natrix tessellata)

Vipernnatter (Natrix maura)

Sumpfschildkröte (Emys obicularis)

Winterkälte nicht allzusehr zusetzt, Dung- und Misthaufen z. B. oder Haufen von verrottendem Laub, wo die Fäulnis- und Gärungswärme den Frost abhält. Dort, aber auch unter Steinen und in Erdlöchern finden sie sich zuweilen gegen Ende Oktober zu ganzen Winterschlafgemeinschaften von 20 und mehr Tieren ein. Sobald die Außentemperaturen steigen – auch an warmen Tagen im Winter – können sie erwachen.

Im April bis Juni etwa, je nach Witterung, paaren sich die Nattern und legen – wiederum gern in Dunghaufen, aber auch an warmen Stellen in weicher Erde – 8–40 mit ihrer pergamentartig weichen Schale zusammenklebenden Eier ab. Aus ihnen schlüpfen nach etwa 6–10 Wochen die ca. 17 cm langen Jungen aus, die sich zuerst ausschließlich von Insekten ernähren.

Obwohl die Wassernattern, die Ringel-, Würfel- und Vipernatter als Fischfangspezialisten zuweilen etwas Schaden unter der Fischbrut anrichten, ist dieser doch gering, da sie vor allem schwächliche und kranke Tiere erbeuten. Zu Unrecht werden sie also von Menschen verfolgt und als giftig beargwöhnt. Das letztere dient, allerdings ungewollt, wohl eher ihrem Schutz. Wirklich kann die bei uns selten auftretende Würfelnatter, wenn sie sich aufrichtet und mit aufgesperrtem Maul drohend zischt und zustößt, recht gefährlich aussehen, zumal sie durch ihre Schuppenzeichnung der Kreuzotter (Vipera berus) sehr ähnelt. Die nirgends seltene Ringelnatter wiederum ist für den Unerfahrenen vielleicht mit der giftigen Aspisviper (Vipera aspis) zu verwechseln, die sehr selten auch im Süden unseres Landes vorkommt, aber nie am Wasser lebt. Zudem ist die Ringelnatter sehr sicher an den gelben Halbmonden beidseits hinter dem Kopf (Bild oben) zu erkennen. Alle Nattern werden auch viel länger als die beiden giftigen Vipern, die Ringelnatter 1,5, ja 2 m lang. Sie besitzen eine spitzere Schnauze als jene und ein langes, allmählich sich verjüngendes, spitzes Hinterende, während der Körper der Vipern, zu denen ja unsere Kreuzotter gehört, sich abrupt zu dem kurzen, dünnen Schwänzchen verjüngt.

Schließlich kennt ihr an wasserlebenden Reptilien noch die Schildkröten. Bei uns in Deutschland kommen sie in freier Natur zwar kaum noch – nur östlich der Elbe und in einigen verwilderten Kolonien in Süddeutschland – vor; aber schon in Frankreich und Italien sowie Jugoslawien sind sie gar nicht selten, vor allem die Europäische Sumpfschildkröte (Emys obicularis). Sie liebt ruhige klare Gewässer mit starkem Uferbewuchs. Dort lebt sie von Insekten, Würmern, kleinen Fröschen und Molchen und erbeutet wohl auch einmal schwache oder kranke Fischchen. Den Winter verbringt sie eingegraben im Bodenschlamm ihrer Wohngewässer, und selbst wenn diese zufrieren, reicht in der Winterstarre die Sauerstoffversorgung durch Hautatmung aus, sie am Leben zu erhalten. Schildkröten werden sehr alt, etwa 120 Jahre, und erreichen erst etwa mit 10 Jahren die Geschlechtsreife. Die Eier werden im Spätsommer an Land in einer Erdgrube abgelegt, die Jungtiere überwintern zum Teil noch im Ei, ehe sie im kommenden Frühjahr schlüpfen. Schildkröten sind überall in Europa geschützt.

Pflanzen, die nie blühen
SCHACHTELHALME

Sie sind schon seltsame Pflanzen, die Schachtelhalme oder Zinnkräuter: wie kleine dürre Tännchen sehen sie aus, sind geruchlos und fühlen sich eigenartig hart, trocken und körnig an, wenn man die blattlos kahlen Triebe zwischen den Fingern zerreibt. Wir finden sie überall in zahlreichen Arten, an trockenen Wegrändern und auf Äckern den Ackerschachtelhalm (Equisetum arvense), auf den feuchten Böden schattiger Wälder den Waldschachtelhalm (Equisetum silvaticum), dort, wo es lichter wird, auch den Wiesenschachtelhalm (Equisetum pratense), auf den sandigen, feuchten Schwemmböden an den Ufern größerer Flüsse den Ästigen Schachtelhalm (Equisetum ramosissimum), an morastigen Teichrändern und Wiesengräben den Teich- und den Sumpfschachtelhalm (Equisetum fluviatile und Equisetum palustre). Gerade die letzteren können dem Vieh recht gefährlich werden, da sie in reicherem Maße als all die anderen Schachtelhalmarten ein Gift in ihren Zellen enthalten, das Equisetin, das namentlich bei Kühen schwere Lähmungen hervorruft, ja an dem die Tiere verenden können. Bleiben die meisten Schachtelhalmarten klein und werden kaum 50 cm hoch, so läßt der Riesenschachtelhalm (Equisetum maximum) ahnen, wie es auf der Erde ausgesehen haben mag, als vor etwa 250 Millionen Jahren im Karbon, der Zeit, in der die Steinkohle entstand, baumförmige Schachtelhalme von mehr als 20 m Höhe in Sumpfniederungen dichte Wälder bildeten. Diese große Pflanzengruppe ist bis auf die wenigen uns vertrauten Arten ausgestorben. Unser heutiger Riesenschachtelhalm wird nur noch gut mannshoch, aber ihr könnt auch noch ganz gut versteckenspielen in so einem schwere Dickicht aus Riesenschachtelhalmen, wie man es zuweilen an sumpfigen Waldstellen antrifft. In den Tropen allerdings, in Peru und Chile gibt es auch noch 4–8 m hohe Baumschachtelhalme.

Überall, wo es genug Feuchtigkeit gibt, findet man Schachtelhalme, nur auf den salzigen Marschböden des Küstenlandes fehlen sie. Sie alle bilden vieljährige in der Erde wuchernde Ausläufer, von denen im Frühjahr die oberirdischen grünen, gegliederten Sprosse mit ihren wirteligen Seiten-

zweigen auswachsen. Wie die Moose und Farne treiben die Schachtelhalme keine Blüten, bilden keine Samen aus; aber im Unterschied zu den anderen niederen Pflanzen, den Pilzen und Moosen besitzen sie schon Leitbündel wie höhere Pflanzen, d. h. Bündel von Saftröhren für den Wassertransport durch den Sproß und in die Seitenzweige. Der Sproß ist innen hohl und besteht aus einzelnen ineinandergesteckten Gliedern, genau wie die Seitenzweige, die immer am Ende eines Sproßgliedes in großer Zahl quirlig von dem Hauptsproß abzweigen. Die Blätter, bei ihren Vorfahren im Erdaltertum noch stärker ausgebildet, sind zurückgebildet bis auf einen Kranz winziger, miteinander verwachsener häutiger Zipfel am Ende jedes Sproßgliedes. Anstelle von Blüten entwickeln sich an der Spitze der Sprosse kurze gelbbraune Ährchen, in denen dicht gedrängt beieinander kleine, kurzgestielte etwa sechseckige Schildchen sitzen, wie lauter kleine Tischchen sehen sie von nahem betrachtet aus. Auf der Unterseite dieser Schildchen sitzen Sporenkapseln, Sporangien, die zur Reifezeit Millionen winziger runder Sporen ausstreuen. Bei manchen Arten, wie beim Sumpfschachtelhalm, entstehen die Sporenähren im Herbst an der Spitze der grünen Triebe, während z. B. bei dem uns so vertrauten Ackerschachtelhalm und beim Riesenschachtelhalm zeitig im Frühjahr blattgrünlose bleiche Triebe mit „Blüten"ähren entstehen, während erst später die grünen Triebe auswachsen.

Die Sporen sind ganz eigenartige Gebilde. Unter dem Mikroskop erkennt man ihren Bau genauer: Es sind winzige grüne runde Körnchen, an denen an einer Stelle vier lange, flache Bänder ansetzen, die bei feuchtem Wetter spiralig um das Sporenkorn gewickelt sind, sich aber beim Austrocknen entspannen und wie vier dünne Flügel von der Spore abstehen. So kann der Wind sie weit forttragen. Mehrere Sporen können sich mit ihren Flügeln verhaken und gemeinsam fortgeblasen werden wie Löwenzahnsamen. Das dient natürlich der Verbreitung der Pflanzen. Aber ganz seltsam ist das Schicksal der Sporen. Sie sind keine Samen, aus denen gleich eine neue Schachtelhalmpflanze keimt, sondern aus ihnen wächst ein wenige Millimeter großes, grünes, blattförmiges oder unregelmäßig gelapptes Gebilde aus, sobald sie auf feuchte Erde fallen. Man nennt diese Gebilde Prothallium (griech. = Vor-Keim). Auf der Unterseite mancher solcher Prothallien entstehen in einer Grube aus mehreren Zellen, einem sogenannten Archegonium, Eizellen. Auf anderen solchen Prothallien entstehen Antheridien, männliche Geschlechtsorgane, die bei feuchtem Wetter männliche Geschlechtszellen entlassen. Diese schwimmen zu den Archegonien der weiblichen Vorkeime, befruchten deren Eizellen, und erst aus ihnen entwickelt sich eine neue Schachtelhalmpflanze. Ähnlich geht auch die Fortpflanzung bei Moosen und Farnen vor sich. Das Leben solcher blütenlosen Pflanzen verläuft also immer in zwei unterschiedlichen Generationen. Man spricht von einem Generationswechsel. Pflanzen mit solch einem Generationswechsel sind viel urtümlicher als unsere Blüten- und Samenpflanzen, und sie entstanden in der Erdgeschichte weit vor diesen.

Kleine Basteleien für unfreundliche Tage

Eine Ente aus Wellpappe

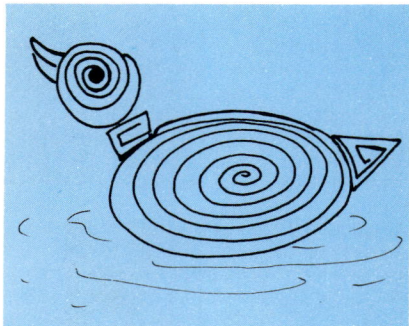

Ein langer Streifen Wellpappe, eine Schere und etwas Klebstoff, das ist alles, was ihr braucht. ⅔ des Wellpappstreifens rollt ihr zu einer großen Rolle und klebt das Ende fest, nachdem ihr es umgeschlagen habt. Aus dem Rest rollt ihr den Kopf und klebt ihn an den etwas oval gedrückten Körper. Dann faltet ihr aus ein paar kleinen Pappresten den Schwanz und den Schnabel, wie das Bild es zeigt, und klebt beides am Kopf und Hinterteil fest – und fertig ist die Ente. – Quääk – Quääk!

Ein Segelvogel

Auf steifem Zeichenkarton zeichnet ihr zweimal den Umriß des unten abgebildeten Vogels, schneidet die Teile ganz sauber aus und knickt sie an einer Linealkante entlang in der Linie A–B. Beide Teile klebt ihr mit den unteren Körperhälften zusammen und faltet die beiden Oberteile so, daß sie im rechten Winkel zur Seite stehen – aber schön gleichmäßig. Zur Beschwerung und gleichzeitig als Augen könnt ihr durch das Vorderende zwei Heftzwecken stecken und jederseits an der Spitze eine halbe Scheibe von einem Flaschenkorken ankleben. Segelt das Modell nicht gut, überschlägt es sich nach hinten, so könnt ihr es vorn mit ein paar angesteckten Stecknadeln schwerer machen.

Verfolgte Greife und gejagte Jäger

Einer der stattlichsten Greifvögel Europas, die man – ja, leider muß man sagen: früher – an allen fischreichen Flüssen, Seen und Meeresküsten Deutschlands beim Beutefang beobachten konnte, ist der Fischadler *(Pandion haliaëtus)*. Heute brütet dieser schöne Greif allenfalls noch vereinzelt in abgelegeneren Gebieten an den Seen und Küsten Holsteins und im Osten Deutschlands, in Mecklenburg. Dieser scheue Vogel flieht der betriebsamen Nähe des Menschen. Zudem wurde dieser auf die Fischjagd spezialisierte Greifvogel lange Zeit als „Fischdieb" verfolgt, obwohl ein ausgewachsener Fischadler kaum mehr als zwei bis drei Fische mittlerer Größe täglich an Nahrung benötigt. Wenngleich also der Fischadler als Brutvogel in Westdeutschland fast ausgestorben ist, können wir ihn überall, wo abgelegene fischreiche Gewässer ihn zur Rast auf seiner Winterwanderung einladen, zuweilen noch an vielen Stellen unserer Heimat beobachten, denn die an den skandinavischen Küsten und den einsamen finnischen Seen brütenden Tiere weichen im Winter in südlichere Länder aus und stellen sich als Wintergäste regelmäßig sogar in Westdeutschland ein, z.B. im Taubergießen, einem allerdings heute immer mehr durch die Landwirtschaft gefährdeten Wasservogelparadies am Oberrhein, in der Nähe des Kaiserstuhls. Aber auch solche Tiere sind hier bei uns und vor allem in unserem Nachbarland Frankreich gefährdet, weil es immer wieder trophäensüchtige Jäger gibt, die solche Greifvögel abschießen, manchmal in der Meinung, es sei ja „nur" ein Bussard.

In langsamem Gleitflug streicht der Fischadler hoch über dem Wasser dahin, bleibt plötzlich, wenn er eine Beute erspäht, wie ein Falke rüttelnd in der Luft stehen und stürzt dann mit angewinkelten Flügeln und vorgestreckten Fängen aus etwa 20–50 m fast senkrecht in das hoch aufspritzende Wasser hinab, taucht wieder auf mit einem zappelnden Fisch in den Krallen, schüttelt im Auffliegen das Wasser aus dem Gefieder und streicht zum Ufer ab, wo er seine Beute verzehrt. Wie kein anderer Greifvogel ist er an seine Jagdweise angepaßt: Das Sekret einer stark entwickelten Bürzeldrüse (vgl. Wasseramsel) fettet sein Gefieder und schützt es vor dem Eindringen von Wasser; die Außenzehe seiner kräftigen und mit ungewöhnlich langen und spitzen Krallen bewehrten Fänge kann er wie eine Eule zusätzlich zum Daumen noch nach hinten drehen und so selbst die glitschigen Fische sicher packen. Dabei hilft noch die stachelige Beschuppung seiner Zehenunterseiten. Allerdings kann er, wie es beobachtet wurde, seine Krallen so fest in den Rücken der Beute schlagen, daß ein ihm an Kräften überlegener Fisch wie etwa ein Wels ihn rettungslos mit in die Tiefe zieht, wobei dann beide Kampfpartner verenden.

Als Nistplätze sucht sich der scheue Vogel abgelegene Inseln, Klippen oder Wälder in der Nähe großer Seen, wo er seinen mächtigen Horst aus aufgefischten Ästen und Reisig auf hohen Bäumen, auf Felsvorsprüngen oder gar auf dem Boden baut. Dort brütet das Weibchen die wenigen, meist 2–3 weißen, braungefleckten Eier aus, während das kleinere, wendigere Männchen unermüdlich Nahrung heranschafft. Das Weibchen zerreißt sie und verteilt sie an die Jungen, die alles gierig mit Flossen und Gräten verschlingen. Vier- bis fünfmal am Tag bringt das Männchen seine Beute, gewöhnlich Fische, nur ganz selten und bei Nahrungsmangel Landtiere, Mäuse oder junge Kaninchen. Nach einem Monat etwa werden die Jungen flügge, lernen die Beute selbst zu zerreißen und nach ca. 2 Monaten fliegen die Jungtiere selbständig auf Jagd aus. Fischadlerpaare bleiben zeitlebens zusammen und benützen gern immer wieder ihr angestammtes Nest. Ein ausgewachsenes Tier erreicht bei einer Größe von ca. 65 cm eine Flügelspannweite von 1,60 m, und es ist schon ein prächtiger Anblick, wenn man einmal das Glück hat, diesen Greif beim Fischen oder bei kurzer Rast auf einem dürren Ast zu beobachten, das Rückengefieder braungrau, Bauch, Kehle und Kopf weiß bis auf einen deutlichen dunklen Augenstreif und die gesträubte Haube aus abstehenden braunen Federchen am Hinterkopf.

Irgendwo verborgen im dichten Auwald, am Ufer eines klaren Altwassers, vielleicht am Oberrhein, taucht lautlos ein etwa meterlanges schlankes und kurzbei-

Der Fischotter (Lutra lutra), bei uns fast ausgerottet, sorgt wesentlich mit für das biologische Gleichgewicht eines gesunden, natürlichen Fischgewässers.

niges Tier aus dem Wasser auf, braunes dichtes Fell, aus dem die kurzen runden Ohren kaum hervorschauen, weiße Kehle, ein von weitem sichtbarer Schnurrbart – fast wie ein kleiner Seehund sieht es aus, wäre da nicht der kräftige, lange, glatthaarte Schwanz und seine gewandte Beweglichkeit an Land; wie ein Marder schlüpft er die Uferböschung hoch und – ihr traut euren Augen nicht – rutscht auf einer lehmig-glitschigen Rutschbahn gleich daneben wieder ins Wasser. Mehrmals wiederholt er dieses Spiel, als habe er Freude daran, und dann verschwindet er, wohl durch ein Geräusch aufgeschreckt, hüpft in wellenartigen Sprüngen wie ein Wiesel über einen Landzipfel und verschwindet wieder geräuschlos im Wasser. Dort seht ihr ihn noch, die kurzen Vorderbeine an den Körper gelegt, die Hinterbeine nach hinten gestreckt mit kräftigen Ruderbewegungen seines Schwanzes unter dem Ufer lang davonschwimmen – ein Fischotter (Lutra lutra), eines der scheuesten Raubtiere unserer Heimat. Wie seine Gestalt und Fortbewegungsweise erkennen lassen, gehört er zu den Mardern und Wieseln, zu den Musteliden, wie die Biologen sagen. Aber er ist an seine Lebensweise im und am Wasser bestens angepaßt, er ist zu einem Wassertier geworden: ein dichter, kurzhaariger Pelz, kurze verschließbare Ohren, fast verschließbare Nasenlöcher, immer wache Augen, lidlose, Schwimmhäute zwischen den Zehen der nur selten zum Schwimmen benutzten Beine, und ein ungewöhnlich kräftiger, von der Wurzel bis zur Spitze hin sich verjüngender Ruderschwanz. Verschrien als Fischräuber, gejagt wegen seines schönen weichen Pelzes, ist er in Westeuropa bis auf wenige Paare ausgestorben, und es gehört schon zu den ganz großen Erlebnissen eines Naturfreundes oder Biologen, diesen scheuen, leise und verborgen lebenden Wasser-Marder einmal in freier Wildbahn beobachtet zu haben, zumal durch „Kultivierung" von Flußland-, See-

Der „Sumpfbiber" oder Nutria (Myocastor coypus) ist eines der Beutetiere des Otters. Dieser große Nager ist dem Biber nicht verwandt. Er wurde wie die Bisamratte aus Amerika zu uns eingeschleppt.

und Küstenlandschaften der mögliche Lebensraum des Otters immer geringer wird und die Vergiftung unserer Flüsse ihr übriges tut, den Otter ganz auszurotten, was auch eine ganzjährige Schonzeit dieses Tieres wohl kaum noch verhindern kann.

Ottern schwimmen gewandt wie Seehunde und können in kurzer Zeit große Strecken stromauf und stromab zurücklegen. Entsprechend groß ist ihr Jagdrevier, das sich über mehrere Kilometer eines Flußlaufs erstrecken kann. Geht die Nahrung aus, so kann er weite Wanderungen über Land unternehmen, ja auf dem Weg zu anderen Gewässern sogar Gebirge überschreiten. Hauptsächlich nachts, namentlich in Vollmondnächten aktiv, verbirgt er sich tagsüber im Gebüsch, Schilf oder in seinen selbst gegrabenen Wohnrohren am Flußufer bzw. in natürlichen Höhlen. Das Einschlupfloch liegt unter Wasser, aber seinen Wohnkessel hat er über der Hochwassergrenze im Trockenen. Von dort gräbt er auch einen Luftkanal an die Erdoberfläche.

Sommers wie winters aktiv jagt er so, daß er am Ufer – oder einem selbst gekratzten Eisloch – sitzt und wartet, bis er einen Fisch sichtet. Dann schlüpft er lautlos ins Wasser und hetzt den Fisch, möglichst gegen die Strömung, bis dieser ermattet ist, oder bis er im Pflanzen- und Wurzelgewirr unter dem Ufer, vielleicht auch in einer Höhlung der Uferböschung nicht mehr weiter kann. Dann packt er ihn mit spitzen Zähnen. Dabei kann der Otter 8, ja 10 Minuten unter Wasser bleiben, ehe er – eventuell durch ein Loch im Eis – wieder Luft schnappen muß. Entweder verzehrt er die Beute wassertretend aufrecht im Wasser stehend, oder auf dem Rücken an der Oberfläche schwimmend, oder er schleppt sie ans Ufer. So kann er mehrere erjagte Fische gleichzeitig im Maul und mit den scharfkralligen Vorderpfoten an sich gedrückt zum Ufer transportieren. Fische, Molche, auch Wasserratten und Bisamratten, ja sogar erwachsene „Sumpfbiber" oder Nutrias (Myocastor coypus) gehören zu seiner Beute. Durch die Jagd auf diese Zerstörer der Ufer, die keine anderen Feinde haben, stiftet er viel Nutzen und wird zu Unrecht als Schädling unserer Fischgewässer beschuldigt, denn sein Verbrauch an Fischen ist gering. Wegen der nächtlichen Lebensweise ist das Revier, wo ein Otter seine beiden Jungen pro

Kopf des Fischadlers (Pandion haliaëtus). Fischschuppen von der letzten Mahlzeit kleben noch an dem hakenförmigen Reißschnabel.

Jahr aufzieht, gewöhnlich nur für ein geübtes Auge an den mit Fischschuppen markierten Freßplätzen und dem schuppenreichen Otterkot auf den Otterwechseln, vielleicht auch an den Rutschbahnen am Ufer zu erkennen. Vielleicht wird uns diese heimliche Lebensweise den Otter wenigstens noch in einigen Paaren in abgelegenen Fluß- und Teichgebieten als Teil unserer Tierwelt erhalten.

Meister im Wasser-bau

eine Nisthöhle bauen will, errichtet aus gesammeltem und zurechtgenagtem Knüppelholz, auch aus frisch abgenagten herabhängenden Ästen und dünnen Pappel- oder Weidenstämmchen mitten im flachen Wasser einen Holzstoß von etwa 1,50 m Höhe und etwa 2 m Durchmesser am Grund. Über dem Wasserspiegel im

Wie der Otter, so war auch der Biber (Castor fiber), mit 1,20 m Länge der größte Nager unserer heimischen Tierwelt, früher überall bei uns in unterholzreichen Auwäldern um Bäche, Flüsse und Seen zu Hause. Zahlreiche Namen von Städten und Dörfern, die an Flüssen gelegen sind, wie Biberach, Biberbrugg, Bibrich und Biberweier, auch Bevensen, erinnern daran. Aber die Urheber dieses Namens sind in Westeuropa bereits seit dem vorigen Jahrhundert ausgerottet. Der Biber wurde teils seines Pelzes, teils auch seines wohlschmeckenden Fleisches wegen gejagt, früher auch deshalb, weil den Duftdrüsen am Hinterkörper der Biber, an deren Sekret sich die Tiere erkennen, eine gewisse Heilwirkung gegen manche Krankheiten nachgesagt wurde. Als „Biber-Geil" wurden sie teuer verkauft. Heute gibt es in Deutschland nur noch am Mittellauf der Elbe einige kleine Biberkolonien.

Selbstverständlich kennt ihr die Biber als die seltsamen Tiere, die Bäume fällen und Staudämme und Burgen in Flüssen bauen. Das tun sie natürlich nicht, weil sie ihrem Spieltrieb folgen, sondern um sich vor Großraubtieren sichere Wohnhöhlen zu schaffen. Nur, tun das Otter und Bisamratten nicht auch, ohne sich als Stauwerkbaumeister zu betätigen? Sicher, und ebenso graben die Biber auch als Wassertiere lange Wohnhöhlen vom Wasser aus in steile Uferböschungen, wo dies möglich ist. Mit einem Eingang unter Wasser steigen die Wohnröhren steil an, und der Wohnkessel wird hoch über der Wasserlinie im trockenen Erdreich angelegt. Dort aber, wo in sumpfigen Flußniederungen mit flachen Ufern – dem bevorzugten Lebensraum der Biber – derartige Erdbauten nicht möglich sind, wußten sich diese Tiere anders zu helfen. Ein Biberpaar, das sich

Trockenen sparen sie in der „Holzburg" einen Wohnkessel aus, mit einem Ausschlupf unter der Wasseroberfläche. Steigt der Wasserstand, so wird die Burg erhöht und ein zweiter Wohnkessel angelegt, und je nach Wetterlage bietet nun der eine oder andere Kessel ein sicheres und trockenes Wohnquartier. Alle Lücken zwischen den miteinander verhakten Knüppeln und Ästen werden mit Reisig, Grasbüscheln, Moos und feuchter Erde abgedichtet. Das „Mauermaterial" müssen die Tiere ebenso wie alles andere Baumaterial vom Land her anschleppen, und dazu kommt ihnen ihr Körperbau sehr zustatten. Auf schlammig feuchtem Grund schiebt der Biber mit den großen und kräftigen Hinterbeinen einen Haufen feuchter Erde zusammen, wie er es beim Graben von Erdhöhlen gewohnt ist, dann dreht er sich um, knetet mit den wie zwei Hände gegeneinander drehbaren, sehr kurzen Vorderpfoten einen festen Klumpen daraus und transportiert ihn, fest zwischen Kinn und Vorderbeine gedrückt, zur Baustelle. Auf dem Land ist er natürlich bei einem solchen Transport nicht sehr behende, aber sobald er das Wasser erreicht hat, kommt ihm wohl kein anderer Säuger an Wendigkeit gleich. Mit kräftigen Schwimmzügen seiner mit Schwimmhäuten versehenen Hinterbeine, den kellenartig breiten und flachen, mit Schuppen besetzten Schwanz als Steuerruder benützend, schwimmt er zu seiner Burg. Unten und an den Seiten gegen Wind und Wetter abgedichtet, bleibt das Bauwerk nach oben „unverputzt" und erlaubt so eine gute Lüftung und Wärmeregulierung. Die Burg erhält allmählich eine solche Festigkeit, daß sie einen erwachsenen Menschen oder auch einen Bären, den Feind des Bibers, ohne weiteres trägt; und wenn ein Raubtier, ein Bär, Luchs oder Wolf wirklich beginnt, die Burg von oben her zu zerstören, so sind die Bewohner längst unter Wasser entschlüpft.

Ist der Bau abgeschlossen, etwa im Februar oder März, so findet die Paarung statt, und etwa im Mai oder Juni werden die zwei bis fünf Jungen geboren, mit einem Gewicht von ca. 500 g noch sehr klein gegenüber ihren bis zu 30 kg schweren Eltern. Als reine Pflanzenfresser ernähren die Eltern die noch hilflosen Jungen nach und nach mit Seerosen- und Schwertlilienwurzeln und allerlei von Ästen und Bäumen geschälter Rinde, auch mit gesammelten Gräsern. Biberpaare bleiben einander zeitlebens treu, und da die Jungtiere erst mit etwa drei Jahren geschlechtsreif werden, bleiben sie auch so lange in der Familie. Dort, wo sich das Paar angesiedelt hatte, entsteht allmählich eine Großfamilie, deren Mitglieder alle in einer so bewundernswerten Art zusammenarbeiten an der Erhaltung und Vergrößerung der Burg, bei der Nahrungsbeschaffung und – das werden wir noch sehen, – beim Staudammbau, wie man es sonst bei Säugetieren außer den Menschen nicht kennt, allenfalls bei staatenbildenden Insekten, bei Ameisen und Bienen beobachten kann. Diese, den Bibern angeborene Zusammenarbeit wäre auch für manche menschliche Familie beispielhaft. Droht z. B. im Sommer bei sinkendem Wasserstand der Eingang der Wohnburg trockenzufallen, so beginnt die Biberfamilie in beispielloser Arbeitsteilung den Wasserlauf oder den See durch den Bau eines Stauwehrs an einer günstigen Stelle aufzustauen. Dazu werden am Ufer Bäume gefällt, die gewöhnlich aufgrund ihrer zum Wasser hin überhängenden Krone quer in oder – je nach Breite – über den Wasserlauf fallen. Gestützt auf seinen breiten Schwanz, richtet sich das Tier an dem Stamm auf und benagt ihn ständig rundum mit seinen kräftigen, meißelförmigen Schneidezähnen, bis er umstürzt. Gewöhnlich sind es weichholzige Pappeln, Erlen oder Weiden. Aber bei einer Stammdicke von 10 bis 20 cm ist das schon eine gewaltige Leistung. Überlegt euch einmal, welcher Arbeit es bedarf, einen solchen Stamm mit der Axt zu fällen … Aber der Biber schafft es auch, dickere, ja bis 30 cm dicke Bäume und selbst alte Eichen mit ihrem extrem harten Holz umzulegen – eine Arbeit, die Tage und Wochen dauern kann. Ist der Baum gefällt, so wird das Geäst in Gemeinschaftsarbeit beschnitten, damit der Stamm gut in ganzer Länge im Wasser liegt. Häufig schlagen solche gefällten Pappeln dann wieder Wurzeln an Stamm und Ästen und befestigen so das Bauwerk. Sind am Ufer nicht genügend Stämme erreichbar, so werden oberhalb des Wehrs dünnere Stämme gefällt und mit bewundernswerter Geschicklichkeit von mehreren schwimmenden Tieren nach Flößerart an den rechten Ort gelenkt. Auch vom Land her werden dann zurechtgeschnittene Stämme und Äste herangeschafft. Selbstverständlich können die Biber die Stämme nicht über Land transportieren. So graben sie gemeinsam einen Kanal zum Wasser hin, in dem sie dann das Bauholz zum Staudamm flößen können. Durch Knüppelholz, Reisig und Grasbüschel, auch Schilf wird der Damm so abgedichtet, daß ein Stausee entsteht. Sind keine Stämme vorhanden, so wird ein regelrech-

Die Rinde saftiger junger Zweige von Pappeln, Erle, Haselnuß oder auch Eichen sind die Lieblingsspeise des Bibers (Castor fiber). Nur Nadelhölzer verschmäht er. Mit seinen großen, orangefarbenen Nagezähnen versteht er, geschickt die Äste und Stämme zu schälen.

ter Knüppeldamm errichtet, in dem zurechtgebissene Äste in kurzen Abständen senkrecht in den Boden eingegraben werden. Zwischen diese flechten die Biber Zweige und Reisig ein. Von der Talseite her werden zuweilen noch Stütz- und Strebepfeiler aus gegabelten Ästen gegen dieses Traggerüst des Dammes gestemmt, und dann wird darüber, immer wieder verfestigt durch zwischengepacktes Reisig, ein Erddamm aufgehäuft, der am Grund 4–6 m dick und bis zu 3 m hoch sein kann. Mit viel Geschick wird die Stauhöhe so bemessen, daß der Eingang zur Wohnburg nur 1–2 m unter der Wasseroberfläche bleibt. Steigt das Wasser, etwa in Regenzeiten oder zur Schneeschmelze, so wird, ohne die Stabilität des ganzen Wehrs zu gefährden, ein Abfluß in das Wehr genagt; fällt das Wasser wieder, so wird dieser Abfluß in bewährter Weise geschlossen, und so kann der Wohnsee der Familie den aktuellen Bedürfnissen entsprechend reguliert werden. Monate, ja Jahre an Arbeit stecken in einer solchen Siedlungsanlage. So ist es verständlich, daß eine große Biberfamilie – wie die einzelnen Paare einander treu bleibend

Ein von Bibern gebautes Stauwehr.

– auch über viele Generationen hin sehr ortsfest lebt. Versucht euch einmal vorzustellen, welcher Planungen und Berechnungen es bei uns Menschen bedürfte, solch eine Stau- und Wohnanlage zu bauen. All das können die Biber natürlich nicht vorher berechnen. Ihre Baukunst ist ihnen einfach angeboren. Als praktische Handwerker arbeiten sie, sehen Erfolg oder Fehler und reagieren so, wie es jeweils von Fall zu Fall notwendig ist. In einzelnen Biberschutzgebieten in Nordamerika kennt man Biberdämme von über siebenhundert Metern Länge, die schon seit vielen Jahrzehnten bestehen und von den Mitgliedern mehrerer Biberfamilien in täglicher Arbeit instandgehalten werden. Allmählich sich ansiedelnder Pflanzenwuchs auf einem solchen Damm tut sein übriges, um ihn zu befestigen. Im Spätherbst beginnen die Tiere mit der Anlage von Vorräten frisch geschnittener Weiden- und Pappel- und Birkenzweige im Wasser. Ihre Rinde, eigentlich die Lieblings- und Hauptnahrung der Biber, dient ihnen im Winter als Futtervorrat, wenn kein frisches Grün, Beeren oder saftige Wurzeln erreichbar sind. Auch wenn die Gewässer gefrieren, liegen die Eingänge der Burgen immer weit unter der Eisgrenze; so kann der Biber ungehindert an seinem Bau ein- und ausfahren und hat einen ausreichenden Nahrungsvorrat unter dem Eis zur Verfügung. Sein dichter Pelz aus weichen Flaumhaaren und langen Grannenhaaren schützt ihn, und seine unglaubliche Ausdauer im Tauchen – er kann länger als 15 Minuten unter Wasser bleiben – ermöglicht ihm weite Ausflüge unter dem Eis.

Natürliche Vorkommen des Bibers gibt es in Westeuropa nur noch an der Elbe bei Magdeburg und in Frankreich bei Arles im Rhone-Delta. Dort sind die Tiere vollkommen geschützt. In mehreren Staaten, z.B. in einigen Kantonen der Schweiz, bemüht man sich mit viel Erfolg, diese einzigartigen Nager zu züchten und wenigstens kleine Kolonien in Naturparks zu unterhalten; so auch in der Bretagne in Frankreich, im Parc naturel d'Armorique, nicht allzuweit von Brest am Elez, einem Nebenfluß des Aulne, wo den ganzen Sommer über Biber in fast freier Wildbahn zu beobachten sind. Wer von euch einmal in den Ferien dorthin kommt, sollte die Gelegenheit nutzen, diese interessanten Tiere in dem von ihnen auf typische Weise gestalteten Lebensraum zu beobachten, solange sie noch nicht völlig ausgerottet sind.

Schrecken der Angler und Freude der Biologen

Sonnenbarsch (Lepomis gibbosus)

Erinnert ihr euch noch an den hübsch gefärbten Sonnenbarsch (Lepomis gibbosus)? In einem Süßwasseraquarium oder einem Gartenteich ist er schon ein Prachtstück, ziemlich platt und hochrückig mit goldgrün gefärbter Unterseite und blau schillernden Zickzacklinien über den ganzen Körper, ein blutroter Flecken an jedem Kiemendeckel. Er leuchtet in den schönsten Farben. Interessante Tiere sind es auch, die sich in freien Gewässern mit Hilfe einer „inneren Uhr" und des Sonnenstandes wie nach einem Kompaß orientieren können. Wie Bienen dies auch können, vermögen sie den Lauf der Sonne zu jeder Tageszeit zu „berechnen" und sie so zu jeder Tageszeit bei wechselndem Sonnenstand als Orientierungsstern zu benützen. Bei bedecktem Himmel werden die Sonnenbarsche träge und inaktiv. In der Nahrung sind diese Fische nicht wählerisch und fressen schier alles, was ihnen vors Maul kommt und nicht zu groß ist, Fische und ihren Laich, Fröschchen, Kaulquappen, Schnecken, Würmer – und sie sind recht unverträgliche Gesellen, die anderen Fischen das Leben schwermachen. Als Aquarienfische wurden sie von Amerika aus etwa zu Anfang dieses Jahrhunderts in Europa eingeführt und, irgendwie in offene Gewässer gelangt, vermehrten sich diese Tiere so arg in unseren Seen und Flüssen, daß sie heute in ganz Europa von Norwegen bis Italien bestens eingebürgert sind; leider, denn der Fisch verdrängt wegen seiner Angriffslust, seiner Gefräßigkeit und ungehemmten Vermehrung andere, einheimische Fische. Nur etwa 15 cm lang, ist er als Angelfisch wertlos und deshalb der Schrecken aller Angler. Immerhin, für den Biologen ist er aus verschiedenen Gründen recht interessant. Neben seiner er-

Katzenwels (Ictalurus nebulosus)

 staunlichen Orientierungsgabe hat er auch ein ungewöhnliches Fortpflanzungsverhalten. Ein Männchen baut am Kiesgrund des flachen Uferwassers eine von einem Wall umgebene Laichgrube, in die er Weibchen zur Eiablage lockt. Die am Boden klebenden Eier werden dann bis zum Schlüpfen eifersüchtig von den Männchen bewacht und verteidigt. Dieses ist von seiner Arbeit so sehr in Anspruch genommen, daß es während der ganzen Zeit keine Nahrung aufnimmt und sein Darmtrakt sich vorübergehend zurückbildet.

Ähnlich verhält es sich mit dem kleinen, nur etwa 20 cm großen Katzenwels (*Ictalurus nebulosus*), einem kleineren Verwandten unseres Wallers oder Welses (*Silurus glanis*). Wie sein großer Vetter ist er schuppenlos glatt, von samtschwarzer Farbe und hat ein für seine Körpergröße riesiges Maul mit 8 langen Bartfäden rundherum. Gierig verschlingt er alles, was er eben bewältigen kann. Vom Waller zu unterscheiden ist er durch seine geteilte Rükkenflosse und zwei spitzige Stacheln an den Brustflossen, an denen sich mancher Angler schon schmerzhaft verletzt hat. Auch er wurde 1871 für Aquarien des Naturkunde-Museums in Paris erstmalig aus Amerika eingeführt. Die Zucht blühte und, wie kann es anders sein, manche Fische entkamen von dort, vielleicht über den Abfluß und die Kanalisation, denn der Katzenwels ist unglaublich anspruchslos und zäh und vermag auch in stark verschmutztem Wasser zu leben. Bereits 1879 fingen Angler diese schwarzen bärtigen Burschen in der Seine, und heute ist er alle europäischen Gewässer derart erobert, daß er vielerorts zu den häufigst geangelten Fischen gehört, zum Kummer der Angler; denn sein tranig schmeckendes Fleisch erscheint den meisten als wertlos, und er bleibt zu klein, als daß er auch anderswie verwertet werden könnte. Auch er zeigt ein

interessantes Fortpflanzungsverhalten. Das Weibchen legt in einer Laichmulde im Schlamm Millionen kleiner Eier, die bis zum Schlüpfen von den Eltern bewacht werden. Die Jungfische bleiben nach dem Schlüpfen gewöhnlich lange Zeit in einem dichten Schwarm zusammen, was ihnen ein gewissen Schutz vor Feinden gewährt, da so ein Schwarm ein größeres Tier vortäuscht. Zum Glück liebt der Zwergwels warme verschmutzte Gewässer, so daß er nicht in klare Bäche etwa der Forellenregion eindringt.

Der dritte dieser wenig geliebten Neuankömmlinge ist die Nase (*Chondrostoma nasus*), ein Weißfisch, der sich von den Flußmündungen her aus dem Brackwasser allmählich in allen europäischen Flüssen breit macht und dort die Forellen und andere Edelfische verdrängt. Als reiner Pflanzenfresser, der gern in Schwärmen im freien Wasser lebt und außerordentlich schnell schwimmt, geht er nicht leicht an die Angel. An sich ist er ein guter Speisefisch, wenn auch bei weitem nicht so wohlschmeckend wie etwa eine Forelle oder ein Zander. Typisch für ihn ist das unterständige Maul und der spitze Kopf (Name!). Dieser Fisch stammt wahrscheinlich aus den Flüssen Rußlands und ist über die Ostsee zu uns gekommen, konnte sich aber dann über die Binnenkanäle von Fluß zu Fluß über ganz Europa verbreiten, ein Hinweis auf die Rolle, die solche Kanäle für die Ausbreitung von Wassertieren und die Wandlung der angestammten Tierwelt eines Großlebensraumes spielen. Als Pflanzenfresser weidet er den Algenbewuchs, namentlich Kieselalgen, von Steinen und Pflanzen unter Wasser ab. Dazu ist sein unterständiges Maul mit einem harten Lippenknorpel an der Unterlippe wie geschaffen. Von den dreien ist er der am wenigsten schädliche Neubewohner unserer Flüsse.

Zur Pionierzeit in den Vereinigten Staaten, als man zu Recht noch vom Wilden Westen sprechen konnte und der Verkehr zwischen den meist an großen Flüssen liegenden Städten überwiegend auf dem Wasserweg abgewickelt wurde, fuhren auf den großen Strömen wie dem Mississippi die berühmten „river-boats", große Raddampfer mit Schaufelrädern als Antrieb. Nebenbei, auf dem Rhein, dem Bodensee oder dem Zürich-See gab es vor nicht allzulanger Zeit auch noch solche Schaufelraddampfer. Wollen wir einmal so einen Raddampfer basteln?

Wir brauchen dazu einige Pappschachteln, z. B. leere Waschpulverdosen o. ä. Als Bug schneidet ihr eine Ecke einer Schachtel ab (1), wie die Skizze es zeigt. Laßt aber (vgl. Skizze) an den Schnittkanten Klebelaschen stehen! Die Längskante dieses Dreiecks muß genauso lang sein wie die Querkante einer zweiten Schachtel (3), die wir als Rumpf nehmen wollen. Mit den Laschen verklebt man nun Bug und Rumpf, indem man die Laschen des einen Teils in einen entsprechenden Einschnitt des anderen Teils schiebt.

Aus einem weiteren Waschpulverbehälter schneidet ihr das flache Heck, indem ihr den Boden der Schachtel entfernt (bis auf eine Klebelasche in der einen Flachseite), dann aus den beiden Seiten je einen Winkel herausschneidet (schraffiert in Skizze 2) und die stehengebliebene breite Schachtelwand an den stehengebliebenen seitlichen Winkeln und der oberen Bodenkante mit Laschen verklebt (2a, Pfeil). Das Heck könnt ihr nun ebenso wie den Bug mit ausgeschnittenen Laschen an die hintere Schmalseite des Rumpfs kleben (siehe unten). Dann folgen die Decksaufbauten (4), wieder aus einer Schachtel, etwa einer Keksschachtel, in die ihr Fenster schneidet, aus deren Boden ihr einige Klebelaschen ausschneidet und in deren Dach ihr ein Kaminloch einschneidet. Der Kamin besteht aus einem Papierzylinder (6), dessen unteres Ende ihr vielfach einschneidet. Den Zylinder steckt ihr durch das Kaminloch und klebt ihn mit den ausgeschnittenen Fransen an der Innenseite des „Kommandobrückendachs" fest. Die Brücke setzt ihr dann schön in der Mitte auf das Schiffsunterteil, zeichnet euch dort die Stellen zum Einstecken der Klebelaschen der Decksaufbauten an, schneidet hier entsprechende Schlitze ein und klebt die Brücke auf. Aus einem langen Holzstab, den ihr genau in der Mitte des Schiffs quer durch die Seiten steckt, macht ihr die Schaufelradachse. Sie muß aber so sitzen, daß das Schiff im Gleichgewicht ist. Die Schaufelräder stellt ihr aus zwei runden Käsedosen her (Skizze 7). Beiderseits teilt ihr den Boden in 6 oder 12 gleichmäßige Sektoren (der Kreisradius paßt genau sechsmal in den Umfang, der halbe Radius also zwölfmal). Innen zieht ihr einen kleinen Kreis als Narbe, außen laßt ihr einen Rand stehen, zeichnet 12 Speichen ein und schneidet entlang den *roten* Linien die Radschaufeln ein, die ihr dann sauber nach innen knickt, so daß alle grünen Flächen

Nase (Chondrostoma nasus)

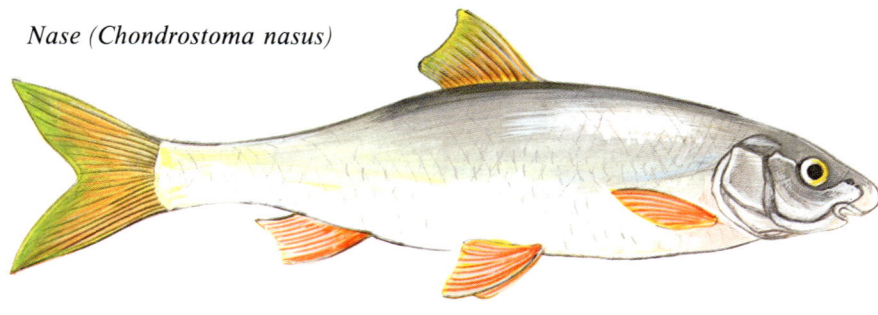

einen Raddampfer baut

stehen bleiben und die rot schraffierten als Schaufeln nach unten stehen. Dann setzt ihr die Dose zusammen und verklebt beide Hälften, am äußeren Rand und an den oberen Zipfeln der Schaufeln von beiden Seiten. Diese Schaufelräder steckt ihr von beiden Seiten auf die Ruderachse und verklebt sie mit ein paar Tropfen Klebstoff.

Jetzt könnt ihr noch aus einem Stück starken Papiers einen Baldachin mit Fransen für die Brücke schneiden (5), natürlich etwas größer als das Brückendach, die Fransenräder rundum nach unten knicken, auch das Kaminloch an der richtigen Stelle nicht vergessen, den Baldachin auf die Brücke kleben, und fertig ist der Schaufelraddampfer. Als Rauch kann ein Wattebausch aus dem Kamin quellen. Wenn ihr das Fahrzeug noch hübsch bunt anmalt und mit farblosem wasserfestem Lack lackiert, könnt ihr den Dampfer beim Baden in der Badewanne vielleicht sogar schwimmen lassen.

Fische im Brackwasser, Pendler zwischen Fluß und Meer

Immer wieder, wenn wir von Flußfischen in diesem Buch hörten, war auch von solchen Arten die Rede, die einen Teil ihres Lebens im Meer verbrachten. Ihr erinnert euch doch: Lachs und Seeforelle, Neunauge und Aal und andere mehr. Das erfordert viel an Anpassung an die jeweilige Umwelt, denn das Salzwasser des Meeres stellt ganz andere Anforderungen an den Wasser- und Salzhaushalt des Fisches als das Flußwasser. Flußfische müssen mit viel Energie Salze aus dem Wasser aufnehmen, deren ihr Stoffwechsel bedarf, Seefische umgekehrt müssen im Übermaß aufgenommene Salze ausscheiden – um nur eines der Probleme zu nennen. Solche Fische brauchen aber gewöhnlich eine lange Umgewöhnungszeit in der Brackwasserregion der Flußästuare, wenn sie ihren Lebensraum wechseln. Andere Fische haben gerade diesen Lebensraum zum Dauerlebensraum gewählt, können sich rasch zwischen beiden Welten hin und her bewegen und umgewöhnen. Vielleicht sind manche unter ihnen, die später einmal ganz in den Flüssen leben werden. Wir wissen es heute noch nicht.

Die Meerbarben (*Mullus barbatus* und *Mullus surmuletus*), Fische, die in großen Schwärmen gesellig in Grundnähe leben, gehören dazu, die Flunder (*Platichthys flesus*), die bis weit in das Süßwasser hineinsteigt und dort jahrelang verweilen kann, auch der See- oder Wolfsbarsch (*Roccus labrax*), mit 80 cm Länge ein recht großer Fisch, der in Schwärmen zur Laichzeit in die Flußmündungen einwandert, um dort seine Eier abzulegen.

Die Meerbarben, 20–50 cm groß, spielen eine wichtige Rolle für die Küstenfischerei. Im Sommer wandern diese Fische bis weit in die Flüsse ein, laichen aber im Spätsommer im Küstenbereich. Ihre Eier besitzen im Zellplasma große Ölkugeln als Vorratsstoffe. Deshalb sind sie leichter als Wasser und schwimmen dicht unter dem Wasserspiegel im freien Wasser. Im Winter ziehen sich diese Fische in das tiefere

Wasser der küstennahen Meeresregion zurück. Ihr Fleisch gilt als Delikatesse; schon die Römer schätzten es überaus für ihre Gastmähler.

Ein besonders seltsamer Fisch ist die Flunder, dieser Plattfisch, der aber gar nicht wirklich in der Bauch-Rücken-Ebene abgeplattet ist wie etwa ein Rochen, sondern der in Wirklichkeit sehr hochrückig ist und nur auf einer Seite liegt und so auch schwimmt, eine Körperseite nach oben, die andere nach unten. Die Larven oder Jungtiere dieser Fische bewegen sich noch ganz normal, schwimmen mit dem Bauch nach unten und halten sich im freien Wasser auf; aber je mehr sie beim Erwachsenwerden zum Grundleben übergehen, desto mehr wandert das nun der Unterseite zugewandte Auge durch einen Umbau des Schädels an die neue Oberseite, eigentlich also eine Körperseite, so daß beim erwachsenen Tier beide Augen auf einer Körperseite, der linken oder rechten, sitzen. Die neue Oberseite pigmentiert sich in der Folge stark, die Unterseite – in Wirklichkeit also eine Körperseite – bleibt weiß. Ähnlich wie die Augen wandern auch die Nasenlöcher um den Kopf. Die Flunder und ihre nahe Verwandte, die schön orange gefleckte Scholle (*Pleuronectes platessa*) leben eingewühlt in den Bodengrund; dort lauern sie auf Beute, kleinere Fische und Krebse. Beide Fische laichen in der Küsten- und Ästuarregion, nie im Süßwasser. Wie Barben und Flundern vagabundieren auch die räuberischen Seebarsche, der kleine silbrige Stint (*Osmerus eperlanus*) und große Schwärme von Ährenfischchen (*Atherina mochon*) zwischen Meer und Fluß, und sie alle haben die Flußmündungen zu ihren Laichplätzen erwählt. Die Ährenfische übrigens – sehr kleine, nicht über 12 cm lange silbrige Fischchen, die wie Sardinen aussehen – werden in Mengen in Netzen gefangen, denn sie schmecken vorzüglich, vor allem ganz frisch nach dem Fang in Wein und Essig eingelegt und dann in Öl gebacken!

Sicher möchte der eine oder andere von euch einige Bücher genannt bekommen, nach denen er gefundene Pflanzen und beobachtete Tiere bestimmen kann, oder möchte eine Zeitschrift halten, in der er über Tierleben und Tierschutz Interessantes erfahren kann, möchte wissen, wo es Wildparks gibt, in denen er unsere einheimischen Wildtiere, Vögel, Fische und Säugetiere kennenlernt, oder möchte gar selbst mit gleichgesinnten in der Natur Beobachtungen anstellen bzw. eine Anleitung dazu erhalten. Für solche Leser seien einige Adressen angeführt und einige Bücher empfohlen.

Bestimmungsbücher

Garms, Harry:
Fauna Europas
Verlag Westermann

Engelhardt, Wolfgang:
Was lebt im Tümpel, Bach und Weiher?
Kosmos

Polunin, Oleg:
Pflanzen Europas (Sonderausgabe)
BLV

Eberle, Georg:
Pflanzen unserer Feuchtgebiete und ihre Gefährdung
Waldemar Kramer Verlagsbuchhandlung

Arnold, Edwin:
Parey's Reptilien- und Amphibienführer
Verlag Parey

Peterson, Roger:
Die Vögel Europas
Verlag Parey

Brink, F. H. van den:
Die Säugetiere Europas
Verlag Parey

Muus, Bent J. / Dahlström, Preben:
Süßwasserfische
BLV

Muus, Bent J. / Dahlström, Preben:
Meeresfische der Ostsee, der Nordsee, des Atlantik – in Farben abgebildet und beschrieben
BLV

Bang, Preben / Dahlström, Preben:
Tierspuren
BLV

Sandhall, Ake:
Insekten und Weichtiere
BLV

Aus dem BLV-Verlag gibt es noch eine preiswerte Serie kleiner illustrierter Naturführer für viele Tier- und Pflanzengruppen. In einer guten Buchhandlung werdet ihr auch von anderen Verlagen noch eine Reihe guter Bestimmungsbücher finden.

Zeitschriften

Das Tier
Hallwag Verlag Stuttgart, Bern
7 Stuttgart Spittlerstr. 8

Wir und die Vögel
Zeitschrift für Natur- und Umweltschutz
DBV Verlag Kornwestheim

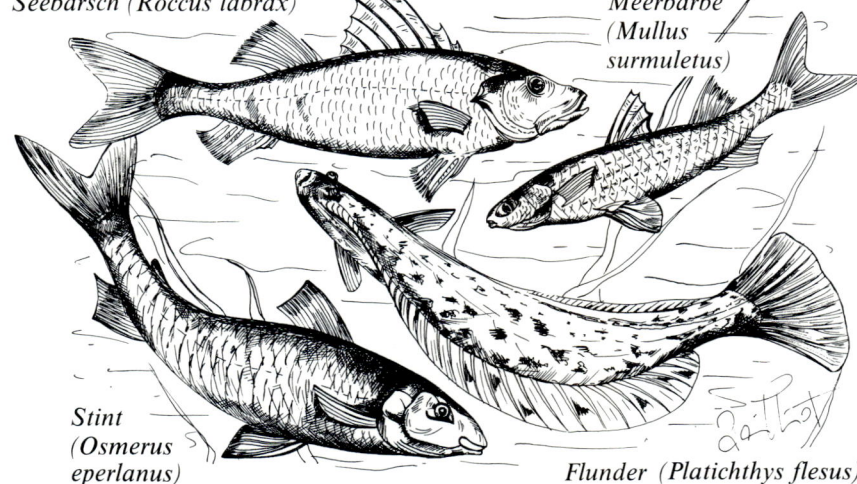

Seebarsch (*Roccus labrax*)

Meerbarbe (*Mullus surmuletus*)

Stint (*Osmerus eperlanus*)

Flunder (*Platichthys flesus*)

Tierparks

Vogelpark Walsrode in der Lüneburger Heide, in dem man in geräumigen Freianlagen fast alle deutschen Vögel findet.

Vogelschutzgebiet und Beobachtungsstation Wallnau auf der Insel Fehmarn, wo es vor allem Küstenvögel und seltene Durchzugsgäste zu beobachten gibt.

Tierpark Bodanrück bei Allensbach am Bodensee mit vielen einheimischen Wildtieren.

Tierpark Steinwasen am Schauinsland bei Freiburg mit Tieren unserer Wälder.

Vereinigungen für Tierschutz und Naturbeobachtung

Deutscher Bund für Vogelschutz (DBV) Achalm 33 7014 Kornwestheim (Herausgeber der Zeitschrift Wir und die Vögel)

Deutscher Jugendbund für Naturbeobachtung (DJN) Buchenstr. 18 2000 Hamburg 60

Der BJN hat in vielen Städten Deutschlands sehr aktive Jugendgruppen, deren Anschrift Ihr in Hamburg erfahren könnt, wenn ihr euch einer solchen Gruppe anschließen wollt.

Register

Inhalt

Die Fotos erhielten wir von: Bailleau-Jacana S. 8 Mitte; Bourret S. 4, 5 unten links, 10 oben; Boyer S. 36 oben, 72 unten rechts, 73 oben links; Carton S. 2, 3 Mitte und unten, 5 Mitte und unten rechts, 7, 8 oben, 10 unten, 14, 17, 20, 21 Mitte, 22, 23 oben, 27 oben, 28 unten, 30 unten, 31 links, 32 rechts, 38, 39, 40, 41 oben und Mitte, 43 unten, 45, 46, 47 rechts, 49, 50 links und oben, 51, 52, 53, 54, 55, 58 links, 59 unten, 62 untere Reihe, 64, 65, 68, 70 unten, 73 unten, 74, 75 unten, 76, 77, 78, 79, 80, 81, 82 oben links, zweites von oben, unten, 85; Charpentier S. 21 oben, 82 oben rechts, 87 unten; Dif/Vallier S. 63; Durandaud S. 5 unten rechts; Fretey S. 82 zweites von unten; Grailles S. 16, 47 links; Lanceau S. 50 rechts, 82 oben links; Lempereur S. 27 unten; Lozouet S. 75 oben; Mazzuca S. 72 links, 73 oben rechts; Nardin-Jacana S. 23 unten; Paccalet S. 26, 41 unten, 58 rechts, 62 obere Reihe; Pitch-Varin S. 32 links; Poullain S. 72 oben rechts; Renaud-Jacana S. 87 oben; Starosta S. 43 oben; Vaucher S. 38 oben rechts und unten; Vial S. 59 Mitte; Zefa S. 31 rechts. J.-C. Carton, Einband. Zeichnungen S. 3, 20, 33, 39, 40, 51, 58, 70, 71, 74 aus der Sammlung J. Douin.

Zeichnungen von M.-C. Eyraud-Baillot, S. Nicolle, L. Pruvot-Huysman

Die französische Originalausgabe erschien unter dem Titel *Au fil de l'eau* bei Hatier, Paris © Hatier Paris 1981

Aus dem Französischen von Evelyne Derochefort Wissenschaftliche Beratung: Dr. Peter Emschermann

Alle Rechte vorbehalten – Printed in Germany © Verlag Herder Freiburg im Breisgau 1983 Herstellung: Freiburger Graphische Betriebe 1983 ISBN 3-451-19651-4